Aku melakukan "Jalan-Nya"

Kesaksian Pribadi yang ditulis oleh
Elizabeth Das

Indonesian

ISBN lama 978-1-961625-24-2 untuk Aku melakukan "Jalan-Nya"

ISBN 978-1-961625-25-9. Aku melakukan
"Jalan-Nya". Sebuah buku digital atau e-book.

ISBN 978-1-961625-26-6 Aku melakukan
"Jalan-Nya". Nomor buku audio

Kutipan dari: ELIZABETH DAS. Aku melakukan "Jalan-Nya"

"BUKU INI mendapatkan nilai "A" dalam kategori Kristen dan keagamaan"

Diterbitkan ulang pada tahun 2018 dan 2023

Contact:nimmidas@gmail.com
nimmidas1952@gmail.com

Saluran YouTube "Diet Spiritual Harian Elizabeth Das
https://waytoheavenministry.org
1. youtube.com/@dailyspiritualdietelizabet7777/videos

2. youtube.com/@newtestamentkjv9666/videos
Buku ini tersedia dalam lima bahasa dalam bentuk Paperback,
Ebook, dan audio.

KE DEPAN

"Sebab rancangan-Ku bukanlah rancanganmu, dan jalanmu bukanlah jalan-Ku, demikianlah firman TUHAN. Sebab seperti tingginya langit dari pada bumi, demikianlah tingginya rancangan-Ku dari pada rancanganmu dan jalan-Ku dari pada jalanmu." (Yesaya 55:8-9)

Buku ini merupakan kumpulan kenangan dan kesaksian singkat dari Ibu Elizabeth Das yang telah mendedikasikan dirinya dalam pelayanan penginjilan dan pengajaran Firman Tuhan. Mencari "jalan-Nya" melalui tekad dan Kuasa doa, Ibu Das akan membawa Anda dalam perjalanan pribadi melalui pengalamannya sendiri yang mengubah hidupnya. Lahir dan dibesarkan di India, Ibu Das beribadah secara teratur di altar keluarga. Dia tidak puas dengan agama karena hatinya mengatakan bahwa harus ada yang lebih dari Tuhan. Dia sering mengunjungi gereja dan bergabung dengan organisasi keagamaan tetapi tidak pernah merasa puas.

Suatu hari ia berangkat untuk menemukan kebenaran di negara yang jauh dari kampung halamannya, India. Perjalanannya dimulai di Ahmadabad, India di mana ia memiliki keinginan yang mendalam untuk menemukan Tuhan Yang Maha Esa. Karena kebebasan di Amerika pada saat itu dan jauh dari budaya dan tradisi agama di tanah kelahirannya, Nona Das pergi ke Amerika dengan tujuan untuk menemukan kebenaran tentang Tuhan yang Hidup ini. Bukan berarti Anda tidak dapat menemukan Tuhan di mana pun kecuali di Amerika, karena Tuhan hadir dan mahakuasa. Namun, di sinilah Tuhan membawa Nona Das karena buku ini akan menjelaskan jalan menuju keselamatannya dan cintanya yang mendalam kepada kekasih jiwanya.

"Mintalah, maka akan diberikan kepadamu; carilah, maka kamu akan mendapat; ketoklah, maka pintu akan dibukakan bagimu. Karena setiap orang yang meminta, menerima dan setiap orang yang mencari, mendapat dan setiap orang yang mengetok, baginya pintu akan dibukakan." (Matius 7:7-8)

Saya secara pribadi telah mengenal Ibu Das selama hampir 30 tahun ketika ia pertama kali memasuki sebuah gereja kecil yang saya hadiri di California Selatan. Kecintaannya terhadap tanah airnya dan orang-orang India adalah pelayanan yang sangat mendesak bagi Ibu Das yang memiliki kerinduan yang mendalam untuk memenangkan jiwa-jiwa dari semua budaya dan latar belakang bagi Tuhan.

"Buah orang benar adalah pohon kehidupan, dan orang yang memenangkan jiwa adalah orang yang bijaksana. (Amsal 11:30)

Ibu Das secara aktif bekerja menyebarkan Firman Tuhan dari rumahnya di Wylie, Texas. Anda dapat mengunjungi situs webnya di www.gujubible.org atau waytoheavenministry.org di mana Anda dapat memperoleh pelajaran Alkitab yang diterjemahkan dari bahasa Inggris ke bahasa Gujarat. Anda juga dapat menemukan lokasi-lokasi gereja-gereja di India. Para pendeta di gereja-gereja ini memiliki kasih yang sama terhadap kebenaran seperti Ibu Das. Beliau menjalin hubungan dengan para pelayan iman rasuli di Amerika Serikat dan luar negeri dengan tujuan untuk mendapatkan pembicara tamu untuk Konferensi Tahunan yang diadakan di India. Pelayanan dan pekerjaan Ibu Das di India sangat terkenal. Pelayanan dan karya-karya tersebut termasuk hasil dari sebuah Sekolah Alkitab Kerasulan di India, sebuah panti asuhan, dan pusat-pusat penitipan anak. Dari Amerika, Ibu Das telah membantu pendirian gereja-gereja di India di mana banyak orang telah mengenal Tuhan Yesus Kristus. Dia adalah seorang wanita dengan iman yang besar, teguh dan tidak pernah putus asa dalam doa. Pencapaian ini telah diraihnya dengan sepenuhnya bergantung pada Tuhan untuk segala sesuatu dan sambil hidup dalam keterbatasan. Dukungan keuangannya yang sedikit merupakan bukti dari kemauan dan tekadnya yang kuat yang lebih besar dari kemampuannya. Ibu Das akan berkata dengan yakin, "Tuhan selalu menyediakan dan menjaga saya." Ya, entah bagaimana Dia melakukannya dan melebihi kebutuhannya dengan berlimpah!

Sibuk melakukan pekerjaan Tuhan dari fajar hingga senja, Ibu Das selalu siap untuk berdoa bersama saya atau siapa saja yang membutuhkan bantuan. Tuhan selalu menjadi jawabannya. Dia berdiri di antara kesenjangan itu, seketika dalam doa yang mendalam, dengan otoritas dan syafaat. Tuhan memelihara Ibu Das karena dia memiliki kasih untuk menginjili. Dia mendengarkan suara-Nya dan tidak akan melawan "Jalan-Nya". Ketaatan lebih besar daripada pengorbanan, ketaatan dengan hasrat untuk menyenangkan Tuhan.

Inilah waktu yang tepat untuk menulis buku ini. Allah adalah "Ahli Strategi yang Hebat". Jalan-Nya sempurna dan teliti. Segala sesuatu dan situasi tidak akan terjadi sebelum waktunya. Berdoalah untuk mendapatkan petunjuk dalam mendengar pikiran dan merasakan hati Tuhan melalui Roh Kudus. Buku ini akan terus ditulis di dalam hati kehidupan pria dan wanita yang telah dipengaruhi oleh-Nya melalui jalan-jalan-Nya.

Rose Reyes,

Nama buku ini dalam bahasa Inggris adalah I did it His Way.

Nama buku ini dalam bahasa Prancis adalah: Je l'ai fait à "sa manière"

Nama buku dalam bahasa Spanyol adalah 'Lo hice a "a Su manera"

Nama buku ini dalam bahasa Gujarat adalah me te temni rite karyu .... મેં તે તેમના રાતે કર્યું

Nama buku ini dalam bahasa Hindi adalah Maine uske tarike se kiya...मैंने उसके तरीके से किया

Buku-buku ini juga tersedia dalam platform Audio dan Ebook.

Diet Spiritual Harian adalah bacaan tahunan oleh Elizabeth Das yang tersedia dalam bahasa Inggris, Gujarat, dan Hindi. Buku elektronik dan buku kertas.

UCAPAN TERIMA KASIH

Saya menyampaikan penghargaan saya yang terdalam: kepada keluarga dan teman-teman saya, terutama ibu saya Esther Das. Beliau adalah contoh terbaik dari seorang wanita Kristen yang telah membantu saya memajukan pelayanan saya dan selalu mendukung saya dalam segala hal.

Saya berterima kasih kepada teman saya, Rose, yang telah mendukung saya dan membantu menyatukan beberapa bagian dari buku ini.

Saya juga ingin berterima kasih kepada rekan doa saya, Suster Veneda Ing, yang telah menyediakan dirinya untuk saya setiap saat; tetapi terutama saya berterima kasih atas doa-doanya yang sungguh-sungguh.

Saya berterima kasih kepada Tuhan untuk semua orang yang telah sangat membantu dalam menerjemahkan dan mengedit. Saya berterima kasih kepada Tuhan untuk semua pihak yang telah meluangkan waktu mereka untuk membantu saya menyusun buku ini.

Daftar Isi

No Bab No   **Halaman**

Bab 1 3

The Beginning: Mencari Roh Kebenaran. 3

Bab 2 24

Tabib yang Perkasa 24

Bab 3 39

Senjata Ampuh Tuhan "Doa dan Puasa" 39

Bab 4 42

Tuhan Sang Ahli Strategi Agung 42

Bab 5 53

Menyuarakan Iman Anda 53

Bab 6 56

Kuasa Penyembuhan Tuhan dan Hamba-Nya 56

Bab 7 62

Tidak Memberi Jalan Kepada Iblis atau Hal-Hal dari Iblis 62

Bab 8 68

Mimpi dan Visi - "Peringatan" 68

Bab 9 71

Pertemuan Doa Sepanjang Malam 71

Bab 10. 75

Pesan Kenabian..75

Bab 11 80

Sebuah Langkah Keyakinan 80

Bab 12 91

Pembebasan Iblis dan Kuasa Penyembuhan dari Allah......91

Bab 13 94

Pengakuan dan Hati Nurani yang Bersih.........................94

Bab 14...97

Di Ujung Kematian...97

Bab 15 102

Damai Sejahtera di Hadirat Tuhan 102

Bab 16...105

Gaya Hidup Berkorban dalam Kehidupan.....................105

Bab 17 127

Pelayanan Perjalanan: Dipanggil untuk Mengajar dan Menyebarkan Injil
....127

Bab 18 143

Pelayanan di Mumbai, India "Seorang Pria Beriman Besar" 143

Bab 19 151

Pelayanan di Gujarat! 151

Bab 20 162

Gembala Jiwa Kita: Suara Sangkakala 162

Bab 21 168

Pelayanan di Tempat Kerja...168

Bab 22 174

Mempelajari Jalan-Nya dengan Mematuhi Suara-Nya..................... 174

Bab 23 180

Bergerak di Media 180

Bab 24 183

Studi yang Mengeksplorasi.. 183

Bab 25 191

Kesaksian Pribadi yang Mengubah Hidup... 191

Kesaksian Masyarakat 193

Bagian II 225

A. 227

Bahasa-bahasa yang Digunakan Tuhan 227

B. 230

Bagaimana Allah Memelihara Firman-Nya? 230

C. 238

Terjemahan Alkitab Pada Zaman Kita: 238

D. 258

Alkitab KJV Vs Alkitab Modern: Perubahan Yang Telah Ditambahkan Atau Dihilangkan. 258

JALAN TUHAN

- *Adapun Allah, jalan-Nya sempurna, firman TUHAN itu teruji, Ia menolong setiap orang yang mengandalkan Dia. (Mazmur 18:30)*

- *Tetapi Ia mengetahui jalan yang kutempuh; apabila Ia mencobai aku, aku akan tampil sebagai emas. Kakiku telah memegang langkah-Nya, jalan-Nya telah kupegang, dan tidak kusesatkan. Aku tidak pernah mundur dari perintah bibir-Nya, aku menghargai perkataan-Nya lebih dari pada makanan yang kuperlukan (Ayub 23:10-12).*

- *Nantikanlah TUHAN dan tetaplah pada jalan-Nya, maka Ia akan meninggikan engkau untuk mewarisi negeri; apabila orang fasik dilenyapkan, engkau akan melihatnya. (Mazmur 37:34)*

- *TUHAN itu benar dalam segala jalan-Nya, dan kudus dalam segala perbuatan-Nya. (Mazmur 145:17)*

- *TUHAN akan menguduskan engkau menjadi umat yang kudus bagi diri-Nya sendiri, seperti yang dijanjikan-Nya dengan sumpah kepadamu, apabila engkau berpegang pada perintah TUHAN, Allahmu, dan hidup menurut jalan yang ditunjukkan-Nya. (Ulangan 28:9)*

- *Dan banyak orang akan pergi dan berkata: Marilah, marilah kita naik ke gunung TUHAN, ke rumah Allah Yakub, dan Ia akan Ajarlah kami akan jalan-jalan-Nya, maka kami akan berjalan di jalan-jalan-Nya, sebab dari Sion akan keluar hukum Taurat dan firman TUHAN dari Yerusalem. (Yesaya 2:3)*

Elizabeth Das

- *Orang yang lemah lembut akan Dia bimbing dalam penghakiman, dan orang yang penurut akan Dia ajarkan jalannya.*
(Mazmur 25:9)

Referensi Buku: KITAB SUCI, Versi King James

Bab 1
The Beginning: Mencari Roh Kebenaran.

Iada bulan Juni 1980, saya datang ke Amerika Serikat dengan keinginan yang kuat untuk menemukan kebenaran tentang Tuhan pencipta segala sesuatu. Saya tidak dapat menemukan Tuhan di India karena Tuhan ada di mana-mana dan memenuhi alam semesta dengan kehadiran dan kemuliaan-Nya; tetapi hal ini tidak cukup bagi saya. Saya ingin mengenal-Nya secara pribadi, jika itu mungkin.

"Dan aku mendengar seperti suara orang banyak yang besar jumlahnya, dan seperti suara air yang banyak, dan seperti suara guruh yang dahsyat, yang berkata: "Haleluya, haleluya!" Sebab Tuhan, Allah yang mahakuasa, memerintah." (Wahyu 19:6)

Saya sedang dalam perjalanan yang luar biasa ketika Tuhan menuntun saya ke Amerika Serikat. Saya pikir itu adalah tempat yang telah saya pilih, tetapi waktu membuktikan bahwa saya salah. Saya kemudian memahami bahwa Tuhan memiliki lebih banyak peran dalam keputusan ini daripada yang saya sadari. Ini adalah "Cara-Nya" untuk mengubah pikiran dan hidup saya.

Amerika adalah negara yang menawarkan kebebasan beragama, perpaduan orang-orang multikultural, dengan kebebasan dan perlindungan bagi mereka yang ingin menjalankan hak-hak agama tanpa takut akan penganiayaan. Saya mulai melangkah di atas air yang tidak tenang di negara ini saat Tuhan mulai mengarahkan saya. Seolah-olah Dia meletakkan batu-batu loncatan untuk menuntun saya. "Batu-batu" inilah yang menjadi fondasi bagi perjalanan panjang dan penuh gejolak yang mengarah pada pewahyuan di mana tidak akan ada jalan untuk kembali. Imbalannya adalah hidup di Jalan-Nya, di setiap kesempatan dan ujian iman saya.

"Aku mengejar target dan mengejar hadiah, yaitu panggilan Allah yang mulia dalam Kristus Yesus. Karena itu marilah kita, yang telah sempurna, berpikiran demikian, dan jika ada sesuatu hal yang berbeda dari itu, Allah akan menyatakannya kepadamu. Tetapi apa yang telah kita capai, hendaklah kita tetap berpegang pada peraturan yang sama, hendaklah kita memikirkan hal yang sama." (Filipi 3:14-16)

Ketika saya tiba di California, saya tidak melihat banyak orang India Timur selama ini. Saya menyesuaikan diri dengan kehidupan di Amerika dan fokus pada tujuan saya di sini. Saya mencari Allah yang Hidup dalam Alkitab, Allah dari rasul Yohanes, Petrus dan Paulus dan orang-orang lain yang memikul salib dan mengikut Yesus.

Saya memberanikan diri untuk mencari Tuhan dalam Perjanjian Baru yang melakukan banyak mukjizat, tanda dan keajaiban yang luar biasa menurut Alkitab, Firman Allah yang Hidup. Mungkinkah saya begitu lancang untuk berpikir bahwa Dia benar-benar mengenal saya? Pasti ada yang lebih dari Tuhan. Saya mulai mengunjungi banyak gereja dari berbagai denominasi di wilayah Los Angeles, sebuah kota metropolitan yang terletak di California Selatan. Saya kemudian pindah ke sebuah kota di sebelah timur Los Angeles bernama West Covina dan mulai mengunjungi gereja-gereja di daerah itu juga. Saya berasal dari negara yang sangat religius dengan mungkin lebih banyak tuhan yang dikenal manusia daripada negara lain di dunia. Saya selalu percaya pada satu Tuhan, Sang Pencipta. Hati saya berusaha untuk mengenal-Nya secara pribadi. Saya berpikir, pasti Dia memang ada dan Dia akan dapat menemukan saya karena hasrat saya yang menggebu-gebu untuk mengenal-Nya secara pribadi. Saya mencari tanpa henti dan membaca Alkitab secara konsisten, tetapi selalu saja ada yang kurang. Saya mendapatkan pekerjaan di Kantor Pos Amerika Serikat pada bulan Agustus 1981 dan mulai bertanya kepada rekan-rekan kerja saya tentang Tuhan. Saya juga mulai mendengarkan radio Kristen di mana saya mendengar berbagai pengkhotbah yang berbeda mendiskusikan topik-topik Alkitab, tetapi tidak pernah sepakat bahkan di antara mereka sendiri. Saya berpikir, tentu saja ini tidak mungkin Tuhan yang membingungkan? Pasti ada jawaban yang benar untuk kebingungan religius ini. Saya tahu bahwa saya harus menyelidiki Kitab Suci dan terus berdoa. Banyak rekan kerja Kristen yang juga berbicara kepada saya dan membagikan kesaksian mereka. Saya terkejut bahwa mereka tahu begitu banyak tentang Tuhan. Saat itu saya tidak tahu bahwa Tuhan telah menetapkan waktu bagi saya untuk menerima pewahyuan kebenaran-Nya yang menakjubkan.

Saudara laki-laki saya menderita kerasukan setan dan membutuhkan mukjizat. Saya terdorong untuk mencari orang-orang Kristen yang percaya Alkitab yang percaya akan mukjizat dan pembebasan dari kekuatan-kekuatan jahat ini. Tanpa belas kasihan, roh-roh jahat ini menyiksa pikiran saudara saya. Keluarga saya sangat prihatin terhadapnya sehingga kami tidak punya pilihan lain selain membawanya ke psikiater. Saya tahu bahwa itu adalah kesenangan iblis untuk menyiksa dan menghancurkan saudara laki-laki saya. Ini adalah peperangan rohani seperti yang dikatakan dalam Alkitab. Dengan putus asa, kami membawa saudara saya ke psikiater. Setelah memeriksanya, dia bertanya kepada kami apakah kami percaya kepada Yesus. Kami menjawab ya, lalu ia mulai menuliskan alamat dua gereja beserta nomor teleponnya dan memberikannya kepada saya. Sesampainya di rumah, saya meletakkan kedua kertas berisi informasi tersebut di atas meja rias saya dengan maksud untuk menelepon kedua pendeta tersebut. Saya berdoa agar Tuhan menuntun saya ke gereja dan pendeta yang tepat. Saya mendengar beberapa hal yang sangat negatif tentang gereja-gereja di Amerika, jadi hal ini membuat saya sangat berhati-hati. Tuhan memakai para nabi, pengajar dan pengkhotbah untuk memimpin mereka yang mengasihi Dia ke dalam seluruh kebenaran. Tuhan menjadi Pelita dan Terang yang menerangi kegelapan saya. Tuhan pasti akan menuntun saudara saya keluar dari kegelapan juga. Saya benar-benar percaya bahwa Tuhan akan menemukan saya di dalam lautan kegelapan yang tak berujung; karena ini adalah waktu yang sangat gelap dan sulit bagi keluarga saya.

"Firman-Mu itu pelita bagi kakiku dan terang bagi jalanku."
(Mazmur 119:105)

"Doa dan Puasa."

Saya meletakkan kedua alamat tersebut di meja rias saya. Saya menelepon kedua pendeta tersebut dan berkomunikasi dengan mereka berdua. Pada saat yang sama, saya berdoa memohon petunjuk dari Tuhan untuk pendeta yang dapat melanjutkan percakapan saya. Selama waktu ini, saya menyadari bahwa satu nomor dari meja rias menghilang. Saya dengan hati-hati mencarinya tetapi tidak menemukannya. Sekarang hanya ada satu nomor yang tersedia untuk saya. Saya menelepon nomor tersebut dan berbicara dengan pendeta gereja yang terletak di California, hanya 10 menit dari rumah saya. Saya membawa adik saya ke gereja ini dengan berpikir bahwa adik saya akan bebas hari ini, tetapi ternyata tidak demikian. Saudara saya tidak sepenuhnya dibebaskan pada hari itu. Jadi pendeta menawarkan kami untuk mengikuti pelajaran Alkitab. Kami menerima tawarannya dan juga mulai menghadiri gerejanya tanpa berniat untuk menjadi anggota, tetapi hanya sebagai pengunjung. Sedikit yang saya ketahui bahwa ini akan menjadi titik balik dalam hidup saya. Pada saat itu, saya menentang cara Pentakosta dan kepercayaan mereka tentang berbahasa roh.

Orang-orang kudus di gereja itu sangat tulus dalam kepercayaan mereka. Mereka beribadah dengan bebas dan menaati pendeta ketika dia menyerukan untuk berpuasa karena kekuatan rohani yang menguasai saudara saya hanya akan keluar, seperti yang dikatakan Firman Tuhan, "dengan doa dan puasa". Suatu ketika, murid-murid Yesus tidak dapat mengusir setan. Yesus mengatakan kepada mereka bahwa itu karena ketidakpercayaan mereka dan berkata bahwa tidak ada yang mustahil bagi mereka.

"Tidaklah keluar dari jenis ini kecuali dengan doa dan puasa."
(Matius 17:21)

Kami semua berpuasa beberapa hari dalam beberapa kesempatan, dan saya dapat melihat bahwa saudara laki-laki saya menjadi jauh lebih baik. Kami terus mengikuti pelajaran Alkitab di rumah saya dengan pendeta, memahami semua yang dia ajarkan kepada kami; namun, ketika dia mulai menjelaskan tentang baptisan air, saya merasa terganggu dengan penafsirannya. Saya belum pernah mendengar tentang baptisan dalam nama "Yesus", meskipun dia dengan jelas menunjukkan kepada kami kitab suci. Itu tertulis di sana tetapi saya tidak melihatnya. Mungkin, pemahaman saya telah dibutakan.

Setelah pendeta itu pergi, saya berpaling kepada saudara saya dan berkata, "Apakah kamu memperhatikan bahwa semua pengkhotbah yang menggunakan Alkitab yang sama menghasilkan ide yang berbeda? Saya benar-benar tidak percaya lagi dengan apa yang dikatakan oleh para pengkhotbah itu." Kakak saya menoleh ke arah saya dan berkata, "Dia benar!" Saya menjadi sangat kesal dengan kakak saya dan bertanya kepadanya, "Jadi kamu akan mempercayai ajaran pendeta ini? Saya tidak percaya ini." Dia menatap saya lagi dan berkata, "Dia mengatakan yang sebenarnya." Saya menjawab lagi, "Kamu percaya semua pengkhotbah tetapi tidak dengan saya!" Sekali lagi saudara saya bersikeras, "Dia benar." Kali ini saya dapat melihat bahwa wajah kakak saya sangat serius. Saya kemudian mengambil Alkitab dan mulai mempelajari Kisah Para Rasul yang berisi sejarah gereja mula-mula. Saya belajar dan belajar; saya masih tidak dapat mengerti mengapa, Tuhan memiliki CARA-Nya. Apakah Anda percaya bahwa Tuhan berurusan dengan setiap orang secara berbeda? Di sini saya mencari Tuhan melalui setiap sumber dan media. Selama waktu ini, saya mendengar Tuhan berbicara kepada hati saya, "Kamu harus dibaptis." Saya mendengar perintah-Nya dan menyembunyikan kata-kata ini di dalam hati saya tanpa diketahui oleh orang lain.

Hari itu tiba ketika Pendeta menghampiri saya dan bertanya, "Jadi sekarang, apakah Anda siap untuk dibaptis?" Saya menatapnya dengan terkejut karena belum pernah ada orang yang menanyakan hal ini kepada saya sebelumnya. Dia mengatakan kepada saya bahwa Tuhan Yesus telah berbicara kepadanya tentang baptisan saya, jadi saya berkata, "ya". Saya kagum bahwa Tuhan akan berbicara kepada Pendeta tentang hal ini. Saya meninggalkan gereja sambil berpikir, "Saya harap Tuhan tidak memberitahukan hal ini kepada pendeta ini karena pikiran kita tidak selalu benar atau bahkan tepat."

Pembaptisan untuk Pengampunan Dosa.

Hari pembaptisan saya pun tiba. Saya meminta pendeta untuk memastikan bahwa ia membaptis saya dalam nama Bapa, Anak dan Roh Kudus. Pendeta itu terus mengatakan kepada saya, "Ya, itu adalah nama Yesus." Saya khawatir dan kesal; saya pikir orang ini akan mengirim saya ke neraka jika dia tidak membaptis saya dalam nama Bapa, Anak dan Roh Kudus. Jadi saya mengulangi lagi kepadanya untuk memastikan bahwa dia memanggil dalam nama Bapa, Anak dan Roh Kudus, tetapi pendeta itu tetap mengulanginya. "Ya, namanya Yesus." Saya mulai berpikir bahwa Pendeta ini benar-benar tidak mengerti apa yang saya maksudkan. Karena Tuhan telah berbicara kepada saya untuk dibaptis, saya tidak bisa tidak menaati-Nya. Saya tidak mengerti hal ini pada saat itu, tetapi saya menaati Tuhan tanpa memiliki penyataan penuh tentang nama-Nya, dan saya juga tidak sepenuhnya mengerti bahwa Keselamatan tidak ada nama lain selain di dalam Nama Yesus.

"Dan keselamatan tidak ada di dalam siapapun juga selain di dalam Dia, sebab di bawah kolong langit ini tidak ada nama lain yang diberikan kepada manusia yang olehnya kita dapat diselamatkan."
(Kisah Para Rasul 4:12)

*"Kamu adalah saksi-saksi-Ku, demikianlah firman Tuhan dan **hamba-Ku** yang telah Kupilih, supaya kamu mengetahui dan percaya kepada-Ku dan mengerti, bahwa Akulah <u>Dia,</u> sebelum Aku tidak ada Allah yang serupa dengan Aku, dan tidak akan ada lagi sesudah Aku. Akulah Tuhan, Akulah Tuhan, dan selain dari pada-Ku **tidak ada juruselamat.**"(Yesaya 43:10-11)*

Sebelum, sesudah dan selama-lamanya, hanya ada, sedang dan akan ada hanya satu Allah dan Juruselamat. Di sini manusia akan berperan sebagai <u>hamba</u>, Allah Yehuwa berkata bahwa Akulah Dia.

Yang, walaupun dalam rupa Allah, tidak menganggap kesetaraan itu sebagai milik yang harus dipertahankan. Allah: melainkan telah mengosongkan diri-Nya sendiri, dan mengambil rupa seorang hamba, dan menjadi sama dengan manusia: Dan dalam keadaan sebagai manusia, Ia telah mengosongkan diri-Nya sendiri, dan taat sampai mati, bahkan sampai mati di kayu salib. (Filipi 2:6-8)

Yesus adalah Tuhan dalam tubuh manusia.

*Dan tanpa kontroversi betapa agungnya misteri kesalehan: **Allah***
telah menyatakan diri-Nya dalam rupa manusia,
(1 Timotius 3:16)

Mengapa Allah yang satu ini, yang adalah roh, datang dalam rupa manusia? Seperti yang Anda ketahui, roh tidak memiliki daging dan darah. Jika Dia perlu menumpahkan darah, maka Dia akan membutuhkan tubuh manusia.

Alkitab berkata:

*Karena itu jagalah dirimu dan jagalah seluruh kawanan, yang atasnya Roh Kudus telah menetapkan kamu sebagai penilik, supaya kamu menggembalakan **jemaat Allah,** yang telah dibeli-Nya dengan **darah-Nya sendiri.** (Kisah Para Rasul 20:28)*

Kebanyakan gereja tidak mengajarkan keesaan Allah dan kuasa nama Yesus. Allah, Roh yang menjadi manusia sebagai manusia Kristus Yesus, memberikan amanat agung kepada para murid-Nya:

*"Karena itu pergilah, jadikanlah semua bangsa murid-Ku dan baptislah mereka dalam **nama** (tunggal) dari Bapa dan Anak dan Roh Kudus." (Matius 28:19)*

Para murid jelas mengetahui apa yang Yesus maksudkan, karena mereka pergi membaptis dalam Nama-Nya, seperti yang tertulis di dalam Kitab Suci. Saya kagum bahwa mereka mengucapkan "Dalam Nama **Yesus**" setiap kali mereka melakukan baptisan. Kitab Suci mendukung hal ini dalam Kisah Para Rasul.

Hari itu saya dibaptis dalam air dengan selam penuh dalam nama Yesus, saya keluar dari air dengan perasaan yang sangat ringan seolah-olah saya bisa berjalan di atas air. Sebuah gunung dosa yang berat telah disingkirkan. Saya tidak tahu bahwa saya telah membawa beban berat ini. Sungguh suatu pengalaman yang luar biasa! Saya menyadari untuk pertama kalinya dalam hidup saya, bahwa saya telah menyebut diri saya sebagai "orang Kristen dengan dosa-dosa kecil", karena saya tidak pernah merasa bahwa saya adalah orang berdosa besar. Terlepas dari apa yang saya percayai, dosa tetaplah dosa. Saya melakukan dan memikirkan dosa. Saya tidak lagi hanya percaya pada keberadaan Tuhan, tetapi saya mengalami sukacita dan kekristenan yang sejati dengan mengambil bagian dalam apa yang Firman Tuhan katakan.

Saya kembali ke Alkitab lagi dan mulai mencari tulisan yang sama. Coba tebak? Dia membuka pemahaman saya dan saya melihat dengan jelas untuk pertama kalinya, bahwa Baptisan hanya di dalam NAMA YESUS.

Kemudian Ia membuka pengertian mereka, sehingga mereka dapat memahami Kitab Suci (Lukas 24:45)

Saya mulai melihat Alkitab dengan sangat jelas dan berpikir betapa liciknya Setan untuk menghapus rencana Allah yang Mahatinggi, yang datang dalam rupa manusia untuk menumpahkan darah. Darah itu disembunyikan di bawah Nama **YESUS.** Saya segera mengetahui bahwa serangan Setan adalah pada Nama tersebut.

*"Bertobatlah dan hendaklah kamu masing-masing memberi dirimu dibaptis dalam **nama Yesus Kristus** untuk pengampunan dosamu, maka kamu akan menerima karunia Roh Kudus." (Kisah Para Rasul 2:38)*

Kata-kata ini adalah apa yang diucapkan oleh Rasul Petrus pada Hari Pentakosta di awal gereja mula-mula dalam Perjanjian Baru. Setelah dibaptis, saya menerima karunia Roh Kudus di salah satu gereja teman saya di Los Angeles.

Hal ini dimanifestasikan dengan saya berbicara dalam bahasa yang tidak dikenal atau bahasa roh dan sesuai dengan Kitab Suci tentang baptisan Roh Kudus:

*"Dan sementara Petrus masih berbicara demikian, turunlah Roh Kudus
ke atas semua orang yang mendengar perkataan itu. Dan orang-orang
bersunat yang menjadi percaya, yang datang bersama-sama dengan
Petrus, takjub, karena kepada orang-orang bukan Yahudi dicurahkan
juga karunia Roh Kudus. Sebab mereka mendengar mereka berkata-
kata **dengan bahasa roh dan memuliakan** Allah."*
(Kisah Para Rasul 10: 44-46)

Saya mengerti dengan jelas bahwa pria telah mengubah upacara
pembaptisan. Inilah sebabnya mengapa kita memiliki begitu banyak
agama saat ini. Orang-orang percaya mula-mula ini dibaptis menurut
Kitab Suci yang kemudian dituliskan. Petrus mengkhotbahkannya dan
para rasul melakukannya!

*"Dapatkah orang melarang air untuk membaptis orang-orang yang
telah menerima Roh Kudus sama seperti kita? Dan ia menyuruh
mereka dibaptis **dalam nama Tuhan.** Lalu mereka berdoa kepada-Nya
untuk tinggal beberapa hari lamanya." (Kisah Para Rasul 10:47-48)*

Sekali lagi, bukti dari Pembaptisan dalam Nama Yesus.

*Tetapi setelah mereka percaya kepada Filipus yang memberitakan
tentang Kerajaan Allah **dan nama Yesus Kristus, mereka memberi diri
mereka dibaptis, baik laki-laki maupun perempuan,** sebab belum ada
seorangpun dari mereka yang telah menerima baptisan itu, tetapi
mereka telah dibaptis dalam nama Tuhan Yesus."
(Kisah Para Rasul 8:12,16)

Kisah Para Rasul 19

*Dan terjadilah, bahwa ketika Apolos berada di Korintus, Paulus,
setelah melalui daerah-daerah pesisir, tiba di Efesus. murid-murid-
Nya, Ia berkata kepada mereka: "Sudahkah kamu menerima Roh
Kudus, sejak kamu percaya? Jawab mereka kepada-Nya: "Kami belum*

*pernah mendengar, bahwa ada Roh Kudus. Maka kata Yesus kepada mereka: "Dengan apakah kamu dibaptis? Jawab mereka: "Dengan baptisan Yohanes. Maka kata Paulus: "Yohanes membaptis dengan baptisan pertobatan dan ia berkata kepada orang banyak, supaya mereka percaya kepada Dia, yang akan datang kemudian dari padanya, yaitu Kristus Yesus. Dan ketika mereka mendengar hal itu, mereka memberi diri mereka dibaptis **dalam nama Tuhan Yesus.** Dan setelah Paulus menumpangkan tangan ke atas mereka, turunlah **Roh Kudus ke atas mereka, lalu mereka berkata-kata dengan bahasa roh dan** bernubuat. (Kisah Para Rasul 19:1-6)*

*Kisah Para Rasul 19 sangat membantu saya, karena Alkitab mengatakan bahwa hanya ada satu **baptisan.** (Efesus 4:5)*

Saya dibaptis di India dan, saya harus katakan di sini, bahwa saya diperciki dan bukan dibaptis.

Doktrin yang benar telah ditetapkan oleh para **rasul dan para nabi.** Yesus datang untuk menumpahkan darah dan memberikan teladan. (1Petrus 2:21)

*Kisah Para **Rasul** 2:42 Dan mereka bertekun dengan tekun dalam **pengajaran rasul-rasul dan dalam** persekutuan dan dalam pemecahan roti dan dalam*

*Efesus-2:20 Dan **dibangun di atas dasar para rasul dan para nabi, dengan** Yesus Kristus sebagai batu penjuru yang utama;*

Galatia 1:8, 9 Tetapi jikalau ada seorang atau seorang malaikat dari sorga yang memberitakan kepadamu suatu injil lain dari pada yang telah kami beritakan kepadamu, terkutuklah dia. Seperti yang telah kami katakan sebelumnya, demikian pula sekarang kami katakan sekali lagi: jika ada orang yang memberitakan kepadamu suatu injil yang berbeda dengan Injil yang telah kamu terima, terkutuklah dia.

(Ini sangat dalam; tidak ada yang dapat mengubah doktrin, bahkan para Rasul yang telah ditetapkan).

Ayat-ayat ini membuka mata saya, sekarang saya mengerti Matius 28:19. Gereja adalah Mempelai Wanita Yesus, ketika kita dibaptis dalam nama Yesus, kita kemudian mengambil Nama-Nya. Kidung Agung adalah sebuah alegori tentang gereja dan mempelai pria, di mana mempelai wanita telah mengambil Nama tersebut.

*Karena kenikmatan salep-Mu yang baik, **nama-Mu bagaikan minyak wangi yang** dicurahkan, itulah sebabnya gadis-gadis mengasihi Engkau (Kidung Agung 1:3)*

Sekarang saya mengalami baptisan seperti yang dikatakan dalam Alkitab dan Roh Kudus yang sama. Ini bukanlah sesuatu yang khayalan; ini nyata! Saya dapat merasakannya dan mendengarnya dan orang lain menyaksikan manifestasi dari kelahiran baru. Kata-kata yang saya ucapkan, saya tidak tahu dan tidak dapat mengerti. Sungguh luar biasa.

*"Sebab barangsiapa berkata-kata dengan **bahasa** roh, ia tidak berkata-kata kepada manusia, tetapi kepada Allah, sebab tidak ada orang yang mengerti, walaupun ia berkata-kata dengan bahasa roh." (1 Korintus 14:2)*

*"Sebab jika aku berdoa dengan bahasa yang tidak kukenal, maka rohku berdoa, tetapi **pengertianku tidak berbuah.**" (1 Korintus 14:14)*

Ibu saya bersaksi bahwa beberapa waktu sebelum saya lahir, seorang misionaris dari India Selatan membaptisnya di sebuah sungai dan setelah itu ia sembuh total. Karena tidak tahu bagaimana pendeta ini membaptisnya, saya bertanya-tanya bagaimana dia bisa sembuh. Bertahun-tahun kemudian ayah saya mengkonfirmasi kepada saya, bahwa pendeta ini membaptisnya dalam Nama Yesus, yang sesuai dengan Alkitab.

Alkitab berkata:

"Yang mengampuni segala kesalahanmu, yang menyembuhkan segala penyakitmu." (Mazmur 103:3)

Setelah kelahiran baru saya, saya mulai memberikan pelajaran Alkitab kepada teman-teman di tempat kerja dan keluarga saya. Keponakan saya menerima karunia Roh Kudus. Saudara laki-laki, sepupu, dan bibi saya dibaptis bersama dengan banyak anggota keluarga saya. Sedikit yang saya ketahui, ada banyak hal yang terjadi dalam perjalanan ini, lebih dari sekadar keinginan untuk mengenal Tuhan lebih dekat. Saya tidak menyadari bahwa pengalaman ini mungkin terjadi. Allah berdiam di dalam diri orang percaya melalui Roh Kudus.

Wahyu dan Pemahaman.

Saya mendedikasikan diri untuk mempelajari Kitab Suci dan membaca Alkitab berulang kali, Tuhan terus membuka pemahaman saya.

"Maka dibukakan-Nya pengertian mereka, sehingga mereka dapat memahami Kitab Suci." (Lukas 24:45)

Setelah menerima Roh Kudus, pemahaman saya menjadi lebih jelas karena saya mulai belajar dan melihat banyak hal yang belum pernah saya lihat sebelumnya.

*"Tetapi Allah telah **menyatakannya** kepada **kita oleh Roh-Nya,** sebab Roh menyelidiki segala sesuatu, bahkan hal-hal yang tidak terduga dari Allah." (1 Korintus 2:10)*

15

Saya belajar bahwa kita harus memiliki pemahaman akan kehendak-Nya bagi kita, hikmat untuk hidup berdasarkan Firman-Nya, mengetahui **"Jalan-Nya"**, dan menerima bahwa ketaatan adalah sebuah keharusan dan bukan pilihan.

Suatu hari saya bertanya kepada Tuhan, "Bagaimana Engkau memakai saya?" Dia mengatakan kepada saya "Dalam doa"

Karena itu, saudara-saudara, berusahalah dengan sungguh-sungguh supaya panggilan dan pilihanmu makin teguh, sebab jikalau kamu melakukan semuanya itu, kamu tidak akan pernah jatuh:
(2 Petrus 1:10)

Saya belajar bahwa pergi ke gereja dapat memberikan rasa aman yang semu. Agama bukanlah keselamatan. Agama itu sendiri hanya dapat membuat Anda merasa nyaman dengan kebenaran diri sendiri. Mengetahui Kitab Suci saja tidak akan membawa keselamatan. Anda harus memahami Kitab Suci melalui pembelajaran, menerima wahyu melalui doa, dan memiliki keinginan untuk mengetahui kebenaran. Iblis juga mengetahui Kitab Suci dan dia akan dihukum untuk kekekalan di dalam lautan yang menyala-nyala dengan api. Jangan tertipu oleh serigala berbulu domba yang menyamar sebagai orang **saleh** tetapi menyangkal *kuasa Allah.* Tidak ada yang pernah mengatakan kepada saya bahwa saya membutuhkan Roh Kudus dengan bukti berbahasa roh, seperti yang dikatakan dalam Alkitab. Ketika orang percaya menerima Roh Kudus, sesuatu yang ajaib terjadi. Murid-murid dipenuhi dengan Roh Kudus dan api.

*Tetapi kamu akan menerima **kuasa, kalau** Roh Kudus turun ke atas kamu, dan kamu akan menjadi saksi-Ku di Yerusalem dan di seluruh Yudea dan Samaria dan sampai ke ujung bumi. (Kisah Para Rasul 1:8)*

Mereka begitu bersemangat untuk menyebarkan Injil, sehingga banyak orang Kristen pada masa itu, seperti yang dilakukan beberapa orang pada masa kini, kehilangan nyawa mereka demi Injil kebenaran. Saya belajar bahwa ini adalah iman yang mendalam dan doktrin yang kokoh, tidak seperti doktrin yang diajarkan di beberapa gereja saat ini.

Setelah kebangkitan, Yesus berkata dalam firman-Nya, ini akan menjadi tanda bahwa seseorang menjadi murid-Nya.

".... mereka akan berbicara dengan bahasa yang baru,"
(Markus 16:17)

Lidah dalam bahasa Yunani adalah glossa, dalam bahasa Inggris, karunia supranatural bahasa yang diberikan oleh Tuhan. Anda tidak pergi ke sekolah untuk mempelajari cara berbicara seperti ini. Itulah sebabnya dikatakan **Lidah Baru.**

Ini adalah salah satu tanda untuk mengenali murid Tuhan Yang Mahatinggi.

Bukankah Tuhan itu luar biasa? Dia membuat para murid-Nya untuk dikenali dengan cara yang sangat istimewa.

Kekuatan Ibadah.

Saya belajar tentang kekuatan dari penyembahan dan bahwa Anda benar-benar dapat merasakan kehadiran Kudus dalam penyembahan. Ketika saya datang ke Amerika pada tahun 1980, saya melihat orang-orang India Timur merasa malu untuk menyembah Tuhan dengan bebas. Dalam Perjanjian Lama, Raja Daud menari, melompat, bertepuk tangan dan mengangkat tangannya tinggi-tinggi di hadapan Tuhan. Kemuliaan Tuhan datang ketika umat Tuhan menyembah dengan pujian dan pengagungan yang tertinggi. Umat Allah menciptakan suasana agar hadirat Tuhan berdiam di antara mereka. Penyembahan kita mengirimkan aroma yang menyenangkan bagi Tuhan yang tidak dapat ditolak-Nya. Dia akan datang dan berdiam di dalam puji-pujian umat-

Nya. Setelah berdoa, luangkanlah waktu untuk memuji dan menyembah Dia dengan segenap hati Anda tanpa meminta sesuatu kepada-Nya. Dalam Alkitab, Dia diibaratkan sebagai pengantin pria yang datang untuk mempelai wanita (gereja). Dia mencari pengantin wanita yang penuh semangat yang tidak akan malu untuk MENYEMBAHNYA. Saya belajar bahwa kita dapat mempersembahkan penyembahan yang akan sampai ke Ruang Tahta jika kita melepaskan kesombongan kita. Terima kasih Tuhan untuk para pengkhotbah yang memberitakan Firman dan tidak menahan diri tentang betapa pentingnya penyembahan kepada Tuhan.

"Tetapi saatnya akan tiba, dan sekarang ini, ketika para penyembah yang benar akan Sembahlah Bapa dalam roh dan kebenaran, karena Bapa mencari orang-orang yang menyembah Dia." (Yohanes 4:23)

Ketika hadirat Allah turun ke atas anak-anak-Nya, mukjizat-mukjizat mulai terjadi: kesembuhan, kelepasan, bahasa roh dan penafsiran, bernubuat, manifestasi karunia-karunia roh. Oh, betapa besar kuasa Allah yang dapat kita tampung dalam satu kebaktian di gereja jika kita semua dapat berkumpul bersama mempersembahkan penyembahan dan peninggian serta pujian yang tertinggi. Ketika Anda tidak lagi memiliki kata-kata untuk berdoa, sembahlah dan persembahkanlah korban pujian! Iblis membenci ketika Anda menyembah Penciptanya, Allah yang Esa. Ketika Anda merasa sendirian atau ketakutan menarik Anda, sembahlah dan hubungkan diri Anda dengan Tuhan!

Pada awalnya, jenis penyembahan dan pujian ini sangat sulit bagi saya, tetapi kemudian menjadi mudah. Saya mulai mendengar suara-Nya berbicara kepada saya. Dia ingin saya taat kepada Roh-Nya. Latar belakang agama saya telah menghalangi saya untuk menyembah Tuhan dengan bebas. Segera saya diberkati di dalam Roh, kesembuhan datang, dan saya dibebaskan dari hal-hal yang selama ini tidak saya anggap sebagai dosa. Ini semua adalah hal yang baru bagi saya; setiap kali saya merasakan kehadiran Tuhan dalam hidup saya, saya mulai berubah secara batiniah. Saya bertumbuh dan mengalami perjalanan pribadi yang berpusat pada Kristus dengan Tuhan.

Roh Kebenaran.

Cinta akan kebenaran sangat penting karena agama dapat menipu dan lebih buruk daripada kecanduan alkohol atau narkoba.

"Allah itu Roh, dan barangsiapa menyembah Dia, harus menyembah Dia dalam roh dan kebenaran." (Yohanes 4:24)

Rantai perbudakan terhadap agama terlepas dari saya ketika Roh Kudus membebaskan saya. Ketika kita berbicara dalam bahasa yang tidak dikenal dalam Roh Kudus, roh kita berbicara kepada Allah. Kasih Allah sangat luar biasa dan pengalaman ini sungguh supernatural. Saya tidak dapat menahan diri untuk tidak memikirkan tahun-tahun sebelumnya, ketika saya menerima doktrin Alkitab yang bertentangan dengan Firman Tuhan.

Dalam hubungan saya dengan Tuhan, Dia mengungkapkan lebih banyak kebenaran ketika saya bertumbuh dalam Firman-Nya dan belajar tentang **"Jalan-Nya"**. Seperti burung pipit yang memberi makan anak-anaknya dengan porsi kecil, mereka tumbuh lebih kuat dan konsisten setiap hari, hingga mereka belajar untuk membumbung tinggi ke langit. Carilah Roh Kebenaran dan Dia akan menuntun Anda untuk mengetahui segala sesuatu. Suatu hari nanti, kita juga akan membumbung tinggi bersama Tuhan.

"Apabila Roh Kebenaran itu datang, Ia akan memimpin kamu ke dalam seluruh kebenaran." (Yohanes 16:13a)

Pengurapan Suci:

Melalui banyak kesedihan karena kondisi saudara saya yang dirasuki roh-roh jahat, kami menemukan kebenaran yang luar biasa ini. Saya menerima kebenaran ini dan Roh Kudus memberi saya kuasa untuk mengatasi rintangan yang mengganggu kehidupan baru saya di dalam Kristus Yesus yang memberi saya pengurapan kudus untuk bekerja dan melayani dengan mengajar orang-orang. Saya belajar bahwa melalui pengurapan ini, Tuhan bergerak melalui semangat dan ekspresi rohani. Itu berasal dari Yang Kudus, yaitu Allah sendiri dan bukan ritual keagamaan atau penahbisan formal yang memberikan hak istimewa ini.

Pengurapan:

Saya mulai merasakan pengurapan Tuhan dalam hidup saya dan bersaksi kepada mereka yang mau mendengarkan. Saya mendapati diri saya menjadi seorang pengajar Firman melalui kuasa pengurapan Tuhan. Ada suatu masa di India ketika saya ingin mempraktikkan hukum, tetapi Tuhan mengubah saya menjadi pengajar Firman-Nya.

"Tetapi pengurapan yang telah kamu terima dari pada-Nya tetap tinggal di dalam kamu dan kamu tidak memerlukan seorangpun untuk mengajar kamu, tetapi sebagaimana pengurapan itu mengajarkan segala sesuatu kepadamu, yaitu kebenaran dan bukan dusta, demikianlah hendaknya kamu tetap tinggal di dalam Dia."
(1 Yohanes 2:27)

"Tetapi kamu mendapat wahyu dari Yang Mahakudus, dan kamu mengetahui segala sesuatu." (1 Yohanes 2:20)

Saya menyediakan diri saya untuk Tuhan dan Dia melakukan sisanya melalui kuasa pengurapan-Nya. Allah yang luar biasa! Dia tidak akan membiarkan Anda tidak berdaya dalam melakukan pekerjaan-Nya. Saya mulai lebih banyak berdoa ketika tubuh saya menjadi lemah karena sakit dan penyakit, tetapi Roh Tuhan dalam diri saya semakin kuat setiap hari ketika saya meluangkan waktu dan usaha dalam perjalanan rohani saya untuk berdoa, berpuasa dan membaca Firman-Nya secara terus-menerus.

Perubahan Hidup:

Melihat ke belakang sejenak, saya melihat dari mana Tuhan telah membawa saya dan bagaimana hidup saya tidak sesuai dengan jalan-Nya. Saya memiliki sifat kedagingan tanpa kuasa untuk mengubahnya. Saya memiliki roh-roh lain tetapi bukan Roh Kudus. Saya belajar bahwa doa dapat mengubah banyak hal, tetapi keajaiban yang sesungguhnya adalah bahwa saya juga telah berubah. Saya ingin hidup saya menjadi lebih seperti **jalan-Nya,** jadi saya berpuasa untuk mengubah sifat kedagingan saya. Hidup saya telah berubah secara signifikan dalam perjalanan ini, tetapi hal itu baru saja dimulai ketika hasrat saya yang menggebu-gebu kepada Tuhan meningkat. Orang lain yang mengenal saya dengan baik, dapat bersaksi bahwa saya telah berubah.

Perang Rohani:

Saya berhati-hati untuk hanya mengajarkan kebenaran dan bukan agama. Saya mengajarkan bahwa baptisan di dalam Nama Yesus Kristus dan Roh Kudus Allah (Roh Kudus) adalah sebuah keharusan. Itu adalah Penghibur dan kekuatan Anda untuk mengatasi rintangan dan kekuatan jahat yang datang melawan orang-orang percaya.

Bersiaplah selalu, untuk berjuang dengan berlutut demi apa yang Anda inginkan dari Tuhan. Iblis ingin menghancurkan Anda dan keluarga Anda. Kita sedang berperang dengan kuasa kegelapan. Kita harus berjuang untuk jiwa-jiwa yang akan diselamatkan; dan berdoa agar hati orang berdosa dijamah oleh Allah sehingga mereka dapat berbalik dari kuasa yang memerintah mereka.

"Karena perjuangan kita bukanlah melawan darah dan daging, tetapi melawan pemerintah-pemerintah, melawan penguasa-penguasa, melawan penghulu-penghulu dunia yang gelap ini, melawan roh-roh jahat di udara." (Efesus 6:12)

Jiwa yang Hidup.

Setiap orang memiliki jiwa yang hidup; jiwa itu bukan milik Anda, melainkan milik Tuhan. Suatu hari ketika kita mati, jiwa akan kembali kepada Tuhan atau Setan. Manusia dapat membunuh tubuh, tetapi hanya Tuhan yang dapat membunuh jiwa.

*"Lihatlah, semua jiwa adalah milik-Ku; sama seperti jiwa bapa, demikian juga jiwa anak adalah milik-Ku; setiap orang yang berbuat dosa, ia akan **mati**." (Yehezkiel 18:4)*

"Dan janganlah kamu takut kepada mereka yang dapat membunuh tubuh, tetapi yang tidak dapat membunuh jiwa, tetapi takutlah kepada Dia yang dapat membinasakan jiwa dan tubuh di dalam neraka." (Matius 10:28)

Semangat Cinta.

Satu nyawa sangat berarti bagi Tuhan karena Dia sangat peduli dan mengasihi kita masing-masing. Orang-orang percaya yang memiliki Injil Kebenaran ini bertanggung jawab untuk menceritakan kepada orang lain tentang kasih Yesus di dalam Roh **Kasih.**

*"Aku memberikan perintah baru kepada kamu, yaitu supaya kamu saling **mengasihi; sama seperti** Aku telah **mengasihi** kamu, demikian pula kamu harus saling **mengasihi. Dengan** demikian semua orang akan tahu, bahwa kamu adalah murid-murid-Ku, yaitu jikalau kamu saling **mengasihi**." (Yohanes 13:34-35)*

Iblis akan datang melawan kita ketika kita menjadi ancaman baginya. Adalah tugasnya untuk mematahkan semangat kita; namun, kita memiliki janji kemenangan atasnya.

"Tetapi syukur kepada Allah, yang telah memberikan kepada kita kemenangan oleh Tuhan kita Yesus Kristus." (1 Korintus 15:57)

Izinkan saya menekankan di sini bahwa, apa yang dimaksudkan Iblis sebagai kejahatan, Tuhan mengubahnya menjadi berkat.

Alkitab berkata:

"Dan kita tahu bahwa Allah turut bekerja dalam segala sesuatu untuk mendatangkan kebaikan bagi mereka yang mengasihi Dia, yaitu bagi mereka yang terpanggil sesuai dengan rencana Allah."
(Roma 8:28)

Pujian bagi Tuhan Yesus Kristus!

Bab 2
Tabib yang Perkasa

Mlmu kedokteran melaporkan bahwa ada total tiga puluh sembilan kategori penyakit. Ambil contoh kanker, ada begitu banyak jenis kanker. Ada juga banyak jenis demam, tetapi semuanya termasuk dalam kategori demam. Menurut hukum Romawi kuno dan hukum Musa, Anda tidak dapat memberikan lebih dari 40 cambukan (cambukan) sebagai hukuman. Agar tidak melanggar hukum Romawi dan Yahudi ini, mereka hanya memberikan tiga puluh sembilan cambukan. Apakah ini suatu kebetulan bahwa Yesus menerima tiga puluh sembilan belang di punggung-Nya? Saya percaya, seperti halnya banyak orang, bahwa ada hubungan antara angka ini dengan Yesus.

"Empat puluh kali cambukan haruslah diberikan kepadanya, dan tidak boleh lebih dari itu, supaya, jika ia melampaui batas, dan memukulnya lebih dari itu dengan banyak cambukan, maka saudaramu itu akan kelihatan keji di matamu." (Ulangan 25:3)

"Dia yang telah menanggung segala dosa kita di dalam tubuh-Nya di kayu salib, supaya kita, yang telah mati terhadap dosa, hidup untuk kebenaran, dan oleh bilur-bilur-Nya kamu telah disembuhkan." (1 Petrus 2:24)

"Tetapi dia tertikam oleh karena pemberontakan kita, dia diremukkan oleh karena kejahatan kita, ganjaran yang mendatangkan keselamatan bagi kita ditimpakan kepadanya, dan oleh bilur-bilurnya kita menjadi sembuh." (Yesaya 53:5)

Di sepanjang buku ini, Anda akan membaca kesaksian-kesaksian tentang kuasa penyembuhan Tuhan dan kuasa pembebasan dari narkoba, alkohol, dan kerasukan setan. Saya mulai dengan penyakit pribadi saya sendiri di mana Tuhan menunjukkan kepada saya sejak awal, bahwa tidak ada yang terlalu sulit atau terlalu besar bagi-Nya. Dia adalah Tabib yang Perkasa. Tingkat keparahan kondisi fisik saya berubah dari yang buruk menjadi lebih buruk melalui penyakit-penyakit yang menyakitkan. Firman Tuhan dan janji-janji-Nya lah yang menopang saya hingga saat ini.

Sinusitis Kronis.

Saya memiliki masalah sinus yang sangat parah sehingga membuat saya tidak bisa tidur. Pada siang hari saya akan menelepon dan meminta orang-orang untuk mendoakan saya. Saya akan baik-baik saja untuk sementara waktu, tetapi pada malam hari hal itu akan berlanjut dan saya tidak bisa tidur.

Pada suatu hari Minggu saya pergi ke gereja dan meminta Pendeta untuk mendoakan saya. Dia menumpangkan tangannya di atas kepala saya dan mendoakan saya.

"Adakah di antara kamu yang sakit? Hendaklah ia memanggil penatua-penatua jemaat dan mereka harus mendoakannya dan mengoleskannya dengan minyak dalam nama Tuhan." (Yakobus 5:14)

Ketika ibadah dimulai, saya mulai memuji dan menyembah Tuhan saat roh itu datang kepada saya dengan begitu bebasnya. Tuhan menyuruh saya untuk menari di hadapan-Nya. Di dalam Roh, saya mulai menari di hadapan-Nya dalam ketaatan ketika tiba-tiba hidung saya yang tersumbat mengendur dan apa yang menghalangi saluran hidung keluar. Seketika saya mulai bernapas dan kondisi ini tidak pernah kembali lagi. Saya telah menerima kondisi sinus ini dengan kata-kata dan pikiran saya sendiri. Namun, akhirnya saya belajar bahwa kita harus selalu menyuarakan iman kita dan tidak pernah mengakui atau berpikir ragu.

Tonsilitis.

Saya menderita radang amandel kronis dan tidak bisa tidur karena rasa sakit yang terus-menerus. Saya menderita kondisi ini selama bertahun-tahun. Setelah menemui dokter; saya dirujuk ke Ahli Hematologi. Untuk melakukan operasi tonsilektomi yang relatif kecil, itu akan menjadi operasi yang berbahaya dan panjang bagi saya karena penyakit darah yang membuat tubuh saya sulit membeku. Dengan kata lain, saya bisa mati kehabisan darah! Dokter mengatakan bahwa saya tidak mungkin bisa bertahan dalam operasi ini atau menahan rasa sakitnya. Saya berdoa untuk kesembuhan saya sendiri dan juga meminta gereja untuk mendoakan saya. Suatu hari seorang pengkhotbah yang berkunjung datang ke gereja saya. Dia menyapa jemaat dan bertanya apakah ada yang membutuhkan kesembuhan.

Karena tidak yakin akan kesembuhan saya, saya tetap maju ke depan, dengan tetap percaya kepada Tuhan. Ketika saya kembali ke tempat duduk saya, saya mendengar sebuah suara yang mengatakan kepada saya.

"Anda tidak akan sembuh."
Saya marah pada suara ini. Bagaimana mungkin suara ini dengan berani mengatakan keraguan dan ketidakpercayaan ini? Saya tahu ini adalah tipu daya iblis untuk menghentikan kesembuhan saya. Saya menjawab dengan menentang suara ini,

"Saya akan mendapatkan kesembuhan saya!"

Tanggapan saya tegas dan kuat karena saya tahu itu berasal dari bapa segala dusta, yaitu iblis. Roh Kudus memberi kita kuasa atas iblis dan malaikat-malaikatnya. Saya tidak akan membiarkannya merampas kesembuhan dan kedamaian saya. Dia adalah pendusta dan tidak ada kebenaran di dalam dirinya! Saya melawannya dengan Firman dan janji-janji Allah.

> *"Kamu berasal dari bapamu, yaitu Iblis, dan keinginan-keinginan bapamu itulah yang akan kamu lakukan. Ia adalah pembunuh sejak semula dan tidak tinggal di dalam kebenaran, karena tidak ada kebenaran di dalam dia. Apabila ia berkata dusta, maka ia berkata-kata tentang dirinya sendiri, sebab ia adalah pendusta dan bapanya adalah dusta." (Yohanes 8:44)*

Seketika itu juga rasa sakit saya hilang dan saya disembuhkan! Kadang-kadang kita harus masuk ke dalam kubu musuh untuk memperjuangkan apa yang kita inginkan dan merebut kembali apa yang ingin dirampas oleh musuh, yaitu iblis. Saat rasa sakit itu meninggalkan saya, iblis berkata, "Kamu tidak sakit". Musuh berusaha meyakinkan saya dengan "awan keraguan" bahwa saya tidak benar-benar sakit. Alasan kebohongan iblis ini adalah agar saya tidak memberikan kemuliaan kepada Allah. Dengan jawaban yang tegas kepada Iblis, saya berkata, "Ya, saya sakit!" Seketika itu juga Yesus meletakkan rasa sakit di setiap sisi amandel saya. Saya menjawab, "Tuhan Yesus, saya tahu saya sakit dan Engkau telah menyembuhkan saya." Rasa sakit itu meninggalkan saya selamanya! Saya tidak pernah menderita lagi. Segera saya mengangkat tangan saya, memuji Tuhan dan memberikan kemuliaan kepada Allah. Yesus menanggung bilur-bilur di punggung-Nya agar saya dapat disembuhkan pada hari itu juga. Firman-Nya juga mengatakan bahwa dosa-dosa saya juga akan diampuni. Saya berdiri dan bersaksi di gereja pada hari itu juga tentang bagaimana Tuhan menyembuhkan saya. Saya menerima kesembuhan saya dengan paksa.

27

"Dan sejak zaman Yohanes Pembaptis sampai sekarang kerajaan surga menderita kekerasan, dan orang-orang yang kejam merebutnya dengan paksa." (Matius 11:12)

"Dan doa orang yang beriman akan menyelamatkan orang sakit dan Tuhan akan membangkitkannya, dan jika ia berbuat dosa, dosa-dosanya akan diampuni." (Yakobus 5:15)

"Yang mengampuni segala kesalahanmu, yang menyembuhkan segala penyakitmu." (Mazmur 103:3)

Ketika kita berdiri dan bersaksi tentang apa yang telah Tuhan lakukan, kita tidak hanya memberikan kemuliaan kepada Tuhan tetapi juga mengangkat iman orang lain yang perlu mendengarnya. Juga merupakan darah segar untuk melawan iblis.

"Dan mereka mengalahkan dia oleh darah Anak Domba dan oleh perkataan kesaksian mereka, dan mereka tidak mengasihi nyawa mereka sampai mati". (Wahyu 12:11)

Tuhan melakukan mukjizat baik besar maupun kecil. Anda mengalahkan iblis ketika Anda menceritakan kepada orang lain tentang apa yang telah Allah lakukan bagi Anda. Anda membuat iblis lari ketika Anda mulai menyembah Allah dengan segenap hati Anda! Kita memiliki senjata iman dan kuasa Roh Kudus yang tersedia untuk mengalahkan bapa segala dusta. Kita harus belajar menggunakannya.

Cacat Penglihatan.

Saya memiliki masalah dengan penglihatan saya pada tahun 1974, sebelum saya datang ke Amerika. Saya tidak dapat membedakan jarak antara diri saya dan objek lain di depan saya. Hal ini menyebabkan sakit kepala dan mual yang parah. Dokter mengatakan bahwa saya memiliki kondisi retina yang dapat diperbaiki dengan latihan; namun, hal itu tidak berhasil dan sakit kepala saya terus berlanjut.

Saya menghadiri sebuah gereja di California yang percaya akan kuasa penyembuhan. Saya meminta gereja untuk mendoakan saya. Saya terus mendengar kesaksian-kesaksian kesembuhan yang membantu saya untuk percaya akan kesembuhan. Saya sangat bersyukur bahwa gereja mengizinkan adanya kesaksian, sehingga orang lain dapat mendengar laporan pujian atas mukjizat yang telah Tuhan lakukan dalam kehidupan orang-orang biasa saat ini. Iman saya selalu diteguhkan dengan mendengar kesaksian. Saya belajar banyak melalui Kesaksian.

Saya kemudian pergi ke dokter mata karena Tuhan meminta saya untuk menemui dokter spesialis mata.

Dokter ini memeriksa mata saya dan menemukan masalah yang sama tetapi meminta saya untuk mendapatkan pendapat kedua. Seminggu kemudian saya meminta doa karena saya mengalami sakit kepala yang parah dan rasa sakit yang tak tertahankan di mata saya.

Saya pergi untuk mendapatkan opini kedua, yang memeriksa mata saya, dan mengatakan bahwa tidak ada yang salah dengan mata saya. Saya sangat senang.

Enam bulan kemudian, saya mengemudi ke tempat kerja dan memikirkan apa yang dikatakan dokter dan mulai percaya bahwa tidak ada yang salah dan dokter lain yang mendiagnosa ketidaksempurnaan pada mata saya salah. Saya sembuh selama berbulan-bulan dan melupakan betapa sakitnya saya.

Tuhan mulai berbicara kepada saya, "Apakah Anda ingat Anda mengalami rasa sakit yang tak tertahankan, sakit kepala, dan mual?"

Saya berkata, "Ya." Kemudian Tuhan berkata, "Apakah Anda ingat ketika Anda berada di India dan dokter mengatakan bahwa Anda memiliki masalah pada mata Anda dan Anda diajari latihan koordinasi mata? Apakah kamu ingat bahwa selama enam bulan terakhir kamu tidak pernah pulang dalam keadaan sakit karena masalah ini?"

Saya menjawab, "Ya."

Tuhan berkata kepada saya, "Aku menyembuhkan matamu!"

Puji Tuhan, hal ini menjelaskan mengapa dokter ketiga tidak dapat menemukan sesuatu yang salah dengan saya. Tuhan mengizinkan saya melalui pengalaman ini untuk menunjukkan kepada saya bahwa Dia mampu masuk jauh ke dalam mata saya dan menyembuhkannya. Firman Tuhan berkata, "Aku mengenal hati, bukan yang memiliki hati." Saya dengan hati-hati mulai merenungkan kata-kata ini dalam pikiran saya. Saya mungkin memiliki hati saya, tetapi saya tidak mengenal hati saya sendiri dan juga tidak tahu apa yang ada di dalam hati saya. Untuk alasan ini saya berdoa, berpuasa dan membaca Firman Tuhan secara terus menerus sehingga Tuhan hanya akan menemukan kebaikan, kasih dan iman di dalam hati saya. Kita harus berhati-hati dengan apa yang kita pikirkan dan apa yang keluar dari mulut kita. Renungkanlah kebaikan karena Tuhan mengetahui apa yang kita pikirkan.

"Kiranya perkataan mulutku dan renungan hatiku berkenan kepada-Mu, ya TUHAN, kekuatanku dan penebusku." (Mazmur 19:14)

"Hati itu penuh tipu daya dan sangat jahat, siapakah yang dapat mengetahuinya? Aku, TUHAN, menyelidiki hati, Aku menguji batin, untuk membalaskan kepada setiap orang menurut jalannya dan menurut buah perbuatannya." (Yeremia 17:9-10)

Saya berdoa Mazmur 51 untuk saya:

"Ciptakanlah dalam diriku hati yang tahir, ya Allah, dan perbaharuilah roh yang benar di dalam batinku" (Mazmur 51:10).

Kecemasan.

Saya mengalami suatu masa di mana saya mengalami sesuatu yang tidak dapat saya ungkapkan dengan kata-kata. Saya ingat pernah berkata kepada Tuhan bahwa saya tidak tahu mengapa saya merasakan hal ini dalam pikiran saya. Saya berdoa dan bertanya kepada Tuhan bahwa saya tidak dapat memahami perasaan yang luar biasa ini karena saya tidak mengkhawatirkan apa pun saat itu. Perasaan ini berlangsung selama beberapa waktu dan membuat saya merasa "tidak normal" secara mental tetapi tidak secara fisik, itulah cara terbaik untuk menggambarkannya. Kemudian di tempat kerja, saya memiliki buku inspirasi kecil ini di tangan saya.

Tuhan berkata, "Bukalah kitab ini dan bacalah."

Saya menemukan topik tentang "kecemasan". Tuhan berkata bahwa apa yang Anda miliki adalah kecemasan. Saya tidak akrab dengan kata ini. Karena saya tidak memiliki pemahaman yang jelas tentang kata ini, Yesus berkata carilah di dalam kamus. Saya menemukan gejala yang tepat yang saya alami. Definisinya adalah kekhawatiran atau kesendirian terhadap suatu hal atau peristiwa, baik yang akan datang maupun yang tidak pasti, yang mengganggu pikiran, dan membuatnya berada dalam kondisi ketidaknyamanan yang menyakitkan.

Saya berkata, "Ya Tuhan, saya merasakan hal yang sama!"

Saya bekerja dengan shift swing dan pada hari libur saya akan tidur lebih awal. Selama ini saya biasa bangun pagi-pagi sekali untuk berdoa dan suatu hari Tuhan menyuruh saya tidur. Saya berpikir, "Mengapa Tuhan mengatakan hal ini?" Pada tahap awal dalam perjalanan saya dengan Tuhan, saya sedang belajar untuk membedakan dan mendengar suara-

Nya. Sekali lagi saya berkata pada diri saya sendiri, mengapa Tuhan menyuruh saya tidur? Saya pikir ini adalah iblis.

Kemudian saya teringat bahwa terkadang Tuhan mengatakan hal-hal yang mungkin tidak masuk akal, tetapi Dia memberikan pesan yang penting kepada kita. Singkatnya, pesan-Nya adalah bahwa kita tidak perlu menjadi lebih kudus daripada engkau.

"Sebab rancangan-Ku bukanlah rancanganmu, dan jalanmu bukanlah jalan-Ku, demikianlah firman TUHAN. Sebab seperti tingginya langit dari pada bumi, demikianlah tingginya rancangan-Ku dari pada rancanganmu dan jalan-Ku dari pada jalanmu." (Yesaya 55:8-9)

Dengan kata lain, doa adalah cara yang tepat tetapi pada saat itu, tidak demikian. Dia telah mengutus Malaikat-Nya untuk melayani saya dan saya harus berada di tempat tidur. Ada waktu untuk beristirahat dan ada waktu bagi Tuhan untuk mengisi kembali pelita kita dengan minyak yang baru melalui doa yang diperbaharui oleh Roh Kudus. Secara alamiah, kita membutuhkan tidur dan istirahat untuk menyegarkan tubuh dan pikiran kita seperti yang Tuhan kehendaki. Kita adalah Bait Allah dan perlu menjaga diri kita sendiri.

Tetapi kepada **malaikat manakah yang pernah** *berkata: "Duduklah di sebelah kanan-Ku, sampai Aku menjadikan musuh-musuhmu sebagai tumpuan kakimu? Bukankah mereka semua adalah* **roh-roh yang melayani, yang diutus untuk melayani mereka yang akan menjadi ahli waris keselamatan?** *(Ibrani 1:13,14)*

Ketika saya kembali tidur lagi, saya bermimpi tentang seorang pria tanpa kepala. Pria tanpa kepala itu menyentuh kepala saya. Kemudian, saya terbangun dengan perasaan segar dan benar-benar normal; mengetahui bahwa Tuhan telah mengirimkan Malaikat Penyembuh untuk menyentuh kepala saya dan membebaskan saya dari kegelisahan ini. Saya sangat bersyukur kepada Tuhan dan menceritakannya kepada semua orang yang mau mendengarkan. Saya mengalami gejala kecemasan yang melemahkan yang mengerikan yang telah mempengaruhi pikiran saya. Anda bangun setiap hari dengan rasa cemas yang terus menghantui; tidak pernah memberikan kedamaian karena pikiran Anda tidak sepenuhnya beristirahat untuk bersantai. Kecemasan juga merupakan alat dari iblis untuk membuat Anda merasa diliputi rasa takut atau panik. Kecemasan datang dalam berbagai bentuk dan Anda mungkin tidak tahu bahwa Anda memilikinya. Hal terbaik yang harus dilakukan adalah mengubah cara Anda bereaksi terhadap stres dan tanyakan pada diri sendiri apakah Anda memberi tubuh Anda apa yang dibutuhkan untuk memperbaharuinya setiap hari. Tuhan akan melakukan sisanya ketika Anda merawat "Bait-Nya".

"Barangsiapa mencemarkan bait Allah, ia akan dibinasakan Allah, sebab bait Allah itu kudus, dan kamu adalah bait Allah".
(1 Korintus 3:17)

Suaranya.

Ketika Anda memiliki Tuhan, Anda akan merasa kenyang karena Anda tenggelam dalam kasih-Nya. Semakin Anda mengenal-Nya, semakin Anda mengasihi-Nya! Semakin banyak Anda berbicara dengan-Nya, semakin Anda belajar untuk mendengar suara-Nya. Roh Kudus menolong Anda untuk membedakan suara Allah. Anda hanya perlu mendengarkan suara yang kecil itu. Kita adalah domba-domba di padang rumput-Nya yang mengenal suara-Nya.

"Jawab Yesus kepada mereka: "Aku telah mengatakannya kepadamu, tetapi kamu tidak percaya; pekerjaan-pekerjaan yang Kulakukan dalam nama Bapa-Ku, itulah yang memberi kesaksian tentang Aku. Tetapi jika kamu percaya tidak, karena kamu bukan domba-domba-Ku, seperti yang telah Kukatakan kepadamu. Domba-domba-Ku mendengarkan suara-Ku dan Aku mengenal mereka dan mereka mengikut Aku: Dan Aku memberikan hidup yang kekal kepada mereka dan mereka tidak akan binasa sampai selama-lamanya dan seorangpun tidak akan

33

merebut mereka dari tangan-Ku. Bapa-Ku, yang telah memberikan mereka kepada-Ku, lebih besar dari pada mereka semua, dan seorangpun tidak ada yang dapat merebut mereka dari tangan Bapa-Ku. Aku dan Bapa-Ku adalah satu." (Yohanes 10:25-30)

Ada di antara kita yang menyebut diri kita sebagai "domba-domba-Nya" dan ada juga yang tidak percaya. Domba-domba-Nya mendengar suara Tuhan. Setan-setan agama itu menipu. Mereka membuat kita merasa seperti memiliki Allah. Kitab Suci memperingatkan kita tentang doktrin-doktrin palsu.

"memiliki bentuk kesalehan tetapi menyangkal kekuatannya."
(2 Timotius 3:5)

Tuhan berkata, "carilah Aku dengan segenap hatimu, maka kamu akan menemukan Aku." Ini bukan tentang menemukan gaya hidup yang cocok untuk kita. Ikutilah kebenaran, bukan tradisi agama. Jika Anda haus akan kebenaran Tuhan, Anda akan menemukannya. Anda harus membaca dan mencintai Firman Tuhan, menyembunyikannya di dalam hati dan menunjukkannya dalam gaya hidup Anda. Firman Tuhan akan mengubah Anda secara batiniah dan lahiriah.

Yesus datang untuk mematahkan kuasa tradisi dan kekuatan agama dengan harga darah-Nya. Dia memberikan nyawa-Nya agar kita dapat memiliki pengampunan dosa dan memiliki persekutuan langsung dengan Allah. Hukum Taurat digenapi di dalam Yesus, tetapi mereka tidak mengakui Dia sebagai Tuhan dan Juruselamat, Sang Mesias.

"Akan tetapi di antara pemimpin-pemimpin agama juga banyak yang percaya kepada-Nya, tetapi karena orang-orang Farisi, mereka tidak mengakui Dia, supaya mereka jangan dikeluarkan dari rumah ibadat: Sebab mereka lebih mengasihi pujian manusia dari pada pujian Allah."
(Yohanes 12:42, 43)

Influenza:

Saya mengalami demam tinggi disertai dengan rasa sakit pada tubuh. Mata dan wajah saya juga sangat bengkak. Saya hampir tidak dapat berbicara dan menelepon Penatua gereja saya untuk berdoa bagi kesembuhan saya. Raut wajah saya langsung menjadi normal kembali dan saya disembuhkan. Saya bersyukur kepada Tuhan untuk orang-orang yang beriman dan jaminan yang Dia berikan kepada mereka yang percaya kepada-Nya.

"Sebab Injil kami datang kepadamu bukan hanya dengan perkataan saja, tetapi juga dengan kuasa dan Roh Kudus dan dengan jaminan yang besar." (1Tesalonika 1:5a)

Alergi Mata.

Di California Selatan, kami memiliki masalah kabut asap yang serius. Saya mengalami iritasi pada mata saya yang semakin memburuk dengan adanya polusi di udara. Rasa gatal, kemerahan, dan rasa sakit yang terus menerus tak tertahankan; membuat saya merasa seperti ingin mencungkil mata saya dari soketnya. Sungguh cara yang mengerikan untuk merasakannya. Saya masih bertumbuh dan belajar untuk mempercayai Tuhan. Saya pikir tidak mungkin Tuhan menyembuhkan ini meskipun Dia telah menyembuhkan saya di masa lalu. Saya hanya mengalami kesulitan untuk mempercayai Tuhan atas kesembuhan saya. Saya berpikir bahwa karena Tuhan sudah mengetahui setiap pikiran saya, Dia tidak dapat menyembuhkan mata saya karena ketidakpercayaan saya, jadi saya menggunakan obat tetes mata untuk meringankan rasa gatal. Tuhan mulai berbicara kepada saya untuk menghentikan obat tetes mata tersebut. Tetapi rasa gatalnya sangat parah dan saya tidak berhenti. Dia mengulangi hal ini tiga kali sampai akhirnya saya membuang obat tetes mata itu.

Elizabeth Das

> *"Tetapi Yesus melihat mereka dan berkata kepada mereka: "Bagi manusia hal itu tidak mungkin, tetapi bagi **Allah segala sesuatu mungkin"**. (Matius 19:26)*

Beberapa jam kemudian ketika saya sedang bekerja, rasa gatal itu hilang. Saya sangat senang dan mulai menceritakan kesembuhan saya kepada semua orang di tempat kerja. Saya tidak perlu lagi mengkhawatirkan mata saya. Kita hanya tahu sedikit tentang Tuhan dan bagaimana Dia berpikir. Kita tidak akan pernah bisa mengenal-Nya karena **jalan-Nya bukanlah** jalan kita. Pengetahuan kita tentang Dia sangatlah kecil. Inilah sebabnya mengapa sangat penting bagi orang percaya sejati untuk berjalan di dalam Roh. Kita tidak dapat bersandar pada pemahaman manusiawi kita sendiri. Yesus baik, sabar, dan penuh belas kasihan kepada saya pada hari itu. Yesus mengajarkan saya sebuah pelajaran yang luar biasa. Saya memiliki keraguan akan kesembuhan, tetapi hari itu saya taat dan Dia menyembuhkan saya! Dia tidak pernah menyerah pada saya dan Dia tidak akan pernah menyerah pada Anda!

Setelah pelajaran tentang ketaatan ini, saya menyingkirkan semua jenis obat-obatan. Saya percaya di dalam hati untuk mulai mempercayai Tuhan untuk menyembuhkan saya dari semua penyakit dan gangguan kesehatan. Saya belajar untuk percaya kepada-Nya seiring berjalannya waktu dan saya bertumbuh di dalam Tuhan. Dia terus menjadi dokter saya sampai hari ini.

Cedera Leher:

Saya sedang berkendara ke gereja pada suatu sore ketika saya ditabrak oleh kendaraan lain dan mengalami cedera pada leher yang mengharuskan saya untuk cuti kerja. Saya ingin kembali bekerja tetapi dokter menolak. Saya mulai berdoa, "Yesus, saya bosan, tolong lepaskan saya." Yesus berkata, "kembalilah bekerja dan tidak ada yang akan tahu bahwa kamu terluka".

"Sebab Aku akan memulihkan kesehatanmu, dan Aku akan
menyembuhkan segala lukamu, demikianlah firman TUHAN."
(Yeremia 30:17a)

Kemudian saya kembali ke dokter dan dia membebaskan saya untuk kembali bekerja karena saya bersikeras. Saya mulai merasakan sakit lagi dan ditegur karena kembali bekerja terlalu cepat. Saya teringat apa yang Yesus katakan dan janjikan kepada saya. Saya mulai berkata pada diri saya sendiri untuk berpegang pada janji Tuhan dan mulai merasa lebih baik dari hari ke hari. Sebelum saya menyadarinya, rasa sakit saya telah hilang. Malam itu, atasan saya meminta saya untuk bekerja lembur. Dengan bercanda saya tertawa dan mengatakan kepadanya bahwa saya tidak cukup sehat untuk bekerja lembur karena saya sedang sakit. Saya mengaku memiliki sesuatu yang tidak saya miliki. Rasa sakit itu segera kembali dan wajah saya menjadi sangat pucat, sehingga atasan saya menyuruh saya pulang. Saya teringat bahwa sebelumnya Tuhan berkata bahwa saya akan baik-baik saja dan saya bertekad untuk bertahan. Saya mengatakan kepada supervisor saya bahwa saya tidak bisa pulang karena janji Tuhan. Supervisor saya yang lain adalah seorang Kristen, jadi saya memintanya untuk mendoakan saya. Dia bersikeras agar saya pulang ke rumah lagi. Saya mulai menegur rasa sakit itu dan mengucapkan firman iman. Saya menyebut iblis sebagai pendusta dengan otoritas Roh Kudus. Seketika rasa sakit saya hilang.

"Lalu Ia menjamah mata mereka dan berkata: "Jadilah padamu
menurut imanmu." (Matius 9:29)

Saya kembali ke supervisor saya dan menceritakan apa yang terjadi. Dia setuju bahwa iblis adalah pembohong dan bapa dari segala kebohongan. Sangatlah penting untuk tidak pernah mengatakan bahwa penyakit atau rasa sakit itu ada. Tuhan mengajari saya pelajaran yang sangat penting tentang bercanda dengan ketidakbenaran pada hari itu.

"Tetapi hendaklah perkataanmu: "Ya, ya, ya, tidak, tidak, karena yang lebih dari pada itu datangnya dari pada yang jahat."
(Matius 5:37).

Bab 3
Senjata Ampuh Tuhan "Doa dan Puasa"

Oada hari Minggu pagi, saat kebaktian, saya berbaring di bangku paling belakang dengan rasa sakit yang luar biasa dan hampir tidak bisa berjalan. Tiba-tiba Tuhan menyuruh saya berjalan ke depan dan menerima doa. Entah bagaimana saya tahu di dalam hati dan Roh bahwa saya tidak akan disembuhkan, tetapi karena saya mendengar suara Tuhan, saya taat. Seperti yang kita baca dalam

1 Samuel 15:22b. Taat lebih baik daripada berkorban.

Perlahan-lahan saya berjalan ke depan dan ketika saya mulai berjalan menyusuri sisi pulau, saya melihat orang-orang mulai berdiri ketika saya melewati mereka. Saya menyaksikan Roh Tuhan turun ke atas setiap orang dan bertanya-tanya apa tujuan Tuhan mengutus saya ke depan.

"Maka akan jadi kelak, apabila engkau mendengarkan dengan sungguh-sungguh suara TUHAN, Allahmu, dengan berpegang pada segala perintah-Nya yang kusampaikan kepadamu pada hari ini, maka TUHAN, Allahmu, akan membuat engkau tinggi di atas segala bangsa

*di bumi: Maka segala berkat ini akan datang kepadamu dan melimpah
kepadamu, apabila engkau mendengarkan suara TUHAN, Allahmu."
(Ulangan 28:1-2)*

Saya sedang menghadiri gereja lokal saya ketika hal ini terjadi, tetapi saya sempat memikirkan tentang hari itu selama beberapa waktu. Setelah itu, saya mengunjungi sebuah gereja di kota Upland. Seorang Suster dari gereja kami sebelumnya juga menghadiri gereja ini. Dia melihat iklan saya di mobil saya di mana saya menawarkan les matematika dan ingin mempekerjakan saya. Suatu hari ketika mengajar di rumah saya, dia berkata kepada saya, "Suster, saya ingat hari ketika Anda sakit di gereja kita yang lama dan Anda berjalan ke depan untuk menerima doa. Saya tidak pernah mengalami kehadiran Tuhan seperti itu sebelumnya meskipun saya telah dibaptis dalam Nama Yesus dan datang ke gereja selama dua tahun. Pada hari Anda lewat, saya merasakan Roh Tuhan untuk pertama kalinya dan itu sangat kuat. Apakah Anda ingat seluruh jemaat bangkit ketika Roh Kudus turun ke atas mereka saat Anda lewat?" Saya mengingat hari itu dengan baik karena saya masih bertanya-tanya mengapa Tuhan mengutus saya ke depan ketika saya hampir tidak dapat berjalan. Saya merasa bahwa Tuhan mengizinkannya untuk menyeberangi jalan saya lagi karena suatu alasan. Melalui dia, Tuhan menjawab pertanyaan saya tentang hari itu.

Saya senang karena saya telah mendengar Tuhan dan menaati suara-Nya.

*"Sebab kami hidup dengan iman, bukan dengan penglihatan."
(2 Korintus 5:7)*

Setelah cedera saya pada bulan September 1999, saya tidak dapat berjalan lagi sehingga saya tetap berada di tempat tidur sambil terus berdoa dan berpuasa siang dan malam, karena saya tidak tidur selama 48 jam. Saya berdoa siang dan malam sambil berpikir bahwa saya lebih suka mengingat Tuhan dalam pikiran saya daripada merasakan sakitnya. Saya terus-menerus berbicara dengan Tuhan. Kita adalah bejana kehormatan atau kehinaan. Ketika kita berdoa, kita mengisi bejana kita dengan minyak Allah yang segar dengan berdoa di dalam Roh Kudus.

Kita harus menggunakan waktu kita dengan bijaksana dan tidak membiarkan masalah kehidupan menghalangi kita untuk memiliki hubungan yang intim secara rohani dengan Sang Pencipta. Senjata yang paling ampuh untuk melawan iblis dan bala tentaranya adalah doa dan puasa.

"Tetapi kamu, hai orang-orang yang terkasih, bangunlah dirimu sendiri di atas dasar imanmu yang maha kudus dan berdoalah di dalam Roh Kudus," (Yudas Vs.20)

Anda mengalahkan kejahatan ketika Anda berdoa dan memiliki kehidupan doa yang konsisten. Konsistensi itu mahakuasa. Puasa akan meningkatkan kuasa Roh Kudus dan Anda akan memiliki kuasa atas setan-setan. Nama Yesus sangat berkuasa ketika Anda mengucapkan kata-kata, "Dalam Nama Yesus." Ingatlah juga bahwa "Darah Yesus" yang sangat berharga adalah senjata Anda. Mintalah kepada Allah untuk melindungi Anda dengan Darah-Nya. Firman Allah menyatakan:

"Dan dari Yesus Kristus, yang adalah saksi yang setia, dan yang pertama-tama bangkit dari antara orang mati, dan yang memerintah atas raja-raja di bumi. Dari Dia, yang telah mengasihi kita dan yang telah menyucikan **kita dari segala dosa kita dengan darah-Nya sendiri.**" *(Wahyu 1:5)*

"Sampai-sampai mereka membawa orang-orang sakit ke jalan-jalan dan membaringkan mereka di atas tempat tidur dan dipan-dipan, supaya **bayangan** *Petrus yang sedang lewat dapat menaungi beberapa orang di antara mereka." (Kisah Para Rasul 5:15)*

41

Bab 4
Tuhan Sang Ahli Strategi Agung

Wapakah yang dapat mengetahui pikiran Tuhan? Pada tahun 1999, saya sedang bekerja shift swing di Kantor Pos ketika saya membungkuk untuk mengambil barang dan merasakan sakit punggung yang parah. Saya mencari supervisor saya tetapi tidak menemukannya atau siapa pun. Saya pulang ke rumah dan berpikir bahwa rasa sakitnya akan hilang setelah berdoa sebelum tidur. Ketika saya bangun keesokan paginya dengan rasa sakit yang masih ada, saya menelepon Penatua gereja yang berdoa untuk kesembuhan saya. Saat berdoa, saya mendengar Tuhan menyuruh saya menelepon majikan saya di kantor pos untuk memberitahukan cedera saya. Saya kemudian diperintahkan untuk memberi tahu atasan saya begitu saya kembali bekerja. Ketika saya kembali bekerja, saya dipanggil ke kantor untuk mengisi laporan cedera. Saya menolak untuk menemui dokter mereka karena saya tidak percaya untuk pergi ke dokter. Saya percaya pada Tuhan. Sayangnya, sakit punggung saya semakin parah. Majikan saya membutuhkan surat keterangan dokter untuk mendukung bahwa saya mengalami cedera, untuk membenarkan tugas ringan. Pada saat itu, saya telah mengajukan beberapa kali permintaan untuk diperiksa oleh dokter mereka, tetapi mereka tidak mau mengirim saya. Baru setelah mereka melihat beberapa perbaikan ketika saya berjalan, mereka mengira saya telah pulih. Sekarang mereka merujuk saya untuk menemui dokter cedera kerja yang kemudian merujuk saya ke spesialis ortopedi. Dia mengkonfirmasi bahwa saya mengalami cedera punggung permanen.

Hal itu membuat majikan saya sangat marah. Saya sangat senang bahwa saya setuju untuk menemui dokter mereka kali ini. Saya tidak tahu apa yang akan terjadi di masa depan, tetapi Tuhan tahu. Saya tidak hanya diberi tugas ringan di tempat kerja, tetapi sekarang mereka menyadari bahwa saya memiliki kecacatan yang serius. Ketika kondisi saya semakin memburuk, saya hanya diizinkan bekerja selama enam jam, kemudian empat jam, dan kemudian dua jam. Rasa sakit saya menjadi begitu tak tertahankan sehingga saya sulit untuk pergi dan pulang kerja. Saya tahu bahwa saya harus bergantung pada Tuhan untuk menyembuhkan saya. Saya berdoa dan bertanya kepada Tuhan, apa rencana-Nya bagi saya? Dia menjawab, *"Kamu akan pulang ke rumah."* Saya pikir, pasti mereka akan memanggil saya ke kantor dan menyuruh saya pulang. Saya kemudian dipanggil ke kantor dan dipulangkan tepat seperti yang Tuhan katakan. Seiring berjalannya waktu, kondisi saya semakin memburuk dan saya membutuhkan bantuan untuk berjalan. Seorang dokter, yang menyadari keseriusan cedera saya, merekomendasikan agar saya menemui dokter Kompensasi Pekerja yang akan menangani kasus saya.

Pada suatu Jumat malam ketika saya membuka pintu ketika meninggalkan kantor pos, saya mendengar suara Tuhan berkata, *"Kamu tidak akan pernah kembali ke tempat ini lagi."* Saya sangat kagum dengan kata-kata itu sehingga saya mulai berpikir mungkin saya akan lumpuh atau bahkan dipecat. Suara itu sangat jelas dan kuat. Saya tahu tanpa keraguan bahwa hal itu akan terjadi, dan saya tidak akan kembali ke tempat di mana saya telah bekerja selama 19 tahun. Bagaimana keadaan finansial saya tidak menentu. Namun, Tuhan melihat segala

43

sesuatunya dari kejauhan karena Dia masih menempatkan langkah lain yang mengarahkan jalan yang harus saya tempuh ...

Tuhan secara perlahan dan terampil meletakkan dasar bagi masa depan saya seperti seorang ahli strategi untuk masa ketika saya tidak lagi bekerja untuk orang lain, tetapi untuk Dia. Setelah akhir pekan, saya menemukan seorang dokter ortopedi baru yang memeriksa saya. Dia menempatkan saya dalam kondisi cacat sementara selama hampir satu tahun. Kantor pos mengirim saya untuk dievaluasi oleh salah satu dokter mereka dan pendapatnya bertentangan dengan dokter saya. Dia mengatakan bahwa saya baik-baik saja dan dapat mengangkat beban hingga 100 kg. Saya bahkan tidak bisa berjalan, berdiri atau bahkan duduk lama, apalagi mengangkat beban yang setara dengan tubuh saya yang lemah. Dokter saya sangat kecewa. Dia tidak setuju dengan penilaian dokter lain tentang kesehatan dan kemampuan fisik saya. Syukurlah, dokter saya membantah hal ini atas nama saya dan terhadap dokter majikan saya. Majikan saya kemudian merujuk masalah ini ke dokter ketiga yang akan bertindak sebagai "wasit" penengah. Wasit ini adalah seorang ahli bedah ortopedi yang kemudian mendiagnosa saya sebagai penyandang disabilitas. Itu bukan karena cedera di tempat kerja tetapi karena penyakit darah saya. Jadi sekarang semuanya berubah menjadi berbeda. Saya terlahir dengan penyakit ini. Saya tidak tahu apa-apa tentang pensiun disabilitas. Saya berdoa tentang situasi ini dengan kemarahan di dalam hati. Saya tahu bahwa tugasnya adalah melakukan apa yang adil bagi pasien dan bukan bagi pemberi kerja. Dan dalam sebuah penglihatan saya melihat dokter ini benar-benar gila.

Saya segera meminta Yesus untuk mengampuninya. Tuhan mulai berbicara kepada saya dengan mengatakan bahwa dokter telah melakukan yang terbaik untuk kebaikanmu. Saya meminta Tuhan untuk menunjukkan kepada saya karena saya tidak dapat melihatnya seperti itu; namun, jawaban saya akan datang kemudian. Sementara itu, saya mengajukan permohonan untuk Tunjangan Cacat Tetap karena saya tidak dapat lagi bekerja. Saya tidak yakin apakah permohonan saya akan disetujui. Majikan saya dan dokter saya tahu bahwa saya tidak hanya mengalami cedera punggung, tetapi juga tiga tumor di punggung bagian bawah dan Hemongioma di tulang belakang. Saya menderita penyakit degeneratif cakram dan penyakit darah. Tubuh saya memburuk dengan cepat dan sangat menyakitkan.

Gejala-gejala menyakitkan dari penyakit dan cedera yang saya alami telah membuat saya sangat menderita. Saya merasa tidak mampu berjalan bahkan dengan bantuan alat bantu. Tidak diketahui apa yang menyebabkan kelumpuhan yang menimpa kaki saya, sehingga saya dikirim untuk menjalani MRI (Magnetic Resonance Imaging) di kepala saya. Dokter mencari kondisi psikologis apa pun. Siapa yang dapat mengetahui pikiran Tuhan dan langkah apa yang Dia ambil untuk masa depan saya? Tuhan adalah ahli strategi yang hebat karena sedikit yang saya tahu saat itu bahwa semua ini ada alasannya. Saya hanya perlu mempercayai Dia untuk menjaga saya. Manfaat Cacat Tetap hanya dapat disetujui untuk individu yang memiliki kondisi medis pribadi yang dapat didukung secara medis oleh dokter pribadi. Karena dokter baru saya tidak memiliki riwayat medis apa pun, dia menolak untuk memberikan penilaian medis lengkap mengenai ketidakmampuan saya untuk bekerja kepada Departemen Cacat. Saya juga menghadapi dilema mengenai keuangan saya. Saya pergi ke satu-satunya sumber yang saya tahu untuk mendapatkan jawabannya. Tuhan berkata, *"Anda memiliki banyak laporan medis, kirimkan semuanya ke dokter."*

Saya tidak hanya memberikan semua laporan medis saya kepada dokter, tetapi juga siap untuk mengisi aplikasi pensiun cacat permanen. Puji Tuhan! Tuhan selalu siap untuk memberikan jawaban jika kita memohon kepada-Nya dengan sungguh-sungguh. Penting untuk selalu berdiam diri dan mendengarkan jawaban-Nya. Kadang-kadang jawaban itu tidak langsung datang. Saya menunggu "Ahli Strategi Agung" untuk mengatur hidup saya sesuai dengan kehendak-Nya. Beberapa bulan berikutnya terasa menyakitkan dan menantang. Saya tidak hanya menanggung rasa sakit secara fisik, tetapi saya juga tidak bisa lagi membalik halaman buku. Karena ketergantungan saya pada Tuhan untuk kesembuhan, saya percaya bahwa saya mengalami hal ini karena suatu alasan, tetapi pasti saya tidak akan mati. Dengan meyakini hal ini, saya hanya bersyukur kepada Tuhan setiap hari untuk setiap saat yang saya jalani dan kondisi apa pun yang saya alami. Saya menghabiskan waktu dalam doa dan puasa untuk melewati masa-masa kesakitan yang menyiksa itu. Dia adalah satu-satunya sumber kekuatan saya dan tempat saya berlindung dalam doa.

Hidup saya berubah menjadi sangat buruk. Saya tidak lagi dapat bekerja dalam kondisi yang melemahkan ini. Dengan banyak doa dan permohonan setiap hari, situasi saya tampaknya menjadi lebih buruk, bukannya lebih baik. Namun demikian, saya tahu bahwa Tuhan adalah satu-satunya jawaban. Tanpa ragu, saya tahu Dia akan melakukan sesuatu untuk saya. Dia telah menyatakan keberadaan dan kehadiran-Nya kepada saya, dan saya tahu bahwa Dia mengasihi saya. Itu sudah cukup untuk berpegang teguh dan menantikan "Ahli Strategi", yang memiliki rencana yang pasti untuk hidup saya.

Ibu saya, yang berusia 85 tahun, tinggal bersama saya pada saat itu. Dia juga cacat dan membutuhkan bantuan dan perawatan dalam keadaan terbaring di tempat tidur. Pada saat ibu saya yang tercinta sangat membutuhkan saya, saya tidak dapat memenuhi kebutuhan dasarnya. Sebaliknya, ibu saya yang lemah harus menyaksikan kesehatan putrinya memburuk di depannya. Dua orang wanita, ibu dan anak, dalam situasi yang tampaknya tidak ada harapan, namun kami berdua percaya kepada "Tuhan yang Maha Kuasa atas segala mukjizat." Suatu hari ibu saya melihat saya pingsan di lantai. Dia berteriak dan menangis, tidak berdaya untuk melakukan apa pun untuk saya. Pemandangan ini begitu tak tertahankan dan mengerikan bagi ibu saya melihat saya di lantai, tetapi Tuhan, dalam belas kasihan-Nya, mengangkat saya dari lantai. Kakak laki-laki, saudara perempuan, dan keluargaku yang mendengar hal ini sangat prihatin karena kondisiku sudah sampai pada titik ini. Ayah saya yang sudah tua dan tersayang, yang sedang dirawat di tempat lain, hanya bisa menangis dan tidak banyak bicara, saya berdoa kepada Tuhan agar semua ini berakhir demi kebaikan kami semua. Ini bukan hanya penderitaan dan cobaan yang harus saya tanggung sendiri, tetapi juga berdampak pada orang-orang yang saya cintai. Ini adalah saat-saat tergelap dalam hidup saya. Saya melihat janji Tuhan sejak awal:

"Apabila engkau berjalan, langkahmu tidak akan tersesat, dan apabila engkau berlari, engkau tidak akan tersandung." (Amsal 4:12)

Dengan sukacita yang besar di dalam hati saya, saya memikirkan Firman Tuhan dan janji-Nya. Saya tidak hanya dapat melangkah, tetapi juga memiliki kemampuan untuk berlari suatu hari nanti. Saya mendedikasikan lebih banyak waktu untuk berdoa karena tidak banyak hal lain yang dapat saya lakukan selain berdoa dan mencari wajah Tuhan. Hal itu menjadi obsesi saya siang dan malam. Firman Tuhan menjadi "Jangkar Pengharapan" saya di tengah lautan yang goyah. Tuhan menyediakan kebutuhan kita, jadi Dia membuat jalan bagi saya untuk mendapatkan kursi roda bermotor yang membuat hidup saya sedikit lebih mudah untuk bergerak. Ketika saya berdiri, saya tidak dapat menyeimbangkan diri saya bahkan dengan bantuan. Hanya ada ketidaknyamanan dan rasa sakit di sekujur tubuh saya dan penghiburan apa pun yang saya miliki berasal dari "Penghibur," Roh Kudus. Ketika umat Tuhan mendoakan saya, tubuh saya mengalami kelegaan sementara dari rasa sakit, jadi saya selalu mencari doa dari orang lain. Suatu hari, saya pingsan di lantai dan dibawa ke rumah sakit. Dokter di rumah sakit mencoba meyakinkan saya untuk minum obat pereda nyeri. Dia sangat gigih dalam hal ini karena dia melihat bahwa rasa sakit saya sangat luar biasa selama berhari-hari. Saya akhirnya menuruti instruksinya untuk minum obat, tetapi itu bertentangan dengan apa yang saya yakini.

Bagi saya, Tuhan adalah penyembuh dan dokter saya. Saya tahu bahwa Tuhan memiliki kemampuan untuk menyembuhkan saya kapan saja, seperti yang telah Dia lakukan berkali-kali sebelumnya, jadi mengapa Dia tidak menyembuhkan saya sekarang? Saya sangat yakin bahwa adalah tanggung jawab Tuhan untuk menolong saya. Inilah cara saya berpikir dan berdoa dengan iman dan tidak ada yang bisa mengubah pemikiran saya tentang hal ini. Saya tidak dapat melihatnya dengan cara lain sehingga saya menunggu "Ahli Strategi". Proses berpikir saya semakin kuat dengan bersandar pada Tuhan. Semakin saya berdoa, semakin bertumbuh pula hubungan saya dengan-Nya. Hubungan itu begitu dalam dan pribadi sehingga tidak dapat dijelaskan kepada seseorang yang tidak mengetahui cara-cara rohani Tuhan atau keberadaan-Nya. Dia adalah Tuhan yang luar biasa! Pada hari saya meninggalkan rumah sakit, saya menelepon seorang teman untuk menjemput saya. Dia menumpangkan tangannya di atas saya untuk berdoa dan saya mengalami kelegaan sementara dari rasa sakit. Rasanya seperti meminum obat resep Tuhan. Selama waktu ini, Tuhan mengutus seorang wanita untuk berdoa bersama saya setiap pagi pada pukul 4.00. Dia akan menumpangkan tangannya ke atas saya dan berdoa. Saya hanya mengalami kelegaan sementara dan sekarang saya telah diberi seorang rekan doa. Saya percaya dengan segenap hati saya bahwa Tuhan mengendalikan segalanya.

Keadaan semakin memburuk ketika tubuh saya terus memburuk. Saya tidak mendapatkan pasokan darah atau oksigen yang cukup ke ekstremitas bawah dan atas karena kerusakan saraf. Untuk menambah daftar gejala saya, saya juga menjadi mengompol. Saya mulai mengalami kesulitan dalam mengucapkan kata-kata karena kejang di mulut saya. Saya mengalami kerusakan Saraf Sciatic dan daftar gejala terus bertambah.

Kesembuhan saya tidak datang dengan cepat. Saya bertanya-tanya apa yang terjadi dengan janji-Nya dalam Amsal 4:12. Saya pikir mungkin saya telah berbuat dosa. Jadi saya bertanya, "Tuhan Yesus, tolong beritahukan kepada saya apa kesalahan saya sehingga saya dapat bertobat." Saya meminta Tuhan untuk berbicara kepada saya atau teman saya, untuk mengirimkan sebuah kata. Saya tidak marah kepada Tuhan, tetapi saya meminta kepadaNya dengan hati yang rendah hati. Saya sangat menginginkan kesembuhan.

Kemudian pada hari itu telepon saya berdering, saya berpikir, mungkinkah ini jawaban saya? Namun, saya sangat kecewa karena panggilan telepon itu ditujukan untuk orang lain. Saya pergi tidur dan bangun jam 4 pagi untuk berdoa. Rekan doa saya, Kak Rena. Rena datang untuk berdoa bersama saya. Saya memandangnya dan bertanya-tanya apakah mungkin Tuhan telah berbicara kepadanya dan dia mendapatkan jawaban saya, tetapi sekali lagi saya kecewa, tidak ada jawaban yang datang.

Setelah dia pergi, saya pergi ke kamar untuk berbaring dan beristirahat. Ketika saya berbaring di sana, pada pukul 9.00 pagi saya mendengar pintu belakang terbuka; itu adalah Carmen, penjaga rumah. Dia masuk dan bertanya kepada saya, "*bagaimana perasaanmu?*" Saya menjawab, "*Saya merasa tidak enak.*" Kemudian saya berbalik dan kembali ke kamar saya. Carmen berkata, "*Saya punya sesuatu untukmu.*" Ketika saya sedang berdoa di gereja hari ini, Yesus datang kepada saya dan berkata, "Dik. *Elizabeth Das sedang mengalami sebuah pencobaan, ini adalah pencobaan yang sangat panjang, dan dia tidak melakukan kesalahan apapun. Dia akan keluar sebagai emas dan Aku sangat mengasihinya.*" Saya tahu bahwa saya berada di ruang tahta bersama-Nya pada malam sebelumnya ketika saya meminta jawaban atas pertanyaan saya.

Sesungguhnya, tangan TUHAN tidak dipendekkan sehingga tidak dapat menyelamatkan, dan telinga-Nya tidak berat sehingga tidak dapat mendengar. (Yesaya 59:1)

Elizabeth Das

Pada titik ini dalam hidup saya, saya merasa seolah-olah saya akan menjadi gila. Saya tidak bisa lagi membaca, mengingat atau berkonsentrasi secara normal. Satu-satunya pilihan dan alasan saya untuk hidup adalah untuk menyembah Tuhan dan berdoa dengan sungguh-sungguh. Saya hanya tidur dalam waktu singkat sekitar tiga sampai empat jam setiap dua hari sekali. Ketika saya tidur, Tuhan adalah Shalom saya. Kemuliaan dan pujian dan kehormatan bagi Nama-Nya yang Kudus! Saya berseru kepada Tuhan dalam doa-doa saya, "Tuhan, saya tahu saya bisa keluar dari ini seketika karena saya memiliki iman bahwa Engkau dapat dan akan menyembuhkan saya". Saya mulai berpikir tentang pencobaan saya bahwa mungkin saya tidak dapat keluar dari pencobaan ini hanya dengan iman saya saja. Pencobaan memiliki awal dan akhir.

Ada waktu untuk membunuh, ada waktu untuk menyembuhkan; ada waktu untuk meruntuhkan, ada waktu untuk membangun;
(Pengkhotbah 3:3)

Saya harus percaya bahwa setelah semua ini berakhir, saya akan memiliki kesaksian iman yang kuat yang akan bertahan selamanya. Sebuah kesaksian iman yang akan saya bagikan kepada banyak orang sebagai saksi dari Karya-Karya Ajaib Allah yang Mahakuasa! Semuanya akan sia-sia, itulah yang terus saya ulangi pada diri saya sendiri. Saya harus percaya kepada "Jangkar Pengharapan" saya karena tidak ada jalan lain selain **Jalan-Nya**! Dan dengan **jalan-Nya,** saya akan dituntun kepada Dia yang memiliki karunia kesembuhan yang luar biasa, yang diberikan dalam nama-Nya. Firman Tuhan tidak pernah berubah, jadi Tuhan juga tidak berubah. Dia tetap sama kemarin, hari ini dan selamanya. Sebagai orang percaya yang telah dilahirkan kembali, kita harus menyatakan iman kita di dalam kasih dan mengasihi Firman Tuhan.

"Dilahirkan kembali, bukan dari benih yang fana, tetapi dari benih yang tidak fana, oleh firman Allah, yang hidup dan yang tetap ada sampai selama-lamanya." (1 Petrus 1:23)

Hamba-hamba Allah dalam Alkitab juga mengalami pencobaan. Mengapa hari ini Allah tidak menguji kita? Saya tidak membandingkan diri saya dengan orang-orang saleh dalam Alkitab karena saya jauh dari perbandingan dengan para murid-murid Kudus. Jika Allah menguji iman manusia ratusan tahun yang lalu, maka Dia juga akan menguji pria dan wanita di masa kini.

*"Berbahagialah orang yang bertahan dalam pencobaan, karena apabila ia telah **dicobai**, ia akan menerima mahkota kehidupan, yang dijanjikan Tuhan kepada mereka yang mengasihi Dia." (Yakobus 1:12)*

Saya teringat akan kisah Daniel dalam Alkitab. Dia menemukan dirinya dalam situasi di mana imannya diuji. Allah melindungi Daniel di gua singa karena ia tidak mau menaati hukum Raja Darius. Dia hanya berdoa kepada Tuhan dan menolak untuk berdoa kepada Raja Darius. Kemudian ada Ayub, seorang yang berbakti dan mengasihi Tuhan, yang kehilangan semua yang dimilikinya dan menderita sakit di tubuhnya, namun Ayub tidak mengutuk Tuhan. Ada begitu banyak pria dan wanita lain yang disebutkan dalam Alkitab. Apa pun yang mereka alami, pencobaan mereka memiliki awal dan akhir. Tuhan menyertai mereka melalui semuanya karena mereka percaya kepada-Nya. Saya berpegang pada pelajaran dari kisah-kisah Alkitab yang diberikan kepada kita sebagai teladan dan inspirasi. Tuhan adalah jawaban atas segala sesuatu. Percayalah hanya kepada-Nya dan tetaplah setia kepada Firman-Nya karena Firman-Nya adalah benar bagi Anda!

Berpeganglah pada iman dan hati nurani yang baik, yang oleh sebagian orang telah dibuang jauh-jauh, sehingga menjadi karam (1 Timotius 1:19)

51

Ketika iman Anda dicobai, ingatlah untuk berdiri di atas Firman Tuhan. Dalam setiap serangan dari musuh, pertempuran dapat dimenangkan melalui Kuasa Firman-Nya.

> *TUHAN adalah kekuatan dan nyanyianku, dan Ia menjadi keselamatanku, Dialah Allahku, (Kel. 15:2a)*

> *Allah gunung batuku, kepada-Nyalah aku percaya, kepada-Nyalah aku berharap, Dialah perisaiku, tanduk keselamatanku, menara pertahananku, tempat perlindunganku, penyelamatku, Engkaulah yang menyelamatkan aku dari kekerasan (2Sam. 22:3)*

> *TUHAN adalah gunung batuku, bentengku, dan pembebasku, Allahku, kekuatanku, kepada-Nyalah aku percaya, penopang hidupku, tanduk keselamatanku, dan menara tinggi bagiku. (Mazmur 18:2)*

> *TUHAN adalah terangku dan keselamatanku, kepada siapakah aku harus takut, TUHAN adalah kekuatan hidupku, kepada siapakah aku harus takut (Mzm. 27:1).*

> *Hanya kepada Tuhan aku menaruh harap: Aku tidak takut terhadap apa yang dapat diperbuat manusia kepadaku. (Mazmur 56:11)*

> *Di dalam Tuhanlah keselamatanku dan kemuliaanku, gunung batuku dan tempat perlindunganku ada di dalam Tuhan. (Mazmur 62:7)*

Bab 5
Menyuarakan Iman Anda

Imemiliki alergi debu selama beberapa waktu yang membuat wajah saya gatal-gatal. Saya percaya bahwa Tuhan akan menyembuhkan saya dari kondisi ini. Suatu hari seorang rekan kerja melihat saya dan mengatakan bahwa alergi saya sangat parah. Saya mengatakan kepadanya bahwa saya tidak memiliki alergi tersebut, dan menjelaskan bahwa saya percaya bahwa Tuhan sudah mengurus permohonan kesembuhan saya. Ini adalah keyakinan saya yang "tidak menyebutkan nama", dan "tidak mengklaim". Tuhan mengabulkan permohonan saya pada hari itu juga dengan menghilangkan kondisi dan semua gejalanya. Sungguh luar biasa Tuhan yang kita layani! Kita tidak perlu mengakuinya dengan mulut kita dan memberi nama pada gejala-gejala kita. Ketika Anda menerima doa, percayalah bahwa hal itu telah diurus di surga dan seorang Malaikat telah diutus untuk memberikan kesembuhan bagi Anda. Bicaralah tentang iman Anda, bukan tentang penyakit Anda. Saya teringat akan kisah Alkitab tentang Yesus dan Perwira di Kapernaum:

"Ketika Yesus masuk ke Kapernaum, datanglah seorang perwira kepada-Nya dan memohon kepada-Nya serta berkata: Tuan, hambaku terbaring di rumah karena sakit lumpuh dan sangat menderita. Kata Yesus kepadanya: "Aku akan datang dan menyembuhkannya. Jawab

perwira itu: "Tuan, aku tidak layak menerima-Mu di rumahku, tetapi
katakanlah sepatah kata saja, maka hambaku ini akan sembuh. Sebab
aku adalah seorang yang berkuasa dan mempunyai prajurit-prajurit di
bawahku, dan apabila aku berkata kepada orang ini: Pergilah, maka
pergilah ia, dan kepada orang lain: Datanglah, maka datanglah ia,
dan kepada hambaku: Perbuatlah ini, maka perbuatlah itu. Ketika
Yesus mendengar hal itu, heranlah Ia dan berkata kepada mereka yang
mengikuti-Nya: "Aku berkata kepadamu: Sesungguhnya iman sebesar
ini belum pernah Aku jumpai di antara orang Israel."
(Matius 8:5-10)

Perwira itu dengan rendah hati datang kepada Tuhan dengan percaya pada kuasa perkataan Yesus. Kata-kata perwira itu sendiri menyatakan kepada Yesus tentang imannya kepada kuasa "Firman yang diucapkan" yang akan menyembuhkan hambanya. Kita dapat membawa iman dan pengharapan kepada orang lain melalui perkataan kita kepada mereka. Kita harus mengizinkan Roh Kudus untuk berbicara melalui mulut kita ketika kita memiliki kesempatan untuk bersaksi kepada orang lain.

Ini adalah cara Tuhan memakai kita untuk secara efektif menyentuh kehidupan orang lain dan menanamkan benih keselamatan. Pada saat-saat seperti ini, Tuhan akan memberikan kita kata-kata untuk berbicara, dengan pengurapan, karena Dia tahu hati kita dan keinginan kita untuk menjangkau orang berdosa. Saya sangat bersyukur atas Kasih, Kemurahan, dan Anugerah Tuhan yang menuntun kita kepada pertobatan. Dia siap untuk mengampuni dosa-dosa kita dan mengetahui kelemahan kita karena Dia tahu bahwa kita adalah manusia.

"Jawab-Nya kepadaku: "Cukuplah kasih karunia-Ku bagimu, sebab
justru dalam kelemahanlah kuasa-Ku menjadi sempurna. Sebab itu
justru aku bermegah dalam kelemahanku, supaya kuasa Kristus turun
menaungi aku. Sebab itu aku senang dalam kelemahan, dalam
kekurangan, dalam kesukaran, dalam penganiayaan, dalam kesesakan

oleh karena Kristus, karena justru dalam kelemahanlah aku menjadi kuat." (2 Korintus 12:9-10)

Jawab Yesus kepada mereka: "Karena ketidakpercayaanmu, sebab Aku berkata kepadamu: Sesungguhnya jika kamu mempunyai iman sebesar biji sesawi saja, katakanlah kepada gunung ini: Pindahlah dari sini ke sana, niscaya ia akan pindah, dan tidak ada sesuatupun yang mustahil bagimu. (Matius 17:20)

Malam itu alergi kulit benar-benar sembuh karena saya tidak menerima paket setan.

Bab 6
Kuasa Penyembuhan Tuhan dan Hamba-Nya

Iingin memulai bab ini dengan menceritakan sedikit tentang Saudara James Min. Saudara James memiliki sebuah toko reparasi sepatu di Diamond Bar, California di mana ia juga bersaksi kepada para pelanggannya tentang kuasa Allah. Pada suatu waktu, ia adalah seorang ateis, tetapi kemudian menerima kepercayaan Kristen. Ia kemudian mengenal doktrin kebenaran para Rasul dan sekarang menjadi seorang percaya yang kuat yang dibaptis dalam Nama Yesus dan telah menerima Roh Kudus dengan bukti berbicara dalam bahasa-bahasa lain. Ketika saya pertama kali bertemu dengan Saudara James, ia memberi tahu saya tentang kesaksiannya dan bagaimana ia berdoa memohon kepada Allah untuk memakai dia dalam karunia-karunia, sehingga orang lain akan percaya dan mengenal Allah melalui mukjizat-mukjizat.

Sebagai orang Kristen, kita perlu bekerja di dalam karunia-karunia itu dan tidak takut untuk meminta Tuhan memakai kita. Karunia-karunia ini juga berlaku bagi kita saat ini. Gereja mula-mula dalam Perjanjian Baru peka terhadap Roh Allah dan melayani dalam karunia-karunia Roh.

Yesus berkata:

*"Aku berkata kepadamu: Sesungguhnya barangsiapa percaya kepada-Ku, ia akan melakukan juga pekerjaan-pekerjaan yang Aku lakukan, bahkan **pekerjaan-pekerjaan yang lebih besar** dari pada itu, ia akan melakukannya, sebab Aku pergi kepada Bapa-Ku". (Yohanes 14:12)*

Berdoalah agar pemimpin gereja Anda dapat menolong Anda untuk memahami karunia-karunia ini dan mendukung karunia Anda. Mintalah kepada Tuhan untuk menolong Anda menggunakan karunia-karunia tersebut karena karunia itu datang langsung dari Tuhan. Janganlah tinggi hati jika karunia Anda adalah karunia yang beroperasi secara terbuka di gereja. Dengan beberapa karunia, Tuhan akan menggunakan Anda sebagai wadah untuk menyelesaikan apa yang Dia inginkan. Anda mungkin memiliki beberapa karunia dan mungkin tidak menyadarinya. Beberapa karunia tidak akan membuat Anda menjadi sangat populer, tetapi Anda harus menaati Tuhan ketika Dia berbicara. Itu semua tergantung pada karunia tersebut. Berdoalah untuk mendapatkan hikmat untuk menggunakan karunia Anda di bawah kuasa pengurapan-Nya. Tuhan memilih Anda karena suatu alasan dan Dia tidak membuat kesalahan. Karunia-karunia adalah untuk membangun gereja.

Hanya ada satu gereja sejati yang menyembah Dia dalam roh dan kebenaran.

"Memang ada bermacam-macam karunia, tetapi Roh yang sama. Dan ada perbedaan-perbedaan dalam kepemimpinan, tetapi Tuhan yang sama. Dan ada bermacam-macam pelaksanaan, tetapi Allah yang sama, yang mengerjakan semuanya itu. Tetapi karunia-karunia Roh itu diberikan kepada tiap-tiap orang untuk mendatangkan keuntungan. For to one is given by the Spirit the word of wisdom; to another the word of knowledge by the same Spirit; To another faith by the same Spirit; to another the gifts of healing by the same Spirit; To another the working of miracles; to another prophecy; to another discerning of spirits; to

another divers kinds of tongues; to another the interpretation of tongues: Tetapi semuanya itu dikerjakan oleh Roh yang satu dan yang sama, yang membagi-bagikannya kepada tiap-tiap orang secara berlainan sesuai dengan kehendak-Nya." (1 Korintus 12:4-11)

Saudara James mengatakan kepada saya bahwa ia berdoa untuk karunia-karunia ini agar dapat bekerja dalam Roh Kudus dengan tanda-tanda mukjizat dari karya-karya Allah yang luar biasa. Ia membaca Alkitab siang dan malam secara terus menerus. Ia menyadari bahwa melalui pengoperasian Karunia-karunia Roh, benih iman akan ditanam di dalam hati orang yang belum percaya. Kita harus menjadi contoh dari iman kita, seperti yang Yesus sendiri katakan, bahwa orang-orang percaya sendiri akan melakukan mukjizat-mukjizat ini dan masih banyak lagi.

"Iman adalah dasar dari segala sesuatu yang kita harapkan, bukti dari segala sesuatu yang tidak kita lihat." (Ibrani 11:1)

" Tetapi tanpa iman kita tidak mungkin berkenan kepada-Nya, sebab barangsiapa datang kepada Allah, ia harus percaya, bahwa Allah ada, dan bahwa Ia adalah pemberi upah bagi mereka yang dengan tekun mencari Dia." (Ibrani 11:6)

Bruder James memiliki visi bahwa Tuhan akan memberinya karunia-karunia rohani. Hari ini ia beroperasi melalui karunia-karunia Penyembuhan dan Pembebasan. Melalui pelayanan Bruder James, waktu yang telah ditentukan di surga telah ditetapkan pada hari saya dapat berjalan kembali, bebas dari bantuan apa pun. Brother James bukanlah seorang pendeta atau pendeta gereja. Dia tidak memegang posisi tinggi di gereja meskipun dia telah ditawari posisi dan uang karena karunia rohani. Dia sangat rendah hati dengan karunia yang Tuhan percayakan kepadanya. Saya telah melihat bagaimana Tuhan memakai dia untuk mengusir setan dari orang-orang dalam Nama Yesus dan kesembuhan datang kepada orang sakit. Setan-setan berada di bawah otoritas Tuhan dalam nama Yesus ketika Bruder James memanggil mereka keluar. Dia akan mengajukan pertanyaan-pertanyaan kepada roh-roh jahat itu dalam Nama Yesus dan mereka akan menjawab Brother James. Saya telah melihat hal ini secara pribadi berkali-kali; terutama ketika dia meminta setan-setan untuk mengakui siapa Tuhan yang sebenarnya. Iblis akan menjawab, "Yesus". Tetapi bagi mereka sudah terlambat untuk berpaling kepada Yesus. Saya belajar banyak tentang dunia rohani dengan melalui pencobaan ini dan bersandar pada Tuhan untuk kesembuhan.

"Lalu Ia berkata kepada mereka: "Pergilah ke seluruh dunia, beritakanlah Injil kepada segala makhluk. Barangsiapa percaya dan dibaptis akan diselamatkan, tetapi barangsiapa tidak percaya, ia akan dihukum. Dan tanda-tanda ini akan menyertai orang-orang yang percaya: mereka akan mengusir setan-setan dalam nama-Ku, mereka akan berkata-kata dalam bahasa-bahasa lain, mereka akan memegang ular dan sekalipun mereka minum racun maut, mereka tidak akan mendapat celaka; mereka akan meletakkan tangannya atas orang sakit dan orang itu akan sembuh." (Markus 16:15-18)

Dengan kasih karunia Allah, Bruder James siap untuk bersaksi kepada siapa saja kapan saja tentang Yesus. Dia beroperasi dalam pelayanan penyembuhan dan pembebasan di pertemuan-pertemuan di rumah atau di gereja-gereja di mana dia diundang. Saudara James mengutip dari Alkitab:

Tetapi, saudara-saudara, dengan lebih berani aku menulis surat ini kepada kamu, yaitu untuk mengingatkan kamu, karena kasih karunia yang dianugerahkan Allah kepadaku, yaitu supaya aku menjadi pelayan Yesus Kristus bagi bangsa-bangsa lain untuk memberitakan Injil Allah, supaya persembahan mereka yang tidak mengenal Allah dapat diterima, karena mereka telah dikuduskan oleh Roh Kudus. Dengan demikian aku dapat bermegah oleh Yesus Kristus dalam hal-hal yang berkenaan dengan Allah. Sebab aku tidak berani memberitakan apa yang tidak dikerjakan oleh Kristus olehku untuk

membuat bangsa-bangsa lain taat, baik oleh perkataan maupun oleh perbuatan, oleh tanda-tanda yang dahsyat dan mujizat-mujizat, oleh kuasa Roh Allah, sehingga dari Yerusalem dan sekelilingnya sampai ke Iliria, aku memberitakan Injil Kristus dengan sempurna.
(Roma 15:15-19)

Pada hari saya bertemu dengannya, Frater James menanyakan beberapa pertanyaan tentang kesehatan saya. Saya menceritakan semuanya dan gejala-gejala yang saya alami. Saya juga menunjukkan kepadanya di mana saya memiliki tiga tumor. Tumor-tumor itu ada di bagian luar tulang belakang saya, dan yang lainnya ada di bagian dalam tulang belakang. Bruder James memeriksa tulang belakang saya dan menjelaskan bahwa tulang belakang saya tidak lurus dari tengah. Dia memeriksa kaki saya dengan membandingkannya secara berdampingan dan menunjukkan kepada saya bahwa satu kaki hampir 3 inci lebih pendek dari kaki lainnya. Satu tangan juga lebih pendek dari yang lain. Dia berdoa untuk tulang belakang saya dan tulang belakang saya kembali ke tempat semula di mana dia dapat menjalankan jarinya lurus sejajar dengan tulang belakang saya. Dia berdoa untuk kaki saya dan kaki saya mulai bergerak di depan mata saya, kemudian berhenti tumbuh ketika kaki saya sejajar dengan kaki yang satunya. Hal yang sama terjadi pada tangan saya. Tangan saya tumbuh secara merata dengan tangan yang satunya. Bruder James kemudian meminta saya untuk melepaskan alat bantu berjalan saya dan memerintahkan saya untuk berdiri dan berjalan dalam Nama Yesus. Saya melakukan apa yang dia minta dan mulai berjalan secara ajaib. Menyaksikan hal ini, teman saya berlari sambil berteriak, "Liz berpeganganlah padaku, berpeganganlah pada penyanggamu atau kamu akan jatuh!" Saya tahu bahwa saya memiliki kekuatan untuk berjalan pada saat itu juga dan mengambil langkah itu dengan penuh iman. Saya sangat gembira dengan sukacita!

Saya mengalami kelemahan otot pada kaki saya karena kurangnya olahraga karena tidak bisa berjalan dalam waktu yang lama. Butuh beberapa saat untuk mengembalikan kekuatan otot saya; bahkan sampai hari ini pun saya belum memiliki kekuatan otot yang maksimal. Puji Tuhan, saya sudah bisa berjalan dan mengemudikan mobil. Tidak ada yang bisa mengatakan kepada saya bahwa Tuhan tidak melakukan mukjizat hari ini. Tidak ada yang mustahil bagi Tuhan. Dengan sukacita yang luar biasa, saya pergi mengunjungi dokter yang mengetahui kecacatan saya. Segera setelah saya masuk ke dalam ruangan, tanpa bantuan, tongkat atau kursi roda, para staf medis sangat kagum. Para perawat bergegas memanggil dokter yang juga sangat terkejut karena ia bahkan melakukan rontgen. Apa yang dilihatnya adalah bahwa tumor masih ada di sana, tetapi untuk beberapa alasan misterius, saya bisa berjalan meskipun demikian. Puji Tuhan! Saya percaya bahwa tumor ini juga akan segera hilang!

Pada hari Tuhan menyembuhkan saya, saya mulai menceritakan kepada semua orang bahwa Tuhan adalah penyembuh kita dan rencana keselamatan-Nya adalah untuk mereka yang percaya dan mau mengikuti-Nya. Terima kasih Tuhan untuk Saudara James dan untuk semua berkat Tuhan!

Bagian pertama dari janji saya telah terwujud.

"Apabila engkau berjalan, langkahmu tidak akan tersesat, dan apabila engkau berlari, engkau tidak akan tersandung." (Amsal 4:12)

Sering kali saya pikir saya akan jatuh, tetapi saya tidak pernah jatuh

"Pujilah TUHAN, hai jiwaku, dan janganlah lupa akan segala kebaikan-Nya: Yang mengampuni segala kesalahanmu, yang menyembuhkan segala penyakitmu, yang menebus nyawamu dari kebinasaan, yang memahkotai engkau dengan kasih setia dan rahmat, yang memuaskan mulutmu dengan hal-hal yang baik, sehingga masa mudamu diperbaharui seperti burung rajawali."
(Mazmur 103:2-5).

Bab 7
Tidak Memberi Jalan Kepada Iblis atau Hal-Hal dari Iblis

Meorang teman saya, Rose, dari California, menelepon saya pada suatu pagi. Dia mengatakan kepada saya bahwa malam sebelumnya suaminya, Raul, sudah tidur sementara dia tetap berada di ruang tamu untuk mendengarkan acara bincang-bincang radio larut malam yang populer mengenai papan Ouija. Lampu padam dan ruangan gelap. Tiba-tiba dia mengatakan bahwa dia merasakan kehadiran seseorang di dalam kamar. Dia melihat ke arah pintu dan ada seorang pria yang berdiri yang terlihat seperti suaminya. Sosok ini dengan cepat bergerak seperti sekejap dan menindihnya di atas tempat tidur di mana dia berada. "Makhluk" ini kemudian menariknya ke atas dengan lengannya ke dalam posisi duduk berhadapan dengan dia. Dia dapat dengan jelas melihat bahwa tidak ada mata di dalam rongga mata tersebut, melainkan hanya kegelapan yang sangat gelap. Lengan yang masih mengangkatnya berwarna keabu-abuan seperti kematian dan pembuluh darahnya menonjol keluar dari kulit. Dia segera menyadari bahwa ini bukanlah suaminya tetapi seorang malaikat yang jatuh najis.

Seperti yang Anda ketahui, iblis dan malaikat yang jatuh memiliki karakteristik yang sangat berbeda. Malaikat yang jatuh diusir dari surga bersama Lucifer, mereka memiliki pekerjaan yang sangat berbeda. Malaikat yang jatuh dapat memindahkan benda-benda seperti manusia, tetapi iblis membutuhkan tubuh manusia untuk menjalankan rencananya. Iblis adalah roh-roh orang yang telah mati tanpa Yesus; mereka juga memiliki kekuatan yang terbatas.

Maka tampaklah suatu keajaiban yang lain di langit, dan tampaklah seekor naga merah padam yang besar, berkepala tujuh dan bertanduk sepuluh, dan di atas kepalanya ada tujuh buah mahkota. Dan ekornya menarik sepertiga dari bintang-bintang di langit dan melemparkannya ke bumi, dan naga itu berdiri di depan perempuan yang akan melahirkan itu, untuk menelan anaknya, segera sesudah ia dilahirkan.
(Wahyu 12:3,4)

Rose masih tidak berdaya dan tidak dapat berbicara dalam keadaan membeku. Dia mengatakan bahwa dia berusaha memanggil Raul tetapi hanya bisa mengeluarkan suara-suara rintihan pendek seolah-olah ada seseorang yang mengencangkan pita suaranya. Dia masih bisa mendengar suara penyiar radio di latar belakang dan tahu bahwa dia tidak tertidur karena matanya terbuka penuh dan mengulang-ulang pada dirinya sendiri untuk tidak memejamkan mata. Sebelumnya dia ingat memejamkan mata sebentar sebelum kejadian ini terjadi dan melihat sebuah penglihatan atau mimpi tentang bekas cakar besar yang merobek wallpaper.

Saya telah mengenal Rose selama hampir 30 tahun. Rose meninggalkan gereja sekitar 10 tahun dan tidak lagi berjalan bersama Tuhan. Kami selalu berhubungan dan saya terus berdoa agar dia kembali kepada Tuhan. Rose mengatakan kepada saya bahwa dia telah berbicara dalam bahasa roh dengan sangat kuat tanpa alasan yang jelas saat berkendara pulang dari kantor setidaknya beberapa kali. Dia merasa hal ini sangat tidak biasa karena dia tidak berdoa sama sekali. Dia menyadari bahwa Tuhan sedang berurusan dengannya melalui Roh Kudus. Kasih-Nya menjangkau dirinya, dan dia tahu bahwa Tuhan memegang kendali karena Dia memilih waktu kunjungan-Nya. Rose berkata bahwa ia menutup mata dan pikirannya dan berteriak, "YESUS!" Dalam sekejap malaikat yang jatuh itu melompat dari tubuhnya dan berjalan pergi tanpa menyentuh tanah.

Dia tetap tidak bergerak sampai dia bisa bergerak lagi. Dia membangunkan Raul, yang mengatakan bahwa itu hanya mimpi buruk. Dia meletakkannya di tempat tidur di sampingnya dan dengan cepat tertidur. Rose mulai menangis dan memikirkan kengerian yang baru saja terjadi dan menyadari bahwa dia dalam posisi janin. Tiba-tiba ia mulai berbicara dalam bahasa roh ketika kuasa supernatural Roh Kudus datang ke atas dirinya dan membawanya kembali ke dalam ruangan yang gelap itu. Dia menutup pintu di belakangnya dan menyadari apa yang harus dia lakukan. Dia mulai menyembah Tuhan dengan keras dan meninggikan Nama-Nya sampai dia jatuh ke lantai dengan perasaan lelah tetapi dengan kedamaian yang luar biasa.

Ketika dia membuka pintu, yang membuatnya takjub, Raul berdiri di ruang tamu dengan semua lampu menyala. Dia berjalan langsung ke tempat tidur mereka dan tidur dengan kedamaian yang luar biasa. Malam berikutnya saat menyiapkan makan malam, Raul bertanya kepada Rose apakah "makhluk" dari malam sebelumnya akan kembali. Terkejut dengan pertanyaannya, Rose bertanya mengapa dia menanyakan hal ini karena dia bahkan tidak percaya bahwa hal itu telah terjadi. Raul mengatakan kepada Rose bahwa setelah dia pergi ke kamar untuk berdoa, sesuatu mengejarnya. Inilah sebabnya mengapa dia terbangun dengan semua lampu menyala. Setelah dia berdoa dan tidur, dia diserang oleh sesuatu yang mengerikan yang membuatnya tetap terjaga hingga pukul 4:00 pagi berikutnya. Dia menggunakan meditasi senandung Om dengan penuh perjuangan dari pukul 11:00 malam sampai pagi. Rose ingat bahwa Raul memiliki sebuah papan Ouija di lemari di lorong yang tidak mau disingkirkannya saat pertama kali dia pindah ke rumah itu. Dia mengatakan kepada Raul bahwa dia tidak tahu apakah papan itu akan kembali, tapi dia harus menyingkirkan papan Ouija itu. Raul dengan cepat membuangnya ke tempat sampah di luar. Rose mengatakan bahwa kejadian mengerikan itu yang membuatnya menyingkirkan papan itu!

Ketika Rose menelepon saya, saya mengatakan kepadanya bahwa malaikat yang jatuh itu mungkin masih ada di dalam rumah, jadi kami perlu berdoa melalui telepon bersama. Rose mengambil minyak zaitun untuk mengurapi rumah bersama saya melalui speakerphone. Ketika saya mengatakan kata "siap" saya mengatakan kepadanya bahwa dia akan mulai berbicara dalam bahasa roh di dalam Roh Kudus seketika itu juga. Ketika saya mengatakan "siap", Rose langsung mulai berbicara dalam bahasa roh dan meletakkan telepon untuk mengurapi. Saya dapat mendengar suaranya memudar ketika dia berdoa di seluruh rumah, mengurapi pintu dan jendela di dalam Nama Yesus. Rose sudah berada di luar jangkauan pendengaran saya ketika sesuatu menyuruh saya untuk menyuruhnya pergi ke garasi. Pada saat itu juga, Rose mengatakan bahwa dia sedang mengurapi kamar dan berada di pintu belakang yang mengarah ke garasi. Dia merasakan kehadiran jahat di balik pintu ketika dia mengurapinya. Percaya akan perlindungan Tuhan, Rose berkata bahwa dia membukanya dan berjalan ke dalam garasi yang sangat gelap. Kuasa Roh Kudus semakin kuat saat dia masuk dan dapat merasakannya di sana! Dia berjalan menuju pintu lain yang mengarah ke sebuah teras di mana tempat sampah berada. Itu adalah tempat sampah yang sama di mana Raul membuang papan Ouija sehari sebelumnya. Tanpa ragu-ragu, Rose mengatakan bahwa dia menuangkan minyak zaitun ke atas papan Ouija tersebut sambil berdoa dengan keras dan penuh semangat di dalam Roh Kudus, kemudian dia menutupnya kembali. Dia berjalan kembali ke ruang tamu dan dapat mendengar suara saya memanggilnya "pergilah ke garasi karena ada di sana". Rose mengatakan kepada saya bahwa dia telah mengurus "itu". Hal ini menegaskan bahwa kejahatan ada di garasi sementara kami berdoa.

Rose berkata bahwa semuanya masuk akal baginya sekarang. Tuhan dalam belas kasihan-Nya yang lembut dan penuh kasih sedang mempersiapkan Rose untuk hari ini, meskipun ia tidak sedang melayani-Nya. Menurut Rose, pengalaman inilah yang membawanya kembali kepada Allah dengan sebuah komitmen yang belum pernah ia rasakan sebelumnya. Ia sekarang menghadiri Apostolic Lighthouse di Norwalk, California. Ia sangat bersyukur kepada Tuhan atas kasih dan perlindungan-Nya. Tuhan membuatnya siap untuk menghadapi malaikat yang jatuh pada malam itu dengan perlengkapan senjata rohani yang tak terbantahkan, yaitu Roh Kudus. Bagi Rose, apa yang terjadi adalah manifestasi supranatural dari kuasa Allah di dalam Nama Yesus. Itu adalah kasih-Nya bagi Rose untuk kembali ke jalan-Nya. Percayalah bahwa tangan-Nya tidak terlalu pendek untuk menyelamatkan atau membebaskan, bahkan terhadap mereka yang menentang diri mereka sendiri yang memilih untuk tidak percaya pada apa yang tidak dapat mereka lihat atau rasakan. Penebus kita telah membayar harga bagi kita di kayu salib dengan darah-Nya. Dia tidak akan pernah memaksa siapa pun untuk mengasihi Dia. Firman Tuhan berkata bahwa Anda harus datang seperti anak kecil dan berjanji bahwa jika Anda mencari Dia dengan segenap hati, Anda akan menemukan-Nya. Orang-orang yang tidak percaya dan skeptis tidak dapat mengubah apa yang telah terjadi dan apa yang akan datang. Hauslah akan kebenaran Allah dan minumlah dari Air Kehidupan yang Hidup.

"Mengapa ketika Aku datang, tidak ada orang? Ketika Aku memanggil, apakah tidak ada yang menjawab? Apakah tangan-Ku telah dipendekkan sehingga tidak dapat menebus? Atau apakah Aku tidak mempunyai kuasa untuk menyelamatkan? Sesungguhnya, dengan teguran-Ku Aku mengeringkan laut, Aku membuat sungai-sungai

menjadi padang gurun; ikan-ikannya berbau busuk karena tidak ada air, dan mati kehausan." (Yesaya 50:2)

"Dengan lemah lembut nasihatilah mereka yang melawan, jika Allah menghendaki, supaya mereka bertobat dan berbalik kepada pengakuan akan kebenaran, dan supaya mereka melepaskan diri dari jerat Iblis, yang menawan mereka menurut kehendaknya."
(2 Timotius 2:25-26)

Bab 8
Mimpi dan Visi - "Peringatan"

Oada suatu pagi saya bermimpi tentang bahaya yang akan datang ketika saya sedang mengendarai mobil. Dalam mimpi itu ban depan mobil saya meledak dengan suara yang keras. Saking kerasnya, sampai-sampai membangunkan saya. Mimpi itu begitu nyata, seolah-olah saya sedang terjaga atau berada di suatu tempat di antara keduanya. Saya berdoa tentang hal ini selama seminggu dan memutuskan untuk membawa mobil saya untuk memeriksakan ban. Sayangnya, rencana saya terganggu dan saya tidak mengurusnya. Pada minggu yang sama, beberapa teman dan saya pergi berdoa untuk sebuah keluarga India yang membutuhkan doa. Dalam perjalanan menuju rumah mereka, ban mobil saya pecah di jalan bebas hambatan dekat pemakaman. Seketika saya teringat akan mimpi yang saya lihat. Di sinilah kami, di dalam mobil saya dengan ban kempes dan keluarga itu bersikeras agar kami datang ke rumah mereka. Setelah ban mobil diperbaiki, kami kembali untuk mengambil kendaraan lain dan melanjutkan perjalanan untuk menemui keluarga tersebut. Keluarga tersebut memiliki masalah dengan putra tunggal mereka yang terlibat dalam masalah hukum dan akan menghadapi hukuman penjara. Mereka khawatir dia juga akan dideportasi ke negara asalnya. Ibu pemuda itu menelepon saya pada hari itu sambil menangis dan menjelaskan dakwaan yang akan dihadapinya. Memikirkan skenario terburuknya, ia yakin bahwa ia akan dinyatakan bersalah dan kemudian dideportasi dan tidak akan pernah bertemu dengan putranya lagi. Dia mengatakan bahwa dia tidak dapat bekerja karena dia akan menangis terus-menerus di depan pasiennya. Ketika dia menangis, saya mulai berdoa untuk situasinya melalui telepon dengannya. Saya mulai berbicara dalam Roh Kudus dalam bahasa yang tidak dikenal atau bahasa roh saat Roh Allah bergerak. Saya berdoa sampai dia berkata bahwa hatinya tidak lagi terbebani dan dia merasa terhibur.

"Demikian juga Roh membantu kelemahan-kelemahan kita, karena kita tidak tahu apa yang harus kita doakan, seperti yang seharusnya kita doakan, tetapi Roh sendiri yang berdoa untuk kita dengan keluhan-keluhan yang tidak dapat diucapkan, dan barangsiapa menyelidiki hati, ia tahu apa yang ada di dalam pikiran Roh, karena Ia berdoa untuk orang-orang kudus menurut kehendak Allah."
(Roma 8:26-27).

Sang ibu bertanya apakah ia dapat menelepon saya sebelum ia pergi ke pengadilan keesokan harinya. Saya mengatakan ya, dan bahwa saya akan berdoa agar Tuhan turun tangan. Saya memintanya untuk menelepon saya setelah persidangan, karena saya ingin tahu mukjizat seperti apa yang Tuhan lakukan. Keesokan harinya, ibu dari pemuda tersebut menelepon saya dengan penuh sukacita dan berkata, "Apakah *Anda tidak akan percaya dengan apa yang telah terjadi?*" Saya menjawab, "*Saya akan percaya karena seperti itulah Allah yang kami layani*"! Dia terus berkata bahwa mereka tidak memiliki catatan apapun tentang anak saya. Pengacara mengatakan bahwa pengadilan tidak menemukan nama tersebut atau tuduhan apa pun terhadapnya meskipun dia dan pengacara memiliki bukti dokumen di tangan mereka.

Elizabeth Das

Tuhan telah menjawab doa-doa kami. Imannya begitu terangkat dan sejak hari itu dia menerima betapa perkasanya Tuhan yang kita layani dan bagaimana Tuhan mengurus segala sesuatu jika kita membawanya ke hadapan-Nya dalam doa dengan segenap hati. Ia menjadi saksi dari mukjizat-mukjizat Tuhan yang bekerja dan memberikan kesaksian tentang apa yang telah Tuhan lakukan bagi mereka. Mengenai ban kempes, itu hanyalah masalah kecil yang seharusnya tidak perlu terjadi jika saya mengurusnya terlebih dahulu. Namun demikian, Tuhan membuka jalan bagi kami untuk menjangkau keluarga ini karena ketekunan mereka untuk datang dan berdoa bersama kami. Kita harus selalu siap untuk menyerang balik kekuatan-kekuatan yang menghalangi kita untuk melakukan kehendak Tuhan. Kita harus melawan setiap rencana musuh, lawan kita, yaitu iblis, melalui ketekunan terutama ketika kita melihat rintangan-rintangan yang menghalangi.

Ketika kami tiba di rumah keluarga tersebut, saya ingat kami berdoa dan bersaksi kepada seluruh keluarga. Kami benar-benar menikmati waktu yang indah untuk berkhotbah dan mengajarkan Firman Tuhan. Hari itu, sukacita Tuhan telah dan terus menjadi kekuatan kami! Dia akan memberkati mereka yang melakukan kehendak-Nya.

Bab 9
Pertemuan Doa Sepanjang Malam

Oada suatu malam, saya dan beberapa teman memutuskan untuk berdoa sepanjang malam. Kami kemudian sepakat bahwa kami akan berdoa sebulan sekali dalam "Persekutuan Doa Semalam Suntuk". Kami memiliki pengalaman yang luar biasa selama persekutuan doa semalam suntuk ini. Waktu doa bersama di rumah kami menjadi begitu kuat sehingga mereka yang kemudian bergabung dengan kami merasakan perbedaan dalam doa-doa mereka sendiri. Itu bukan lagi rutinitas keagamaan tetapi berdoa di dalam Roh Kudus dengan manifestasi Karunia Roh. Ketika kami berdoa, beberapa orang mulai mengalami apa artinya bergumul dengan iblis. Kekuatan-kekuatan datang melawan kami ketika kami mencapai tingkat yang lebih tinggi dalam doa-doa kami yang membawa kami melalui medan perang rohani. Kami berperang dengan iblis dan mulai menyerukan hari-hari puasa. Kami telah memasuki sesuatu yang sangat kuat secara rohani yang mendorong kami untuk lebih mencari Tuhan. Dalam salah satu persekutuan doa pada pukul 3:30 pagi, teman saya Karen bangun untuk mengambil minyak urapan. Dia mulai mengoleskan minyak ke tangan dan kaki saya dan kemudian mulai bernubuat dengan mengatakan bahwa saya harus pergi ke banyak tempat untuk menerima Firman Tuhan dan bahwa Tuhan akan memakai saya untuk tujuan-Nya. Pada awalnya saya sangat kesal dengan

71

Karen karena hal ini tidak mungkin dan tidak masuk akal. Pada saat itu dalam hidup saya, saya tidak pergi ke mana-mana selama hampir 10 tahun karena saya tidak bisa berjalan. Otot-otot kaki saya masih lemah dan saya memiliki tumor yang menyakitkan yang menekan tulang belakang saya. Saya merenungkan kata-kata Karen, dan kemudian Tuhan berbicara kepada saya, dengan mengatakan, "Akulah Tuhan yang berbicara kepadamu" melalui mulutnya, saya kemudian mengerti bahwa itu bukan hanya semangat Karen yang berbicara kepada saya. Saya menyesal dan meminta Tuhan untuk mengampuni saya atas pemikiran saya.

Beberapa hari kemudian saya menerima telepon dari seseorang di Chicago, Illinois yang membutuhkan bantuan rohani, jadi kami memutuskan untuk pergi ke Chicago pada minggu berikutnya. Itu adalah mukjizat yang luar biasa karena saya tidak berpikir untuk pergi keluar pada saat itu. Karena pesan kenabian, saya melakukan perjalanan ke Chicago dengan iman yang murni. Tanpa pesan kenabian, saya pasti tidak akan pergi. Minggu itu kesehatan fisik saya memburuk dan saya tidak bisa bangun dari tempat tidur. Saya juga mendengar bahwa salju turun dengan lebatnya di Chicago. Saya menyadari bahwa iman saya sedang diuji. Selama waktu itu dalam hidup saya, saya membutuhkan kursi roda untuk berkeliling. Keluarga di Chicago sedang mengalami kekuatan-kekuatan setan yang datang melawan mereka. Mereka baru saja berpaling kepada Tuhan dan berhenti mempraktikkan ilmu sihir. Banyak anggota keluarga mereka yang juga telah berbalik kepada Tuhan Yesus Kristus. Tuhan telah menyembuhkan dan membebaskan mereka dari kekuatan-kekuatan setan yang membuat mereka terikat pada dosa. Saya menyadari bahwa Tuhan harus memberi saya stamina untuk menjalani perjalanan seperti itu dan dengan cepat menjadi jelas bahwa itu adalah kehendak Tuhan bagi saya untuk pergi. Saya telah mengalami dua mimpi di mana Tuhan mengatakan kepada saya bahwa saya harus menaati suara-Nya. Saya tidak menaati Tuhan dan telah belajar untuk tidak mempertanyakan Dia. Saya belajar dengan cepat bahwa jalan-Nya tidak harus masuk akal bagi saya. Pada hari kami tiba di Chicago, cuaca sangat panas. Saya juga tidak merasakan sakit. Kita berjalan dengan iman dan bukan dengan penglihatan seperti yang dikatakan Alkitab. Ketika segala sesuatu terlihat mustahil bagi kita, kita harus percaya bahwa "Segala sesuatu mungkin bagi Allah". Dia mengurus semuanya dan memberi saya energi untuk melakukan kehendak-Nya di Chicago. Kami juga memiliki waktu untuk mengunjungi dan melayani keluarga-keluarga lain di rumah mereka.

Saat berangkat pulang, badai petir mulai terjadi, banyak penerbangan yang dibatalkan, namun puji Tuhan meskipun penerbangan kami terlambat, kami dapat kembali ke California. Puji Tuhan! Dia benar-benar "Batu Karang dan Perisai" saya, pelindung saya dari badai rohani dan badai alam. Perjalanan ini adalah sebuah kesaksian iman dan berkat bagi kami semua. Seandainya saya tidak taat, saya tidak akan mengalami berkat-berkat dari pekerjaan Tangan Tuhan. Tuhan tidak pernah berhenti membuat saya takjub dengan bagaimana Dia berbicara kepada kita hari ini. Tuhan yang Mahakuasa, masih berbicara kepada orang-orang biasa seperti saya. Sungguh suatu keistimewaan untuk melayani Sang Pencipta dan melihat karya-Nya yang luar biasa, menyentuh kehidupan orang-orang yang percaya dan berseru kepada-Nya. Butuh sebuah pesan yang dinubuatkan dan dua mimpi sebelum Tuhan menarik perhatian saya sepenuhnya. Saya diingatkan bahwa kita tidak sepenuhnya memahami pikiran Tuhan dan rencana apa yang Dia miliki untuk seseorang. Pada saat itu, kita harus taat meskipun mungkin tidak masuk akal atau tidak masuk akal bagi kita. Seiring berjalannya waktu, saya belajar untuk mendengar suara-Nya dan membedakan roh-roh. Dia tidak akan pernah menyuruh Anda melakukan sesuatu yang bertentangan dengan Firman-Nya. Ketaatan lebih baik daripada pengorbanan.

"Berkatalah Samuel: "Adakah TUHAN berkenan kepada korban bakaran dan korban sembelihan seperti kepada mendengarkan suara TUHAN? Sesungguhnya, taat itu lebih baik dari pada korban

sembelihan, dan mendengar itu lebih baik dari pada lemak domba jantan." (1 Samuel 15:22)

"Sebab rancangan-Ku bukanlah rancanganmu, dan jalanmu bukanlah jalan-Ku, demikianlah firman TUHAN. Sebab seperti tingginya langit dari pada bumi, demikianlah tingginya rancangan-Ku dari pada rancanganmu dan jalan-Ku dari pada jalanmu." (Yesaya 55:8, 9)

Bab 10.
Pesan Kenabian

Ierupakan suatu berkat untuk memiliki teman-teman yang memiliki keyakinan dan kasih yang sama kepada Tuhan. Saya memiliki seorang teman, Karen, yang dulunya adalah rekan kerja saya ketika saya bekerja di Kantor Pos AS. Karen mengenal Tuhan ketika saya bersaksi kepadanya. Dia kemudian menerima doktrin rasuli gereja mula-mula tentang kebenaran. Karen adalah orang yang baik hati dan memiliki hati untuk memberi kepada pekerjaan misionaris di Mumbai, India. Dia memiliki kasih yang tulus untuk pelayanan di sana dan menyumbangkan uangnya sendiri untuk pembangunan gereja di Mumbai.

Suatu hari ketika saya tinggal di West Covina, Karen membawa temannya, Angela, ke rumah saya. Temannya itu sangat bersemangat dan berapi-api untuk Tuhan. Dia menceritakan kesaksiannya tentang percobaan bunuh diri yang pernah dilakukannya beberapa kali dan masa lalunya yang penuh dengan prostitusi. Saya menyukai semangatnya yang manis dan bertanya kepadanya apakah ia tidak keberatan untuk mendoakan saya. "Di *sini*"? Dia bertanya. "*Ya, di sini*", saya menjawab. Ketika dia mulai berdoa untuk saya, Roh Nubuat menghampirinya. Dia mulai mengucapkan Firman Tuhan, "*Tuhan menyuruhmu untuk menyelesaikan buku yang telah kau mulai. Buku ini akan menjadi berkat*

75

bagi banyak orang. Melalui buku ini banyak orang akan diselamatkan." Saya sangat senang karena baik dia maupun Karen tidak tahu bahwa saya telah mulai menulis kenangan saya bertahun-tahun yang lalu. Saya pertama kali terinspirasi untuk menulis buku ini setahun yang lalu oleh Ibu Saroj Das dan seorang teman. Suatu hari, seorang saudari di dalam Tuhan dari Gereja lokal, datang kepada saya dengan pena di tangannya dan memerintahkan saya untuk, *"Tulislah sekarang!"*

Saya mulai menulis sampai saya mengalami lebih banyak masalah dengan kesehatan saya dan kemudian berhenti karena itu adalah tugas yang terlalu besar untuk saya selesaikan. Sekarang, masalah buku itu muncul kembali. Tidak ada seorang pun yang tahu tentang upaya saya untuk menulis buku. Pengalaman saya akan dikumpulkan dan ditulis, sehingga orang lain bisa mendapatkan inspirasi. Saya harus mematuhinya, tetapi bagaimana semua itu akan terjadi masih menjadi misteri besar bagi saya. Saya tidak dapat menulisnya secara fisik karena berbagai alasan, tetapi sekali lagi, Tuhan harus menemukan cara untuk mewujudkannya. Saya memiliki keinginan dan urgensi untuk melakukannya setelah mendengar pesan tersebut; namun, Tuhan harus melakukan sisanya. Perjalanan awal saya adalah untuk menemukan Allah yang Hidup dan Dia menemukan saya! Jika saya tidak menulis tentang pengalaman saya dengan Tuhan, kisah-kisah nyata ini akan hilang selamanya. Begitu banyak kehidupan orang yang telah terpengaruh dan tersentuh secara ajaib, sehingga buku ini tidak dapat memuat semua kejadian dan mukjizat. Mukjizat Tuhan akan terus berlanjut bahkan ketika saya tidak ada di dalam tubuh ini dan hadir bersama Tuhan. Iman dimulai dari suatu tempat. Iman itu memiliki permulaan dan tidak terbatas karena ada berbagai ukuran iman. Ketika Iman ditanam, ia disirami oleh Firman Tuhan dan diberi makan melalui kesaksian orang lain. Saya teringat akan ayat Alkitab yang mengatakan bahwa jika kita memiliki iman sebesar biji sesawi, kita dapat memindahkan gunung. Bagaimana saya bisa tahu bahwa perjalanan ke Amerika ini akan membawa saya melalui labirin pengalaman yang mengubah hidup atau bahwa suatu hari nanti saya akan menulis tentang menghormati jalan-Nya? Suatu hari saya bercerita kepada teman saya, Rose, tentang pesan Tuhan dan rencanaNya tentang Kitab ini. Rose mendengarkan dan melihat catatan saya. Dia telah mengenal saya selama bertahun-tahun dan sudah mengetahui banyak hal tentang kehidupan saya di Amerika. Tulisan itu mengambil bentuknya sendiri yang tidak dapat dibayangkan oleh dua orang yang tidak berpengalaman. Tuhan membuka jalan dan melalui banyak kesulitan dan kejadian-kejadian yang sangat "aneh", buku itu akan selesai. Tuhan telah berbicara dan sekarang rencana-Nya telah digenapi.

Teman Karen terus bernubuat. Dia berkata kepada saya, "*Tuhan akan melakukan sesuatu untukmu pada akhir bulan ini.*" Dan banyak hal lain yang Tuhan katakan kepada saya melalui pesan-pesan nubuatnya. Saya mulai mengingat kembali bagaimana saya mengalami begitu banyak kesulitan untuk kebenaran ini. Pada hari Tuhan berbicara kepada saya melalui wanita muda ini, Tuhan menjawab pertanyaan hati saya. Saya harus melakukan kehendak-Nya dan kata-kata penghiburan terus mengalir. Kata-kata yang perlu saya dengar. Dia menubuatkan bahwa saya adalah "*Bejana Emas*". Saya sangat direndahkan oleh hal ini. Dengan iman, kita melakukan yang terbaik untuk berjalan selaras dengan Tuhan dan dengan ketidakpastian, jika kita benar-benar menyenangkan Dia. Hari itu Dia memberkati saya dengan memberi tahu saya bahwa saya telah menyenangkan hati-Nya. Hati saya dipenuhi dengan sukacita yang besar. Terkadang kita lupa apa yang kita minta, tetapi ketika doa kita dijawab, kita terkejut.

Kita harus percaya bahwa Dia tidak memandang orang seperti yang dikatakan Alkitab. Tidak peduli apa status atau peran Anda, karena dengan Tuhan, tidak ada sistem peran atau status dalam kehidupan. Tuhan mengasihi kita semua sama dan ingin kita memiliki hubungan pribadi dengan-Nya; bukan tradisi keagamaan yang diwariskan oleh banyak generasi yang telah melayani berhala dan manusia. Berhala-

berhala tidak dapat melihat dan tidak dapat mendengar. Agama tidak dapat mengubah hidup atau hati Anda. Agama hanya membuat Anda merasa nyaman untuk sementara waktu karena kepuasan diri sendiri. Allah yang sejati sedang menunggu untuk merangkul dan menerima Anda. Yesus adalah Anak Domba Allah yang disembelih bagi dunia. Ketika Dia mati di kayu salib, Dia bangkit kembali dan hidup sekarang dan selamanya. Sekarang kita dapat memiliki persekutuan langsung dengan Allah melalui Yesus Kristus, Tuhan dan Juruselamat kita. Ada beberapa tingkatan dalam perjalanan kita dengan Allah. Kita harus lebih menginginkan Dia dan terus bertumbuh dalam kasih, iman dan kepercayaan. Saya sangat direndahkan oleh pengalaman ini. Seluruh keinginan dan tujuan saya adalah untuk menyenangkan Dia. Ada beberapa tingkat pertumbuhan rohani yang menunjukkan kedewasaan di dalam Tuhan. Anda menjadi dewasa pada waktunya, tetapi itu semua tergantung pada waktu dan usaha yang Anda curahkan dalam hubungan Anda dengan-Nya. Pada akhir bulan, keadaan membuat saya meninggalkan gereja yang telah saya ikuti selama 23 tahun. Tuhan menutup satu pintu dan membuka pintu yang lain. Dia telah menutup dan membuka pintu sejak saat itu seperti batu loncatan yang pertama kali saya sebutkan di awal buku ini. Tuhan selalu menjaga saya sepanjang waktu. Saya sempat menghadiri sebuah gereja di West Covina dan kemudian pintu yang lain terbuka lebar.

Wanita muda yang sama bernubuat lagi beberapa tahun kemudian dan mengatakan kepada saya untuk berkemas, *"Anda akan pindah"*. Saya sangat terkejut karena ibu saya sudah sangat tua dan kondisi saya masih belum membaik. Saya percaya kepada Tuhan. Satu tahun kemudian hal itu terjadi, saya pindah dari California ke Texas. Tempat-tempat yang belum pernah saya kunjungi, dan saya juga tidak mengenal siapa pun. Ini adalah awal dari petualangan lain dalam perjalanan hidup saya. Sebagai seorang wanita lajang, saya tunduk pada Suara Tuhan dan harus taat. Tuhan tidak pernah mengambil apa pun dari saya. Dia hanya mengganti beberapa hal dan tempat serta terus membawa persahabatan dan orang-

orang baru ke dalam hidup saya. Terima kasih Tuhan, hidup saya hari ini sangat diberkati!

Bab 11
Sebuah Langkah Keyakinan

Iada bulan April 2005, saya pindah ke negara bagian Longhorn, Texas. Tuhan menggunakan orang-orang yang berbeda melalui pesan-pesan kenabian. Kepindahan itu sudah pasti dan yang harus saya lakukan adalah mengambil lompatan iman. Hal ini pertama kali dimulai pada tahun 2004 ketika Saudara James dan Angela, seorang teman di dalam Tuhan, berdoa bersama saya melalui telepon. Saudari Angela mulai bernubuat dengan mengatakan kepada saya, "*Kamu akan pindah pada akhir tahun ini.*" Dari Januari hingga Agustus tahun itu tidak ada yang terjadi, dan kemudian pada bulan September, suatu sore, ibu saya memanggil saya ke kamar tidurnya. Dia mengatakan kepada saya bahwa keluarga saudara perempuan saya akan pindah ke negara bagian lain dan mereka ingin saya ikut pindah. Keputusan ke mana saya harus pindah belum dibuat, tetapi pilihannya adalah Texas, Arizona, atau meninggalkan Amerika dan pindah ke Kanada. Saya kemudian menelepon Suster Angela dan menceritakan apa yang telah terjadi. Saya mengatakan kepadanya bahwa saya pasti tidak ingin pergi ke Texas. Tidak pernah terpikir olehku untuk pergi ke sana, jadi tidak ada pilihan untuk tinggal di sana. Yang membuat saya kecewa, Suster Angela mengatakan bahwa Texas adalah negara bagian. Karena ketaatan, hal itu diselesaikan dan inilah yang membuat kami akhirnya pindah ke Texas.

Sedikit yang saya ketahui pada saat itu, bahwa batu loncatan Tuhan telah diletakkan ke arah itu. Setelah percakapan saya dengan Suster Angela, saya memesan tiket pesawat untuk saya sendiri agar dapat tiba di Texas dalam waktu dua minggu. Tanpa sepengetahuan saya, keluarga saudara perempuan saya telah berkunjung ke Texas untuk melihat daerah sekitar Plano.

Suster Angela mendoakan saya dan mengatakan kepada saya jangan khawatir, Yesus akan menjemputmu dari bandara. Saudara dan Saudari Blakey sangat baik dan sabar sehingga mengingatkan saya pada nubuat Saudari Angela. Mereka dengan senang hati menjemput saya di bandara dan membantu saya dengan semua kebutuhan saya dengan cara yang penuh kasih dan perhatian.

Saudari Angela terus mengatakan bahwa rumah pertama yang akan saya lihat akan saya sukai, tetapi itu bukan rumah saya. Melalui internet saya mulai menelepon Gereja-gereja Pentakosta Bersatu di daerah itu dan menghubungi Pendeta Conkle yang merupakan Pendeta Gereja Pentakosta Bersatu di Kota Allen, Texas. Saya menjelaskan kepada Pendeta Conkle apa yang saya lakukan di Texas. Setelah itu dia meminta saya untuk menghubungi Nancy Conkle. Saya tidak yakin mengapa dan berpikir bahwa mungkin dia adalah istri atau sekretarisnya. Ternyata Nancy Conkle adalah ibu pemimpin keluarga, seorang ibu yang mengasuh keluarga dan gereja. Suster Conckle telah membesarkan enam anaknya sendiri dan membantu membesarkan saudara-saudaranya yang berjumlah sebelas bersaudara! Setelah berbicara dengan Nancy Conkle, saya menyadari mengapa Pendeta Conkle menyuruh saya berbicara dengan wanita yang kuat dan penuh perhatian ini yang membuat saya langsung merasa disambut. Suster Conkle kemudian menghubungkan saya dengan saudara laki-lakinya yang lain, James Blakey, yang merupakan seorang makelar dan istrinya Alice Blakey. Mereka tinggal di kota kecil Wylie, Texas, hanya beberapa menit dari Allen melalui jalan-jalan pedalaman di tanah datar.

Setelah mengenal daerah tersebut, saya terbang kembali ke California untuk memasarkan rumah saya. Rumah saya terjual dalam waktu dua bulan. Saya kemudian terbang kembali ke Texas untuk mulai mencari rumah. Saya berdoa tentang kota mana yang Tuhan inginkan untuk saya tinggali karena ada begitu banyak kota kecil dan kota besar. Tuhan menjawab "Wylie." Sangatlah penting untuk berdoa dan meminta kehendak Tuhan sebelum mengambil keputusan penting karena keputusan itu akan selalu tepat.

"Karena lebih baik, jika kehendak Allah demikian, kamu menderita karena berbuat baik, dari pada karena berbuat jahat." (1 Petrus 3:17)

Saya kemudian menjelaskan kepada Saudara dan Saudari Blakey tentang pesan-pesan yang dinubuatkan dan bahwa saya ingin menaati Tuhan. Mereka sangat berhati-hati untuk menghormati keinginanku dan mendengarkan semua yang kukatakan kepada mereka bahwa Tuhan telah berbicara kepadaku. Saya juga mengatakan kepada mereka bahwa selama perjalanan pertama saya ke Texas, Tuhan berkata, *"Kamu tidak tahu apa yang Aku miliki untukmu."* Mereka begitu sabar dengan saya dan saya akan selalu bersyukur atas kepekaan mereka terhadap hal-hal yang berasal dari Tuhan. Keluarga Blakey memainkan peran besar dalam penggenapan pesan nubuat ini dan kehidupan baru saya di Texas. Kami mulai melihat-lihat rumah di Wylie selama tiga hari, dan pada hari ketiga saya harus kembali ke California pada malam hari. Mereka membawa saya untuk melihat sebuah rumah model di sebuah traktat baru dan kemudian Sister Blakey berkata, "Ini adalah rumahmu." Saya segera tahu bahwa itu memang benar. Dengan cepat saya mulai mengurus dokumen untuk pembeliannya, lalu segera pergi ke bandara, karena saya tahu bahwa segala sesuatunya akan beres. Pada saat yang sama, Tuhan menyuruh saya pergi ke India selama tiga bulan. Saya tidak mempertanyakan Dia, jadi saya memberikan kuasa kepada Saudara Blakey untuk melanjutkan pembelian rumah di Texas, dan saya memberikan kuasa kepada keponakan saya, Steve, yang bekerja di bidang real estat untuk mengurus keuangan saya di California. Saya kembali ke negara asal saya, India, setelah sepuluh tahun. Terima kasih Tuhan atas kesembuhan saya karena saya tidak dapat melakukannya tanpa mobilitas pada kaki saya. Saya terbang ke India dan membeli rumah di Texas. Banyak hal berubah dengan cepat dalam hidup saya.

Kembali ke India.

Ketika saya tiba di India, saya segera menyadari bahwa banyak hal telah berubah dalam waktu yang relatif singkat. Selama 25 tahun saya berdoa dan berpuasa agar negara ini mengalami Kebangunan Rohani. India adalah negara yang sangat religius dengan penyembahan berhala, penyembahan patung-patung dari batu, kayu, dan besi. Patung-patung religius yang tidak dapat melihat, berbicara, atau mendengar dan tidak memiliki kuasa sama sekali. Itu adalah tradisi-tradisi keagamaan yang tidak membawa perubahan pada pikiran atau hati.

"Dan Aku akan menyampaikan penghakiman-Ku terhadap mereka mengenai segala kejahatan mereka, yang telah meninggalkan Aku dan membakar korban kepada allah lain dan menyembah buatan tangan mereka sendiri." (Yeremia 1:16)

Kekristenan adalah agama minoritas di negara ini di mana terdapat begitu banyak penganiayaan dan kebencian antar agama, terutama terhadap umat Kristen. Penindasan terhadap orang Kristen hanya membuat mereka semakin kuat dalam iman mereka melalui penumpahan darah orang tak berdosa, gereja-gereja dibakar, orang-orang dipukuli, atau dibunuh. Yang menyedihkan, para ayah dan ibu menolak anak-anak mereka sendiri jika mereka berpaling kepada Yesus dan meninggalkan agama keluarga mereka. Terbuang mungkin, tetapi tidak menjadi yatim piatu karena Allah adalah Bapa Surgawi kita yang akan menghapus air mata dari mata kita.

"Kamu menyangka, bahwa Aku datang untuk membawa damai di atas bumi? Aku berkata kepadamu: Tidak, melainkan perpecahan: Sebab mulai sekarang akan ada lima orang dalam satu rumah yang akan dibagi, tiga lawan dua, dan dua lawan tiga. Ayah akan dibagi-bagi melawan anak laki-laki, dan anak laki-laki melawan ayah; ibu melawan anak perempuan, dan anak perempuan melawan ibu; ibu mertua melawan menantu perempuan, dan menantu perempuan melawan ibu mertuanya." (Lukas 12:51-53)

Saya sangat terkejut melihat orang-orang di mana-mana yang berjalan dengan membawa Alkitab dan saya mendengar tentang persekutuan doa. Ada banyak gereja keesaan dan orang-orang yang percaya kepada satu Allah. Allah datang untuk hidup di antara kita dalam daging, di dalam tubuh Yesus Kristus. Demikian juga dengan misteri kesalehan dari Allah yang esa dan benar.

*"Dan tanpa dapat dibantah, besarlah rahasia ketuhanan: **Allah telah menyatakan diri-Nya dalam rupa manusia,** dibenarkan dalam Roh, dilihat oleh para malaikat, diberitakan kepada bangsa-bangsa lain, dipercayai di dalam dunia, dan diangkat ke dalam kemuliaan."*
(1 Timotius 3:16)

"Kata Filipus kepada-Nya: Tuhan, tunjukkanlah Bapa kepada kami, maka itu sudah cukup bagi kami. Kata Yesus kepadanya: "Sudah sekian lama Aku berada di tengah-tengahmu, tetapi engkau belum mengenal Aku, Filipus? Barangsiapa telah melihat Aku, ia telah melihat Bapa, maka bagaimanakah engkau berkata: Tunjukkanlah Bapa itu kepada kami? Tidak percayakah engkau, bahwa Aku di dalam Bapa dan Bapa di dalam Aku? Apa yang Aku katakan kepadamu, tidak Aku katakan dari diri-Ku sendiri, tetapi Bapa, yang diam di dalam Aku, Dialah yang melakukan pekerjaan-pekerjaan itu. Percayalah kepada-Ku, bahwa Aku di dalam Bapa dan Bapa di dalam Aku, percayalah kepada-Ku karena pekerjaan-pekerjaan itu."
(Yohanes 14:8-11)

"Engkau percaya, bahwa Allah itu esa dan engkau melakukannya dengan baik; setan-setan juga percaya dan gemetar." (Yakobus 2:19)

Sungguh sukacita melihat orang-orang yang haus akan Tuhan. Penyembahan mereka begitu kuat. Itu adalah India yang sama sekali berbeda dengan India yang saya tinggalkan dua puluh lima tahun sebelumnya. Orang-orang tua dan muda menginginkan hal-hal dari Allah Yehuwa. Adalah hal yang biasa melihat orang-orang muda menawarkan selebaran Kristen di perayaan-perayaan agama Hindu. Pada siang hari, mereka pergi ke gereja dan setelah kebaktian pada pukul 14.30, mereka kembali sekitar pukul 03.00 pagi. Umat Hindu dan Muslim juga datang ke kebaktian kami untuk mendapatkan kesembuhan dan menemukan kelepasan. Orang-orang terbuka untuk mendengarkan khotbah dari Firman Tuhan dan menerima pengajaran dari Kitab Suci. Saya menjadi tahu tentang gereja-gereja India ini dan berkomunikasi dengan para pendeta mereka melalui telepon dan email. Saya membangun jaringan dengan United Pentecostal Churches untuk mencari pengkhotbah Amerika yang bersedia pergi ke India atas nama para pendeta India untuk berbicara di konferensi tahunan mereka. Kami sangat berhasil, dengan pertolongan Tuhan. Saya senang bahwa para pengkhotbah di Amerika memiliki beban untuk negara saya; memberikan dukungan rohani kepada para pengkhotbah India. Saya bertemu dengan seorang pendeta India dari sebuah gereja yang sangat kecil dan sederhana. Ada begitu banyak kemiskinan dan kebutuhan orang-orang yang begitu besar sehingga saya membuat komitmen pribadi untuk mengirim uang. Kami sangat diberkati di Amerika. Percayalah bahwa "Tidak ada yang tidak mungkin." Jika Anda ingin memberi, lakukanlah dengan penuh sukacita dengan iman dan berikanlah secara rahasia. Tidak ada yang tahu tentang komitmen saya selama bertahun-tahun. Jangan pernah berharap untuk memberi demi keuntungan pribadi atau menerima kemuliaan atau pujian dari orang lain. Berilah dengan hati yang murni dan jangan tawar-menawar dengan Tuhan.

"Karena itu, apabila kamu menunaikan zakat, janganlah kamu membunyikan sangkakala di depanmu, seperti yang dilakukan oleh orang-orang munafik di rumah-rumah ibadat dan di jalan-jalan, supaya mereka mendapat pujian dari manusia. Aku berkata kepadamu: Sesungguhnya mereka mendapat upahnya. Tetapi apabila engkau memberi sedekah, janganlah tangan kirimu mengetahui apa yang diperbuat oleh tangan kananmu: Supaya sedekahmu itu tersembunyi, maka Bapamu yang melihat yang tersembunyi itu akan membalasnya kepadamu secara terang-terangan." (Matius 6:2-4)

Tuhan telah mengijinkan banyak hal terjadi dalam hidup saya, sehingga saya dapat tinggal di rumah. Saya melihat ke belakang dengan takjub bagaimana penyakit saya berkembang di mana saya tidak bisa lagi berjalan, berpikir, atau merasa normal sampai pada hari Bruder James berdoa dan Tuhan mengangkat saya dari kursi roda. Masih dianggap cacat karena tumor dan penyakit darah, saya hidup dengan sedikit uang tunjangan bulanan. Gaji saya tidak menjadi masalah, karena Tuhan telah mengambil pekerjaan saya, yang menjadi kekhawatiran saya adalah bagaimana saya dapat membayar tagihan-tagihan saya. Yesus berbicara kepada saya dua kali dan berkata, "Aku akan menjagamu". Tinggal di California atau Texas, Yesus akan memenuhi semua kebutuhan saya. Tuhan melakukannya dari kekayaan dan kelimpahan-Nya. Saya menaruh kepercayaan saya kepada Tuhan untuk semua kebutuhan saya sehari-hari.

Tetapi carilah dahulu Kerajaan Allah dan kebenarannya, maka semuanya itu akan ditambahkan kepadamu. (Matius 6:33)

Sebelum saya meninggalkan India, beberapa ibu-ibu di gereja mengatakan kepada saya bahwa mereka tidak lagi membeli barang-barang mewah untuk diri mereka sendiri. Mereka merasa puas dengan apa pun yang mereka kenakan karena mereka menerima begitu banyak kepuasan dari memberi kepada orang miskin.

Tetapi kesalehan yang disertai dengan rasa cukup adalah keuntungan yang besar. Karena kita tidak membawa apa-apa ke dalam dunia ini, dan sudah pasti kita tidak dapat membawa apa-apa keluar. Dan karena ada makanan dan pakaian, marilah kita mencukupkan diri.
(1 Timotius 6:6-8)

Para lansia dan anak-anak juga terlibat dalam proyek cinta kasih. Mereka berkumpul untuk membuat paket hadiah untuk diberikan kepada orang miskin. Mereka sangat puas dengan berkat yang mereka dapatkan dari memberi.

"Berilah, maka akan diberi kepadamu; takaran yang baik, yang ditekan, yang diguncang, yang dituang, dan yang diaduk, akan diberikan orang ke dalam pangkuanmu. Karena dengan takaran yang kamu pakai untuk mengukur, akan diukurkan kepadamu." (Lukas 6:38)

Bayangkan apa yang terjadi dalam waktu yang relatif singkat. Saya menjual rumah saya dan membeli rumah baru di negara bagian lain. Saya melihat negara saya berubah dengan orang-orang yang haus akan Tuhan Yesus Kristus. Sekarang saya mengantisipasi untuk memulai hidup baru di Texas. Ketika kita mengutamakan Tuhan, Tuhan Kemuliaan juga akan setia kepada kita.

Kembali ke Amerika.

Saya kembali dari India tiga bulan kemudian. Saya terbang ke Texas ketika rumah saya sudah siap. Pada tanggal 26 April 2005, ketika pesawat saya mendarat di Bandara Dallas-Ft. Worth, saya menangis karena saya benar-benar terpisah dari semua keluarga dan teman-teman saya sejak pertama kali datang ke negara ini. Kemudian Tuhan memberi saya ayat-ayat berikut ini:

Tetapi sekarang, beginilah firman TUHAN yang menciptakan engkau, hai Yakub, dan yang membentuk engkau, hai Israel: "Janganlah takut,

87

sebab Aku telah menebus engkau, Aku telah memanggil engkau dengan
namamu, engkau adalah milik-Ku. Apabila engkau menyeberangi air,
Aku akan menyertai engkau, dan sungai-sungai tidak akan meluap
menenggelamkan engkau; apabila engkau berjalan di dalam api,
engkau tidak akan terbakar dan nyala api tidak akan menyala-nyala di
atasmu. Sebab Akulah TUHAN, Allahmu, Yang Mahakudus,
Juruselamatmu: Aku telah memberikan Mesir sebagai tebusan bagimu,
Etiopia dan Seba sebagai tebusan bagimu. Oleh karena engkau
berharga di mata-Ku, engkau terhormat dan Aku mengasihi engkau,
sebab itu Aku akan memberikan manusia kepadamu dan bangsa-
bangsa untuk hidupmu. Janganlah takut, sebab Aku menyertai engkau,
Aku akan membawa keturunanmu dari timur dan mengumpulkan
engkau dari barat, Aku akan berkata kepada utara: "Majulah!" dan
kepada selatan: "Janganlah mundur!" Bawalah anak-anak-Ku laki-
laki dari tempat yang jauh, dan anak-anak-Ku perempuan dari ujung-
ujung bumi; (Yesaya 43:1-6)

Pada hari saya tiba, saya mendapati diri saya sendirian di rumah baru yang besar itu. Kenyataan itu semakin terasa ketika saya berdiri di tengah ruang tamu dan melihat rumah saya benar-benar kosong. Saya duduk di lantai dan mulai menangis. Saya merasa sangat kesepian dan ingin kembali pulang ke California di mana saya telah meninggalkan ibu saya tercinta. Kami tinggal bersama begitu lama dan dia adalah bagian besar dari diri saya. Saya begitu terbebani oleh perasaan perpisahan ini sehingga saya ingin pergi ke bandara dan terbang kembali ke California. Saya tidak lagi menginginkan rumah ini. Kesedihan saya lebih besar daripada kenyataan. Ketika saya mengalami perasaan ini, Tuhan mengingatkan saya bahwa saya perlu menelepon Brother Blakey. Saudara Blakey tidak tahu apa yang saya rasakan pada saat itu, tetapi Tuhan tahu. Saya terkejut ketika dia berkata, "Sekarang Saudari Das, Anda tahu bahwa Anda hanya berjarak satu panggilan telepon dari kami." Kata-katanya benar-benar diurapi karena rasa sakit dan semua keputusasaan saya lenyap seketika. Saya merasa bahwa saya memiliki keluarga, saya tidak sendirian, dan semuanya akan baik-baik saja. Sejak hari itu, keluarga Blakey menerima saya ke dalam keluarga mereka sendiri pada saat saya tidak memiliki siapa-siapa.

Kakak perempuan saya dan keluarganya kemudian pindah ke Plano, Texas yang hanya berjarak beberapa mil dari Wylie. Keluarga Blakey terdiri dari sebelas saudara laki-laki dan perempuan. Anak-anak dan cucu-cucu mereka semua memperlakukan saya seperti keluarga. Jumlah mereka hampir mencapai 200 orang dan semua orang tahu tentang Keluarga Blakey di Wylie. Mereka telah memberikan dukungan yang luar biasa bagi saya dan saya selalu merasa seperti seorang "Blakey" juga! Setelah menetap di rumah saya, saya harus mencari gereja. Saya bertanya kepada Tuhan gereja mana yang Dia inginkan untuk saya. Saya mengunjungi banyak gereja. Akhirnya saya mengunjungi sebuah gereja di kota Garland, Gereja Pantekosta Bersatu Kota Utara. Tuhan dengan jelas berkata, "Inilah gerejamu." Di sinilah saya masih beribadah. Saya mencintai gereja saya dan menemukan seorang pendeta yang luar biasa, Pdt. Hargrove. Keluarga Blakey menjadi keluarga besar saya yang mengundang saya untuk makan siang atau makan malam setelah dari gereja. Mereka juga mengikutsertakan saya dalam reuni keluarga dan liburan keluarga mereka. Tuhan dengan luar biasa telah menyediakan semua yang saya butuhkan.

Saya berterima kasih kepada Tuhan untuk Pendeta baru saya, gereja, dan keluarga Blakey yang telah mengadopsi saya ke dalam keluarga mereka. Saya sekarang tinggal dengan nyaman di rumah baru saya. Tuhan telah menepati janji-Nya, "Aku akan menjagamu." Allah memilih semua ini untuk saya, sesuai dengan kehendak-Nya bagi hidup saya. Sekarang saya bekerja bagi-Nya sejak saya bangun jam 3:50 pagi untuk berdoa. Saya sarapan dan bersiap untuk melakukan pekerjaan Tuhan dari kantor saya di rumah. Teman-teman saya akan berkata, "Jangan pernah katakan kepada Saudari Liz bahwa dia tidak memiliki pekerjaan yang nyata." Apa tanggapan saya? Saya bekerja untuk Tuhan, saya bekerja berjam-jam tanpa harus bekerja keras, dan saya tidak mendapatkan gaji. Tuhan yang mengurus saya dan upah saya akan ada di surga.

Saya menghargai pekerjaan saya dan mencintai apa yang saya lakukan!

Bab 12
Pembebasan Iblis dan Kuasa Penyembuhan dari Allah

Oada hari Minggu sore saya menerima telepon dari Bpk. Patel yang meminta agar kami pergi dan mendoakan ayahnya, yang diserang oleh roh-roh jahat. Pak Patel adalah seorang insinyur yang telah tinggal di Amerika selama lebih dari 30 tahun. Dia telah mendengar tentang kesembuhan saya dan terbuka untuk mendengar tentang Tuhan Yesus Kristus. Keesokan harinya, kami pergi ke rumah saudaranya di mana kami bertemu dengan Pak Patel dan keluarganya, (saudara laki-laki, istri saudara laki-laki, dua anak laki-laki dan ayah dan ibunya). Sementara semua orang mendengarkan, saudara yang lain yang juga seorang Kristen mulai berbicara tentang bagaimana dia mengenal Yesus. Sang ayah, yang lebih tua dari saudara itu, mengatakan bahwa dia telah menyembah dewa-dewa berhala tetapi selalu merasa tidak enak ketika dia melakukan penyembahan tersebut. Dia mengatakan bahwa dia merasa seolah-olah ada tongkat yang menusuk-nusuk perutnya yang menyebabkan dia merasa sakit dan ketika dia berjalan, dia merasa seolah-olah ada batu di bawah kakinya. Kami mulai berdoa untuknya dalam Nama Tuhan Yesus Kristus. Kami berdoa sampai dia bebas dari roh jahat dan dia mulai merasa jauh lebih baik. Sebelum pulang, dia menerima pelajaran Alkitab agar dia dapat memahami kuasa nama Tuhan dan bagaimana caranya agar bebas dari serangan roh jahat agar tidak kembali lagi.

Kami sangat senang ketika putra dan salah satu cucunya bersikeras agar Bpk. Patel yang lebih tua menyebut nama YESUS tetapi dia tidak mau; meskipun dia tidak memiliki masalah dalam mengucapkan "Tuhan" (Bhagvan). Cucu-cucunya bersikeras, "Tidak, katakanlah dalam Nama Yesus" ketika para putra berbaris untuk menerima doa. Salah satu cucu yang berusia dua puluhan tahun sebelumnya pernah mengalami kecelakaan mobil. Dia telah mengunjungi banyak ahli bedah untuk mengatasi masalah pada lututnya. Hari itu, Tuhan Yesus menyembuhkan lututnya dan adik laki-laki Pak Patel sangat tersentuh oleh Roh Tuhan. Semua orang menerima doa dan bersaksi bagaimana mereka digerakkan oleh Roh Tuhan yang melakukan mukjizat kesembuhan dan kelepasan pada hari itu. Ketika Tuhan Yesus berjalan di antara manusia, Dia mengajar dan memberitakan Injil tentang Kerajaan yang akan datang dan menyembuhkan segala macam penyakit di antara orang-orang. Dia menyembuhkan dan membebaskan mereka yang kerasukan dan disiksa oleh setan, orang gila, dan orang lumpuh, (Matius 4:23-24). Sebagai murid-murid Tuhan hari ini, kita terus melakukan pekerjaan-Nya dan mengajar orang lain tentang keselamatan dalam nama Tuhan Yesus.

*"Dan keselamatan tidak ada di dalam siapapun juga selain di dalam Dia, sebab di bawah kolong langit ini tidak ada **nama** lain yang diberikan kepada manusia yang olehnya kita dapat diselamatkan."*
(Kisah Para Rasul 4:12).

Ada banyak manfaat dari melayani Allah yang Hidup. Alih-alih ilah yang terbuat dari batu yang tidak dapat melihat dan tidak dapat mendengar, kita memiliki Allah yang benar dan hidup yang menyelidiki hati manusia. Bukalah hati dan pikiran Anda untuk mendengarkan suara-Nya. Berdoalah agar Dia menjamah hati Anda. Berdoalah agar Dia mengampuni Anda karena telah menolak Dia. Berdoalah untuk mengenal Dia dan jatuh cinta kepada-Nya. Lakukanlah semua ini sekarang juga, karena pintu-pintu itu akan segera tertutup.

Bab 13
Pengakuan dan Hati Nurani yang Bersih

Oada suatu hari, sepasang suami istri dari India datang berkunjung dan berdoa bersama saya. Ketika kami bersiap-siap untuk berdoa, sang istri mulai berdoa dengan suara keras. Sang suami mengikuti. Saya perhatikan bahwa mereka berdua berdoa dengan cara yang sama secara religius, tetapi saya tetap menikmati mendengarkan kata-kata mereka yang fasih. Saya meminta kepada Tuhan, dengan tulus, "Saya ingin Engkau berdoa melalui mulut saya." Ketika tiba giliran saya untuk berdoa dengan suara keras, Roh Kudus mengambil alih dan saya berdoa di dalam Roh.

"Demikian juga Roh membantu kelemahan-kelemahan kita, karena kita
tidak tahu apa yang harus kita doakan seperti yang seharusnya kita
doakan, tetapi Roh itu sendiri yang berdoa untuk kita dengan keluhan-
keluhan yang tidak dapat kita ucapkan. Dan barangsiapa menyelidiki
hati, ia mengetahui apa yang ada di dalam pikiran Roh, karena Roh itu
berdoa untuk orang-orang kudus menurut kehendak Allah."
(Roma 8:26, 27).

Saya berdoa dalam Roh dengan kuasa Allah dengan cara yang menyingkapkan dosa. Sang suami, yang tidak dapat lagi menanggungnya, mulai mengakui dosanya kepada istrinya, yang terkejut. Saya kemudian berbicara dengan mereka tentang penyucian melalui pengakuan dosanya.

"Jika kita mengaku dosa kita, maka Ia adalah setia dan adil, sehingga Ia akan mengampuni segala dosa kita dan menyucikan kita dari segala kejahatan. Jika kita berkata, bahwa kita tidak berbuat dosa, maka kita membuat Dia menjadi pendusta dan firman-Nya tidak ada lagi di dalam kita." (1 Yohanes 1:9, 10)

Saya menjelaskan kepada sang suami bahwa, karena ia telah mengaku, Tuhan akan mengampuninya.

Ingatlah juga untuk mengakui dosa-dosa Anda hanya kepada mereka yang dapat mendoakan Anda.

Karena itu hendaklah kamu saling mengaku dosamu dan saling mendoakan, supaya kamu sembuh. Doa yang sungguh-sungguh dari orang benar sangat berguna. (Yakobus 5:16)

Saya menjelaskan bahwa setelah dia dibaptis, Tuhan akan menghapus dosanya dan dia akan memiliki hati nurani yang bersih.

"Demikian juga baptisan sekarang ini menyelamatkan kita (bukan dengan membuang segala sesuatu yang kotor dari daging, tetapi dengan hati nurani yang baik kepada Allah) oleh kebangkitan Yesus Kristus." (1 Petrus 3:21)

Beberapa hari kemudian, suami dan istri tersebut dibaptis dalam nama Tuhan Yesus. Sang suami dibebaskan sepenuhnya dan dosa-dosanya diampuni. Mereka berdua telah menjadi berkat bagi Kerajaan Allah.

"Bertobatlah dan berilah dirimu dibaptis dalam nama Yesus Kristus untuk pengampunan dosamu, maka kamu akan menerima karunia Roh Kudus." (Kisah Para Rasul 2:38)

Tuhan mencari orang-orang yang mau merendahkan diri di hadapan-Nya. Tidak peduli seberapa fasih dan indahnya kata-kata yang Anda doakan, tetapi apakah Anda berdoa dengan segenap hati Anda. Dia juga tahu apa yang ada di dalam hati ketika Anda berdoa. Singkirkanlah dosa dengan meminta pengampunan kepada Tuhan, atau doa Anda akan dihalangi oleh Roh Kudus. Sebagai orang percaya, kita menyelidiki hati kita setiap hari dan menghakimi diri kita sendiri. Tuhan selalu ada untuk mengampuni dan membersihkan kita ketika kita berbuat dosa.

Bab 14.
Di Ujung Kematian

Brs. James, yang telah saya ceritakan sebelumnya, memiliki karunia penyembuhan melalui kuasa pengurapan Allah. Ia diundang untuk mendoakan seorang wanita Korea yang berada di Unit Perawatan Intensif (ICU) rumah sakit Queen of the Valley. Menurut para dokter, wanita itu sudah hampir meninggal. Pengaturan pemakamannya sudah dibuat oleh keluarganya. Saya menemani Frater James hari itu dan melihat tubuhnya dengan bantuan hidup; ia tidak sadar dan hampir mati. Ketika saya mulai berdoa, saya merasa seolah-olah ada sesuatu yang ingin mengangkat kaki saya dan melemparkan saya keluar dari ruangan; tetapi kuasa Roh Kudus sangat kuat di dalam diri saya dan tidak mengizinkan roh itu untuk melakukan hal tersebut.

Kamu berasal dari Allah, hai anak-anak kecil, dan kamu telah mengalahkan mereka, sebab lebih besarlah Dia yang ada di dalam kamu dari pada dia yang ada di dalam dunia. (1 Yohanes 4:4)

Setelah berdoa, Tuhan berbicara melalui saya dan saya mengucapkan kata-kata ini, "Mesin ini akan berubah." Hal ini mengacu pada peralatan pendukung kehidupan yang melekat pada tubuhnya. Saya mendengar diri saya sendiri mengucapkan kata-kata ini karena Tuhan telah berbicara tentang nasib wanita yang sangat sakit ini. Saudara James mendoakannya dan kemudian kami berbicara kepada keluarga wanita tersebut tentang kuasa doa dan Firman Tuhan. Mereka mendengarkan ketika saya bercerita tentang kesembuhan saya sendiri dan bagaimana Tuhan membawa saya dari kursi roda hingga dapat berjalan kembali. Anak laki-laki mereka yang merupakan seorang pilot maskapai penerbangan juga hadir, tetapi tidak bisa berbahasa Korea. Saya berbicara dengannya dalam bahasa Inggris sementara anggota keluarga lainnya berbicara dalam bahasa Korea. Yang menarik, dia menjelaskan kepada saya bahwa ibunya seharusnya melakukan perjalanan ke Kanada pada hari yang sama ketika dia jatuh sakit. Dia menjelaskan bahwa dia telah memanggil suaminya untuk meminta bantuan dan dibawa ke rumah sakit meskipun dia menolak untuk pergi. Sang anak mengatakan bahwa ibunya mengatakan kepada mereka, "Mereka akan membunuh saya di rumah sakit." Dia yakin bahwa dia akan mati jika dibawa ke rumah sakit. Putranya terus menjelaskan kepada kami bahwa ibunya telah mengatakan kepada mereka, bahwa setiap malam; orang-orang berpakaian hitam masuk ke dalam rumah. Setiap malam ibunya akan berteriak memanggil dia dan ayahnya dan dengan marah melemparkan piring ke arah mereka tanpa alasan yang jelas. Dia juga mulai menulis cek dalam bahasa yang tidak dapat mereka pahami. Perilaku yang ditunjukkannya sangat aneh. Saya menjelaskan kepadanya tentang roh-roh jahat yang dapat mengambil alih dan menyiksa seseorang. Hal ini membuatnya heran, karena seperti yang ia jelaskan kepada kami, mereka semua pergi ke gereja dan ia memberikan begitu banyak uang tetapi mereka belum pernah mendengar tentang hal ini sebelumnya. Roh-roh jahat tunduk pada orang-orang percaya sejati yang memiliki Roh Kudus; karena Darah Yesus ada di dalam hidup mereka dan mereka melayani di bawah otoritas Nama Yesus dengan kuasa Nama-Nya.

Saya mengatakan kepada pemuda itu bahwa Bruder James dan saya dapat berdoa dalam Nama Yesus untuk mengusir setan dan dia setuju untuk berdoa bagi ibunya. Ketika dokter datang untuk melihat pasiennya, dia kagum bahwa pasiennya merespons dan tidak dapat memahami apa yang telah terjadi pada pasiennya. Keluarga pasien mengatakan kepadanya bahwa seseorang telah datang untuk mendoakannya pada malam hari dan pasien mulai merespons seperti yang mereka katakan. Beberapa hari kemudian, kami mendapat kesempatan lagi untuk mendoakan wanita yang sama. Dia tersenyum ketika kami masuk ke dalam ruangan. Saya kemudian menumpangkan tangan saya di atas kepalanya dan mulai berdoa; dia membuang tangan saya dan mengangkat kepalanya ke atas, menunjuk ke langit-langit, karena dia tidak dapat berbicara. Ekspresinya berubah dan dia terlihat sangat ketakutan. Setelah kami pergi, kondisinya semakin memburuk. Anak-anaknya bertanya-tanya apa yang dia lihat dan mereka bertanya apakah dia melihat sesuatu yang jahat. Dia memberi isyarat dengan tangannya "ya". Sekali lagi kami kembali untuk mendoakannya karena ia sangat ketakutan dengan penyiksanya, roh jahat di kamarnya. Setelah berdoa kali ini, dia menang dan bebas dari penyiksanya. Terima kasih kepada Tuhan yang menjawab doa. Kami kemudian mendengar bahwa dia dibebaskan dari rumah sakit, masuk ke program rehabilitasi dan dipulangkan ke rumah di mana dia terus melakukannya dengan baik. Dia telah keluar dari ambang kematian.

Pergilah bersaksi kepada dunia:

Dan ia melarang mereka untuk memberitahukannya kepada siapa pun, tetapi semakin ia melarang mereka, semakin banyak orang yang mempublikasikannya; (Markus 7:36)

*Kembalilah ke rumahmu dan ceritakanlah kepada orang banyak tentang perbuatan-perbuatan besar yang telah dilakukan Allah kepadamu. Lalu pergilah ia dan **memberitakan ke** seluruh kota tentang perbuatan-perbuatan besar yang telah dilakukan Yesus kepadanya. (Lukas 8:39)*

Alkitab berkata, kita harus pergi dan bersaksi. Keluarga Korea ini bersaksi kepada keluarga-keluarga lain tentang mukjizat ini. Suatu hari Bro. James menerima telepon dari seorang wanita Korea lainnya. Suami dari keluarga ini memiliki perilaku yang kasar dan tidak tahu apa yang dia lakukan. Istrinya adalah seorang wanita yang sangat mungil dan manis. Suatu hari ia mencoba membunuhnya. Seringkali mereka harus membawanya ke rumah sakit karena dia akan memukulinya tanpa ampun. Sejak dia mendengar tentang mukjizat ini, dia mengundang kami dan meminta saya. Kami pergi menemuinya dan suaminya. Bro. James meminta saya untuk berbicara dan dia berdoa. Kami semua diberkati. Beberapa minggu kemudian istrinya menelepon dan bertanya apakah kami akan datang lagi karena suaminya sudah lebih baik. Jadi kami pergi lagi dan saya memberikan kesaksian saya tentang pengampunan dan Sdr. James mendoakan mereka semua.

Saya bercerita kepada mereka tentang saat saya bekerja dan seorang supervisor wanita; dia melecehkan saya tanpa belas kasihan dan saya tidak bisa tidur di malam hari. Suatu hari saya pergi ke kamar saya untuk berdoa untuknya. Yesus berkata, "Kamu harus mengampuninya". Pertama-tama rasanya sulit dan saya berpikir, jika saya mengampuninya, dia akan tetap melakukan hal yang sama kepada saya. Karena saya mendengar Yesus berbicara kepada saya, saya berkata, "Tuhan, saya mengampuninya sepenuhnya" dan Tuhan dalam belas kasihanNya menolong saya untuk melupakannya. Setelah saya mengampuninya, saya mulai bisa tidur nyenyak, tidak hanya itu, tetapi setiap kali dia melakukan kesalahan, hal itu tidak lagi mengganggu saya.

Alkitab berkata.

Pencuri datang bukan untuk mencuri dan membunuh dan membinasakan, melainkan Aku datang, supaya mereka mempunyai hidup, dan mempunyainya dalam segala kelimpahan (Yohanes 10:10)

Saya senang ibu mertua saya ada di sana untuk mendengar kesaksian ini karena hatinya sangat sedih. Sungguh luar biasa melihat tangan Tuhan masuk dan mengubah seluruh situasi ini dan pengampunan melanda hati mereka dan kasih masuk ke dalam diri mereka.

*Tetapi jikalau kamu tidak **mengampuni**, Bapamu yang di sorga juga tidak akan **mengampuni** kesalahanmu. (Markus 11:26)*

Tidak memaafkan adalah hal yang sangat berbahaya. Anda akan kehilangan kesehatan pikiran dan tubuh anda. Pengampunan adalah untuk keuntungan Anda, bukan hanya untuk musuh Anda. Tuhan meminta kita untuk mengampuni agar kita dapat tidur lebih nyenyak. Membalas dendam adalah hak-Nya, bukan hak kita.

*Janganlah kamu menghakimi, maka kamu tidak **akan** dihakimi: Janganlah kamu menghukum, maka kamu tidak **akan** dihukum; **ampunilah, maka** kamu **akan diampuni** (Lukas 6:37)*

Dan doa orang yang beriman akan menyelamatkan orang sakit, dan Tuhan akan membangkitkan dia, dan jika ia berbuat dosa, maka dosa-dosanya akan diampuni. Karena itu hendaklah kamu saling mengaku dosamu dan saling mendoakan, supaya kamu sembuh. Doa orang benar yang terkabul, sangat besar kuasanya. (Yakobus 5:15, 16)

Pada bagian akhir dari kisah di atas, kita mendengar bahwa suaminya telah sembuh total dari masalah kejiwaannya dan sangat baik dan penuh kasih kepada istrinya.

Puji Tuhan! Yesus membawa damai sejahtera di rumah mereka.

...

Bab 15
Damai Sejahtera di Hadirat Tuhan

Tehadiran Tuhan dapat membawa kedamaian bagi jiwa. Saya pernah berdoa untuk seorang pria yang sakit parah pada stadium akhir kanker. Dia adalah suami dari seorang wanita di gereja. Wanita itu dan putranya pernah tinggal bersama saya di rumah saya.

Mereka telah menjadi anggota sebuah gereja yang tidak percaya untuk mengubah hidup mereka sampai mereka menonton sebuah video tentang Akhir Zaman. Mereka berdua menerima wahyu tentang Baptisan dalam nama Tuhan Yesus, dan mulai mencari gereja yang akan membaptis mereka dalam nama Yesus. Saat itulah mereka menemukan gereja yang saya hadiri. Setan tidak ingin ada orang yang memiliki pengetahuan akan kebenaran karena hal itu menuntun kepada keselamatan. Dia ingin Anda berada dalam kegelapan, berpikir bahwa Anda telah diselamatkan sementara percaya pada doktrin dan tradisi manusia yang palsu. Dia akan datang melawan Anda ketika Anda mencari Kebenaran. Dalam situasi ini, alat yang digunakan untuk melawan ibu dan anak ini adalah suami dan ayah yang tidak percaya, yang terus-menerus melecehkan dan mengejek mereka tentang kepercayaan mereka kepada Tuhan. Sering kali mereka akhirnya datang ke rumah saya untuk berdoa dan akhirnya tinggal. Suatu hari putranya mendengar Tuhan berkata kepadanya, hari-harinya telah dihitung. Sang ayah sedang berada di Rumah Sakit Baylor, di Dallas, Texas, di Unit Perawatan Intensif (ICU). Dia menjelaskan dengan sangat jelas kepada mereka bahwa dia tidak ingin ada doa atau orang-orang gereja yang datang untuk berdoa. Suatu hari saya bertanya kepada istrinya apakah saya boleh mengunjungi dan mendoakan suaminya. Dia menjelaskan kepada saya bagaimana perasaannya dan berkata tidak. Kami terus berdoa agar Tuhan melembutkan hatinya yang keras.

Suatu hari saya pergi ke rumah sakit bersama anak laki-laki dan istrinya dan mengambil kesempatan bahwa Tuhan telah mengubahnya. Sang anak bertanya kepada ayahnya, *Ayah, apakah kamu ingin Suster Elizabeth mendoakanmu? Dia adalah seorang pejuang doa.* Karena ayahnya tidak dapat lagi berbicara, ia meminta ayahnya untuk mengedipkan matanya agar ia dapat berkomunikasi dengannya. Dia kemudian memintanya untuk mengedipkan mata untuk memberi isyarat kepada kami jika dia ingin saya mendoakannya, dia mengedipkan matanya. Saya mulai berdoa memohon agar dosa-dosanya dibasuh dengan darah Yesus. Saya melihat beberapa perubahan dalam dirinya dan terus berdoa sampai kehadiran Roh Kudus ada di dalam ruangan itu. Setelah saya berdoa, bapak itu mencoba berkomunikasi dengan menunjuk ke langit-langit seolah-olah menunjukkan sesuatu kepada kami. Dia mencoba untuk menulis tetapi tidak bisa. Sang anak meminta ayahnya untuk mengedipkan mata jika itu adalah sesuatu yang baik yang dia lihat. Dia mengedipkan mata! Kemudian dia meminta ayahnya untuk mengedipkan mata jika itu adalah cahaya, tetapi dia tidak mengedipkan mata. Kemudian ia bertanya apakah yang dilihatnya adalah malaikat dan mengedipkan mata. Tapi dia tidak mengedipkan mata. Akhirnya sang anak bertanya apakah itu Tuhan Yesus. Ayahnya kemudian mengedipkan matanya.

Minggu berikutnya saya pergi ke rumah sakit untuk menemuinya lagi. Kali ini, dia sangat berbeda dan memiliki wajah yang damai. Beberapa hari kemudian dia meninggal dalam damai. Allah dalam belas kasihan dan kasih-Nya telah memberinya kedamaian sebelum kematiannya. Kita tidak tahu apa yang terjadi antara seseorang yang sangat sakit dan Penciptanya. Hadirat Tuhan ada di dalam ruangan itu. Saya melihat seorang pria yang mengeraskan hati terhadap Tuhan dan keluarganya sendiri, tetapi di pintu kematian, Tuhan membuat diri-Nya dikenal olehnya, memberinya pengetahuan tentang keberadaan-Nya.

Bersyukurlah kepada TUHAN, sebab Ia baik, sebab kasih setia-Nya kekal untuk selama-lamanya. Bersyukurlah kepada Allah di atas segala allah, sebab kasih setia-Nya tetap untuk selama-lamanya. Bersyukurlah kepada Tuhan di atas segala tuhan, sebab kasih setia-Nya tetap untuk selama-lamanya. Kepada Dia yang melakukan perbuatan-perbuatan ajaib, sebab kasih setia-Nya tetap untuk selama-lamanya. (Mazmur 136:1-4)

Bab 16.
Gaya Hidup Berkorban dalam Kehidupan

Daat itu, saya sedang melakukan pendalaman Alkitab tentang rambut, pakaian, perhiasan, dan tata rias. Saya berkata dalam hati, "Orang-orang ini kuno." Saya tahu di dalam hati bahwa saya mengasihi Tuhan; oleh karena itu, apa yang saya kenakan seharusnya tidak menjadi masalah. Waktu berlalu dan suatu hari saya mendengar Roh Tuhan (Rhyma) berbicara kepada hati saya, "Lakukanlah apa yang kamu rasakan di dalam hatimu." Pada saat itu mata saya terbuka. Saya mengerti bahwa saya memiliki cinta untuk dunia di dalam hati saya dan saya menyesuaikan diri dengan mode dunia. (Rhyma adalah Firman Tuhan yang diterangi dan diurapi yang telah diucapkan kepada Anda untuk waktu atau situasi tertentu).

Ya TUHAN, Engkau telah menyelidiki aku dan mengenal aku. Engkau mengetahui duduknya aku dan bangkitnya aku, Engkau mengerti pikiranku yang jauh. Engkau mengetahui jalan dan tempat berbaringku, dan mengenal segala jalanku. (Mazmur 139:1-3)

Perhiasan:

Saya tidak menyukai perhiasan, jadi tidak sulit untuk menyingkirkan beberapa perhiasan yang saya miliki.

*Demikian juga kamu, hai isteri-isteri, tunduklah kepada suamimu, supaya jika ada yang tidak taat kepada firman, tanpa firman pun mereka dapat dimenangkan oleh perkataan isteri-isteri itu, karena mereka melihat, bahwa kamu hidup dengan sopan dan penuh hormat dan takut. Hendaklah perhiasanmu janganlah yang **lahiriah, yaitu** rambut yang berkepang-kepang, **perhiasan** emas atau pakaian yang indah-indah, tetapi hendaklah perhiasan yang tersembunyi di dalam hatimu, yaitu **perhiasan yang** tidak fana, yaitu **perhiasan yang berasal dari** roh yang lemah lembut dan yang tak bercacat, yang sangat berharga di hadapan Allah. Sebab demikianlah juga dahulu perempuan-perempuan kudus, yang percaya kepada Allah, berhias diri dengan tunduk kepada suaminya: Sama seperti Sara taat kepada Abraham dan menyebut dia tuannya, demikian juga kamu, hai anak- anakku, asal kamu berbuat baik dan tidak takut dengan sesuatu yang mencemaskan. (1 Petrus 3:1-6)*

Demikian juga hendaklah perempuan-perempuan berdandan dengan pakaian yang sopan, dengan rasa malu dan dengan ketenangan hati, janganlah mereka berdandan dengan rambut yang berkepang-kepang, janganlah mereka memakai perhiasan yang indah-indah, janganlah mereka memakai emas, janganlah mereka memakai mutiara, janganlah mereka memakai perhiasan yang mahal-mahal, tetapi hendaklah mereka berdandan dengan perbuatan-perbuatan yang baik, supaya mereka dapat hidup dengan tenang dan dengan perbuatan-perbuatan yang baik. (1Timotius 2:9, 10)

Rambut

Bukankah alam sendiri telah mengajarkan kepadamu, bahwa jika seorang laki-laki berambut panjang, itu adalah aib baginya? Tetapi jika seorang perempuan berambut panjang, itu adalah suatu kemuliaan baginya, karena rambutnya diberikan kepadanya sebagai penudung.
(1 Korintus 11:14, 15)

Di masa muda saya, saya selalu memiliki rambut panjang. Pada usia dua puluh tahun, saya memotong rambut pertama kali dan terus memotong rambut saya hingga sangat pendek. Jadi, ajaran tentang rambut yang tidak dipotong sulit untuk saya terima pada awalnya. Saya tidak ingin membiarkan rambut saya tumbuh karena saya menyukai rambut pendek. Sangat mudah untuk merawatnya. Saya mulai meminta kepada Tuhan agar mengijinkan saya berambut pendek. Namun yang mengejutkan saya, Tuhan mengubah cara berpikir saya dengan menaruh Firman-Nya di dalam hati saya dan tidak lagi sulit bagi saya untuk membiarkan rambut saya tumbuh.

Selama ini ibu saya tinggal bersama saya. Karena saya tidak tahu bagaimana cara merawat rambut saya yang panjang, ibu saya akan meminta saya untuk memotongnya karena dia tidak suka dengan tampilannya. Saya mulai belajar lebih banyak tentang rambut dari Alkitab. Saya menerima pemahaman dan pengetahuan yang lebih baik, yang membantu keyakinan saya bertumbuh lebih kuat di dalam hati saya.

Saya berdoa dan bertanya kepada Tuhan, "*Apa yang harus saya lakukan terhadap ibu saya karena dia tidak menyukai rambut panjang saya*"? Dia berbicara kepada saya dan berkata, "*Berdoalah agar pemikirannya berubah.*"

Percayalah kepada TUHAN dengan segenap hatimu, dan janganlah bersandar kepada pengertianmu sendiri. Dalam segala jalanmu akuilah Dia, maka Ia akan meluruskan jalanmu. (Amsal 3:5, 6)

Tuhan adalah penasihat saya, jadi saya terus berdoa agar pemikirannya berubah.

Yesus adalah Penasihat kita;

*Sebab seorang anak telah lahir untuk kita, seorang putera telah diberikan untuk kita, dan pemerintahan akan ada di atas bahunya, dan namanya disebutkan orang: Ajaib, **Penasihat Ajaib,** Allah yang Perkasa, Bapa yang Kekal, Raja Damai. (Yesaya 9:6)*

Saya tidak memotong rambut saya lagi. Rambut saya terus tumbuh dan suatu hari ibu saya berkata kepada saya, "Kamu terlihat cantik dengan rambut panjang!" Saya sangat senang mendengar kata-kata itu. Saya tahu bahwa Tuhan telah mengarahkan saya dalam doa dan telah menjawab doa saya. Saya tahu bahwa rambut saya yang tidak dipotong adalah kemuliaan saya dan saya telah diberi kekuatan di kepala saya karena Malaikat.

Saya tahu ketika saya berdoa, ada kekuatan. Pujilah Tuhan !!!

*Tetapi setiap perempuan yang berdoa atau bernubuat dengan kepala yang tidak **bertudung, ia** menodai kepalanya, karena yang demikian itu sama saja dengan perempuan yang dicukur. Tetapi jika seorang perempuan berambut panjang, maka itu adalah suatu kemuliaan baginya, **karena rambutnya diberikan kepadanya sebagai** penudung. (1 Korintus 11:5,15).*

Ayat ini sangat jelas menyatakan bahwa rambut yang tidak dipotong adalah penutup kepala kita, bukan syal, topi atau kerudung. Hal ini melambangkan ketundukan kita kepada otoritas Allah dan kemuliaan-Nya. Di seluruh Firman Tuhan, Anda akan menemukan bahwa para malaikat melindungi Kemuliaan Allah. Di mana pun kemuliaan Allah berada, Malaikat hadir. Rambut kita yang tidak dipotong adalah kemuliaan kita dan para Malaikat selalu hadir untuk melindungi kita karena ketaatan kita pada Firman Tuhan. Para Malaikat ini melindungi kita dan keluarga kita.

Karena itu, perempuan harus memiliki kuasa di atas kepalanya karena para malaikat. (1 Korintus 11:10)

1 Korintus 11 adalah pemikiran dan tindakan Tuhan yang teratur untuk mempertahankan perbedaan yang jelas antara perempuan dan laki-laki.

Perjanjian Baru menunjukkan bahwa wanita memiliki rambut panjang yang tidak dipotong.

*Seorang perempuan di kota itu, yang adalah seorang berdosa, ketika ia tahu, bahwa Yesus duduk makan di rumah orang Farisi, membawa sebuah buli-buli pualam berisi minyak narwastu, lalu ia berdiri di belakang Yesus sambil menangis dan mulai membasuh kaki Yesus dengan air mata dan **menyekanya dengan rambutnya**, kemudian ia mencium kaki-Nya dan meminyaki kaki-Nya dengan minyak itu.*
(Lukas 7:37, 38)

Dia Tuhan berkata

"Potonglah rambutmu, hai Yerusalem, dan buanglah, dan naikkanlah ratapan di bukit-bukit pengorbanan, sebab TUHAN telah menolak dan meninggalkan generasi yang menjadi sasaran murka-Nya."
(Yeremia 7; 29)

Memotong rambut adalah simbol rasa malu, aib, dan berkabung. Memotong rambut melambangkan tindakan yang tidak saleh dan memalukan dari umat Tuhan yang murtad. Ini adalah tanda bahwa Tuhan telah menolak mereka. Ingatlah bahwa kita adalah pengantin-Nya.

Encyclopedia Britannica, V, 1033 menyatakan, setelah Perang Dunia I "rambut digerai". Pemotongan rambut diadopsi oleh hampir semua wanita di mana-mana.

Firman Tuhan ditetapkan untuk selamanya. Persyaratan Tuhan untuk wanita adalah memiliki rambut panjang yang tidak dipotong dan pria memiliki rambut pendek.

Pakaian

Firman Tuhan juga memerintahkan kita untuk berpakaian. Ketika saya masih menjadi seorang petobat baru dan belajar bagaimana kita harus berpakaian, saya tidak yakin dengan pakaian saya. Karena jenis pekerjaan saya, saya harus mengenakan celana. Saya berpikir, "Tidak *apa-apa jika saya terus memakai celana untuk bekerja saja.*" Saya membeli beberapa celana baru dan menerima banyak pujian atas penampilan saya. Saya sudah tahu bahwa wanita tidak boleh mengenakan pakaian pria. Celana selalu menjadi pakaian pria, bukan pakaian wanita. Setelah Anda menanamkan firman Tuhan di dalam hati, Anda akan menerima keyakinan tentang pakaian yang tepat untuk dikenakan.

*Janganlah seorang perempuan mengenakan pakaian laki-laki, dan janganlah seorang laki-laki mengenakan pakaian perempuan, sebab segala sesuatu yang demikian itu adalah **kekejian** bagi TUHAN, Allahmu. (Ulangan 22:5)*

Kebingungan dimulai ketika pria dan wanita mulai mengenakan pakaian uniseks. Langkah selanjutnya akan menuntun Anda, seperti yang Tuhan katakan, untuk:

Imamat 18:22 Janganlah engkau bersetubuh dengan manusia, seperti dengan perempuan, itu adalah <u>kekejian.</u>

Kita akan terpengaruh oleh apa yang kita kenakan. Kata kekejian digunakan untuk menggambarkan wanita yang mengenakan "apa yang berhubungan dengan pria" dan pria yang mengenakan "pakaian wanita." Allah mengetahui setiap langkah kebingungan seksual. Allah telah menciptakan kedua jenis kelamin yang sangat berbeda dengan tujuan yang berbeda pula. Apakah Anda memperhatikan bahwa perempuanlah yang mulai mengenakan celana terlebih dahulu? Ini sama seperti ketika Hawa tidak taat di Taman Eden! Kebingungan ini adalah bukti dari masyarakat yang kita tinggali saat ini. Kadang-kadang Anda tidak dapat membedakan antara pria dan wanita.

Lebih dari 70 tahun yang lalu, pakaian wanita tidak menjadi masalah, karena pada dasarnya mereka mengenakan gaun panjang atau rok panjang. Tidak ada kebingungan. Ketika wanita mulai mengenakan pakaian pria, mereka mulai bertingkah seperti pria dan pria sebagai wanita. Ini adalah kekacauan.

*Mereka harus memakai **tutup** kepala dari kain lenan, dan harus memakai ikat pinggang dari kain lenan, dan tidak boleh mengenakan sesuatu yang menimbulkan keringat (Yehezkiel 44:18)*

Generasi yang tidak taat dan sesat yang digerakkan oleh media saat ini sedang belajar dari pangeran udara, yaitu Iblis. Mereka tidak menyadari kebenaran dalam Alkitab. Pendukung mereka adalah guru-guru palsu yang mengajarkan doktrin dan perintah dari manusia dan bukan dari Allah.

Sesungguhnya Engkau telah menjadikan hari-hariku seperti roti yang dipegang, dan usiaku tidak ada artinya di hadapan-Mu, sesungguhnya setiap orang dalam keadaan terbaiknya adalah sia-sia belaka. Selah. Sesungguhnya, setiap orang berjalan dengan sia-sia; sesungguhnya, mereka gelisah dengan sia-sia; ia menimbun kekayaan, tetapi ia tidak tahu siapa yang akan mengumpulkannya. (Mazmur 39:5-6)

Ketika Adam dan Hawa tidak menaati Tuhan, dan memakan buah dari pohon terlarang, mereka tahu bahwa mereka telah berdosa dan mata mereka terbuka terhadap ketelanjangan mereka.

Maka terbukalah mata mereka berdua, dan mereka tahu, bahwa mereka telanjang, lalu mereka menyemat daun ara dan membuat cawat untuk diri mereka sendiri (Kejadian 3:7).

Adam dan Hawa menutupi diri mereka dengan daun ara. Mereka membuat celemek dari daun ara, yang ternyata tidak cukup. Allah memiliki standar untuk menutup aurat dan oleh karena itu Dia tidak menyetujui penutup daun ara yang tidak layak ..... Jadi Dia mengenakan pakaian dari kulit binatang.

Dan kepada Adam dan istrinya TUHAN Allah membuat pakaian dari kulit binatang dan mengenakannya kepada mereka. (Kejadian 3: 21)

Musuh jiwa kita, Iblis, senang menyebabkan pemaparan yang tidak sopan pada tubuh.

*Lukas 8:35 "Lalu pergilah mereka untuk melihat apa yang telah terjadi, dan sampailah mereka ke Mereka mendapati orang yang telah diusir setan-setan itu duduk di kaki Yesus, **berpakaian dan** waras, dan mereka sangat ketakutan."*

Ketika seseorang tidak menutup tubuhnya, itu membuktikan bahwa mereka dipengaruhi oleh roh yang salah yang menghasilkan motif yang salah.

Sangatlah penting bagi kita untuk selalu membaca Firman Tuhan, berdoa tanpa henti, dan berpuasa untuk mendapatkan pemahaman yang lebih baik dan dipimpin oleh Roh Kudus. Transformasi datang melalui firman Tuhan, yang pertama-tama datang dari dalam, dan kemudian perubahan datang dari luar.

Janganlah sekali-kali kitab Taurat ini keluar dari mulutmu, tetapi haruslah engkau merenungkannya siang dan malam, supaya engkau melakukan dengan setia segala yang tertulis di dalamnya, sebab

dengan demikian engkau akan beruntung dan berhasil dengan baik.
(Yosua 1:8)

Serangan Iblis adalah terhadap Firman Allah. Ingat Hawa? Iblis tahu apa yang harus diserang dan kapan harus menyerang karena ia sangat halus dan licik.

Waspadalah dan berjaga-jagalah, karena musuhmu, si Iblis, berjalan keliling seperti singa yang mengaum-aum dan mencari orang yang dapat ditelannya (1 Petrus 5:8)

Barangsiapa memegang perintah-Ku dan melakukannya, dialah yang mengasihi Aku, dan barangsiapa mengasihi Aku, ia akan dikasihi oleh Bapa-Ku dan Aku akan mengasihi dia dan menyatakan diri-Ku kepadanya. (Yohanes 14:21)

Jikalau kamu menuruti perintah-Ku, kamu akan tinggal di dalam kasih-Ku, sama seperti Aku menuruti perintah Bapa-Ku dan tinggal di dalam kasih-Nya. (Yohanes 15:10)

Malam itu ketika saya sedang bekerja, sebuah pemikiran muncul di benak saya. Saya bertanya-tanya bagaimana saya terlihat di mata Tuhan. Tiba-tiba rasa malu menghampiri saya dan saya tidak dapat menengadah ke atas. Saya merasa seolah-olah saya sedang berdiri di hadapan Tuhan Allah kita. Seperti yang Anda ketahui, kita mendengar melalui telinga kita, tetapi saya mendengar suara-Nya, seolah-olah Dia berbicara melalui setiap sel tubuh saya dan berkata, "Aku mengasihi kamu dengan tulus". Ketika saya mendengar kata-kata indah dari Tuhan yang mengatakan "Aku mengasihimu dengan tulus", itu sangat berarti bagi saya. Saya tidak sabar untuk segera pulang kerja dan pulang ke rumah sehingga saya dapat membersihkan lemari saya dari semua pakaian duniawi saya.

Selama beberapa minggu saya terus mendengar gema suara-Nya yang mengatakan kepada saya, "Aku mengasihi kamu dengan tulus." Kemudian suara itu memudar.

Hidup bagi Tuhan bukan hanya sekedar perkataan, tetapi juga sebuah gaya hidup. Ketika Tuhan berbicara kepada Musa, Dia berbicara dengan sangat jelas kepadanya. Musa tahu tanpa keraguan bahwa itu adalah suara Tuhan.

Kata malu yang diterjemahkan dari bahasa Yunani mengacu pada rasa malu atau kesopanan, atau kesopanan batin yang mengakui bahwa kurangnya pakaian adalah memalukan. Ini berarti penampilan luar kita mencerminkan batin kita, bukan hanya kepada diri kita sendiri tetapi juga kepada orang lain. Inilah sebabnya mengapa Alkitab mengatakan bahwa pakaian yang sederhana sama dengan rasa malu

Amsal 7:10 Tiba-tiba datanglah kepadanya seorang perempuan yang berpakaian seperti perempuan sundal, dan yang berhati kotor.

*Demikian juga hendaklah perempuan-perempuan **berdandan** dengan pakaian yang sopan, yang tidak mencolok, yang tidak bertabur perhiasan, tidak memakai perhiasan yang indah-indah, tidak memakai emas, tidak memakai mutiara, dan tidak memakai perhiasan yang mahal-mahal." (1 Timotius 2:9)*

Pakaian harus menutupi aurat seseorang. Ketenangan akan membuat seseorang tidak mengenakan pakaian yang dimaksudkan untuk terlihat seksi atau yang terbuka. Gaya pakaian saat ini dipotong sangat pendek sehingga akan mengingatkan Anda pada pakaian seorang pelacur. Ini semua adalah tentang bagaimana seseorang terlihat seksi. Perancang pakaian membuat gaya pakaian yang lebih terbuka dan lebih provokatif.

Bersyukurlah kepada Tuhan atas firman-Nya yang telah Ia tetapkan untuk selama-lamanya; Ia mengenal generasi-generasi dari segala zaman. Firman-Nya akan menjauhkan Anda dari keserupaan dengan dunia ini.

Definisi kesopanan berubah-ubah dari satu negara ke negara lain, dari satu waktu ke waktu lain, dan dari satu generasi ke generasi lain. Wanita Asia mengenakan celana longgar dan blus panjang yang disebut gaun Panjabi, yang sangat sederhana. Wanita Arab mengenakan jubah panjang dengan cadar. Wanita Kristen Barat mengenakan gaun di bawah lutut.

Kami masih memiliki wanita-wanita Kristen yang takut akan Tuhan yang suka bersikap rendah hati dan menjaga pemberitaan dan pengajaran Tuhan.

Ujilah segala sesuatu, dan peganglah teguh apa yang baik.
(1 Tesalonika 5:21)

Kita hidup di masa yang mengejutkan di mana tidak ada rasa takut akan Tuhan.

Jikalau kamu mengasihi Aku, turutilah segala perintah-Ku.
(Yohanes 14:15)

Kata Paul,

"Karena kamu telah dibeli dengan suatu harga, karena itu muliakanlah Allah dengan **tubuhmu** *dan dengan rohmu yang adalah milik Allah."*
(1 Korintus 6:20)

Pakaian tidak boleh ketat, pendek atau berpotongan rendah. Gambar pada beberapa kemeja dan blus sering kali tidak ditempatkan dengan benar.

Ide Allah untuk membuat kita mengenakan pakaian adalah untuk menutupi. Ingatlah bahwa Hawa dan Adam telanjang. Kita tidak lagi polos. Kita tahu bahwa ini adalah godaan bagi mata manusia. Daud melihat Batsyeba tanpa pakaian dan dia jatuh ke dalam perzinahan.

Mode pakaian untuk wanita muda atau gadis kecil di zaman kita tidak sopan. Celananya dipakai dengan ketat. Alkitab mengatakan ajarkanlah anak-anak tentang kebenaran Allah. Alih-alih mengajarkan kesopanan kepada anak perempuan, orang tua malah berbelanja pakaian yang tidak sopan.

Wanita Kristen yang saleh dan taat kepada Tuhan akan memilih pakaian yang menyenangkan bagi Kristus dan suaminya. Ia tidak lagi ingin mengenakan apa yang "sedang menjadi mode".

Pakaian, perhiasan, dan riasan yang tidak sopan memberi makan hawa nafsu mata, keinginan daging, dan kesombongan hidup.

*Janganlah kamu mengasihi dunia dan janganlah kamu mengasihi apa yang ada di dalam dunia. Jikalau seorang mengasihi dunia, maka kasih akan Bapa tidak ada di dalam dia. **Sebab semua yang ada di dalam dunia**, yaitu keinginan **daging** dan **keinginan mata** serta keangkuhan **hidup**, bukanlah berasal dari Bapa, melainkan dari dunia. Dan dunia ini akan lenyap dan keinginannya juga akan lenyap, tetapi barangsiapa melakukan kehendak Allah, ia tetap hidup selama-lamanya.*
(1 Yohanes 2:15-17)

Setan tahu bahwa manusia berorientasi pada visual. Wanita tidak melihat maksud Setan. Ketidaksopanan adalah godaan dan godaan yang kuat bagi pria. Pakaian, perhiasan, dan dandanan yang tidak sopan menimbulkan gairah bagi pria. Kesombongan dan kesia-siaan membangun ego manusia. Seorang wanita merasa berkuasa karena dia dapat menarik perhatian pria yang penuh nafsu. Hal-hal ini membuat seorang wanita bangga dengan penampilan luarnya.

*Karena itu, saudara-saudara, demi kemurahan Allah aku
menasihatkan kamu, supaya kamu mempersembahkan tubuhmu
sebagai persembahan yang hidup, yang kudus dan yang berkenan
kepada Allah: itu adalah ibadahmu yang sejati: itu adalah
pelayananmu yang sejati. Janganlah kamu menjadi serupa dengan
dunia ini, tetapi berubahlah oleh pembaharuan budimu, sehingga
kamu dapat membedakan manakah kehendak Allah: apa yang baik,
yang berkenan kepada Allah dan yang sempurna.*
(Roma 12:1, 2)

Make up

Alkitab dengan jelas **menentang** make up. Dalam Alkitab, make up selalu dikaitkan dengan wanita fasik. Dalam Alkitab, Izebel adalah seorang wanita fasik yang mengecat wajahnya.

Melalui Firman-Nya, Tuhan telah memberi kita umat Kristiani, petunjuk tertulis mengenai lukisan wajah yang sekarang disebut tata rias. Tuhan telah memberi tahu kita tentang setiap detailnya, bahkan dengan referensi sejarah. Alkitab menganggap kita sebagai terang dunia ini; jika kita adalah terang, kita tidak membutuhkan lukisan. Tidak ada yang mengecat bola lampu. Sesuatu yang sudah mati perlu dicat. Anda dapat mengecat dinding, kayu, dll.

Kebanyakan wanita dan gadis-gadis kecil memakai riasan wajah saat ini, tanpa mengetahui sejarah atau Alkitab. Dahulu make up hanya digunakan di wajah; tetapi sekarang, mereka suka melukis dan mencetak bagian tubuh yang berbeda seperti lengan, tangan, kaki, dll. Apakah make up itu berdosa? Tuhan peduli dengan apa yang Anda lakukan pada tubuh Anda. Tuhan dengan jelas menyatakan pertentangan-Nya terhadap lukisan dan tindik pada tubuh, dan merias wajah, dan tato.

*Janganlah kamu membuat torehan pada tubuhmu untuk orang mati dan janganlah kamu membuat **tanda pada** tubuhmu: Akulah TUHAN.*
(Imamat 19:28).

Saya tidak pernah memakai riasan wajah, tetapi saya memakai lipstik karena saya menyukainya. Ketika saya mendengar khotbah tentang make up, saya mulai mengurangi pemakaian lipstik dan kemudian berhenti sama sekali. Di dalam hati, saya masih memiliki keinginan untuk memakainya, tetapi saya tidak memakainya.

Dalam doa, saya bertanya kepada Tuhan bagaimana perasaan-Nya tentang lipstik. Suatu hari ada dua orang wanita yang berjalan ke arah saya dan saya melihat mereka memakai lipstik. Pada saat itu, saya melihat melalui mata rohani-Nya, bagaimana tampilannya .... Saya merasa sangat mual. Saya sangat diyakinkan di dalam hati saya dan saya tidak pernah lagi memiliki keinginan untuk memakai lipstik. Keinginan saya adalah untuk menyenangkan hati-Nya dan menaati Firman-Nya.

"Demikianlah kamu berkata-kata dan berbuatlah demikian, sama seperti mereka yang harus dihakimi oleh hukum kebebasan"
(Yakobus 2:12)

Meskipun kita memiliki kebebasan untuk melakukan apa yang kita pilih dan hidup seperti yang kita inginkan; hati kita penuh tipu daya dan daging kita akan mencari hal-hal duniawi. Kita tahu bahwa daging kita adalah perseteruan terhadap Allah dan hal-hal yang berasal dari Allah. Kita harus selalu berjalan di dalam roh agar tidak memenuhi keinginan daging. Iblis bukanlah masalahnya. Masalahnya adalah diri kita sendiri, jika kita hidup dalam daging.

Sebab semua yang ada di dalam dunia, yaitu keinginan daging dan keinginan mata serta keangkuhan hidup, bukanlah berasal dari Bapa, melainkan dari dunia. Dan dunia ini sedang lenyap dan keinginannya, tetapi barangsiapa melakukan kehendak Allah, ia tetap hidup selama-lamanya. (1 Yohanes 2:16-17)

Setan ingin menjadi pusat dari segalanya. Dia sempurna dalam keindahan dan penuh dengan kesombongan. Dia tahu apa yang menyebabkan dia jatuh dan dia juga menggunakannya untuk membuat Anda jatuh.

*Hai anak manusia, angkatlah suatu ratapan atas raja Tirus dan katakanlah kepadanya: Beginilah firman Tuhan ALLAH: Engkau telah memeteraikan jumlah yang penuh hikmat dan **keindahan yang sempurna**. Engkau telah berada di taman Allah di Eden, dan segala batu permata yang berharga telah menjadi penutupmu, yaitu permata sardis, topas, permata yaspis, permata yaspis, permata yaspis, zamrud, permata krisan dan emas; semua itu telah disiapkan bagimu pada waktu engkau dijadikan (Yehezkiel 28:12,13).*

Ketika kita hidup dalam daging, kita juga berusaha untuk menjadi pusat perhatian. Hal ini dapat dilihat dari pakaian, percakapan, dan tindakan kita. Kita dengan mudah jatuh ke dalam perangkap Iblis dengan menyesuaikan diri dengan dunia dan mode-mode duniawi.

Izinkan saya berbagi bagaimana dan di mana make up atau melukis dimulai. Memakai riasan dimulai di Mesir. Raja dan ratu memakai riasan di sekitar mata mereka. Riasan mata Mesir digunakan untuk perlindungan dari sihir jahat, dan juga sebagai simbol kelahiran baru dalam reinkarnasi. Itu juga digunakan oleh mereka yang mendandani orang mati. Mereka ingin orang mati tampak seolah-olah mereka hanya tidur.

Anda perlu mengetahui apa yang Alkitab nyatakan dengan jelas tentang hal ini. Jika tata rias wajah penting bagi Allah, maka hal itu pasti disebutkan dalam Firman-Nya-baik secara khusus maupun prinsip.

Ketika Yehu tiba di Yizreel, terdengarlah oleh Izebel akan hal itu, lalu dicatnyalah mukanya dan dilelahkannya kepalanya, lalu ia memandang ke luar jendela. (2 Raja-raja 9:30)

Yehu yang masih muda kemudian langsung pergi ke Yizreel untuk menjatuhkan hukuman atas Izebel. Ketika dia mendengar bahwa dia berada dalam bahaya, dia bersolek, tetapi dandanannya gagal merayu Yehu. Apa yang dinubuatkan oleh nabi Allah tentang Izebel dan suaminya, Raja Ahab, menjadi kenyataan. Kekejiannya berakhir seperti yang dinubuatkan oleh nabi Allah atas mereka. Ketika Yehu melemparkannya dari jendela, anjing-anjing memakan dagingnya; seperti yang telah Allah nyatakan! Riasan wajah adalah senjata yang merusak diri sendiri.

Janganlah engkau mengejar kecantikannya di dalam hatimu, dan janganlah membiarkan dia menawan engkau dengan kelopak matanya (Amsal 6:25).

"Apabila engkau manja, apakah yang akan kaulakukan? Sekalipun engkau menghiasi dirimu dengan kain merah tua, sekalipun engkau menghiasi dirimu dengan perhiasan emas, Meskipun engkau menyewakan wajahmu dengan lukisan, sia-sialah engkau membuat dirimu cantik; kekasihmu akan menghina engkau, mereka akan mengincar nyawamu." (Yeremia 4:30)

Sejarah mengatakan bahwa para pelacur melukis wajah mereka agar dapat dikenali sebagai pelacur. Seiring berjalannya waktu, make up dan lukisan wajah menjadi hal yang umum digunakan. Hal ini tidak lagi dianggap sebagai sesuatu yang tidak pantas.

Dan lagi, bahwa kamu telah menyuruh orang datang dari jauh, yang kepadanya telah diutus seorang utusan, dan, lihatlah, mereka datang, untuk mereka kamu membasuh dirimu, mengecat matamu, dan menghiasi dirimu dengan perhiasan. (Yehezkiel 23:40)

Riasan adalah "produk yang tidak dibutuhkan oleh siapa pun", tetapi menginginkannya adalah sifat alamiah manusia. Kebanggaan dan kesombongan adalah alasan mengapa banyak wanita menggunakan riasan, agar mereka dapat menyesuaikan diri dengan dunia. Ini adalah sifat alami manusia. Kita semua ingin menyesuaikan diri!

Bintang-bintang Hollywood bertanggung jawab atas perubahan drastis dalam pemikiran wanita tentang penampilan luar. Riasan wajah hanya dikenakan oleh wanita sombong dan angkuh. Semua orang ingin terlihat cantik, bahkan anak-anak pun memakai riasan.

Kebanggaan dan kesombongan telah mempromosikan industri makeup, dengan menyambut makeup, mereka menjadi sia-sia. Ke mana pun Anda pergi, Anda akan menemukan riasan. Dari yang termiskin hingga yang terkaya, semua ingin terlihat cantik. Masyarakat saat ini terlalu menekankan pada penampilan luar; karena ketidakamanan batin, semua wanita dari segala usia merias wajah.

Banyak yang merasa tertekan dengan penampilan mereka; mereka bahkan mencoba bunuh diri. Kecantikan adalah salah satu hal yang paling dikagumi oleh generasi ini. Beberapa orang memakai riasan begitu mereka bangun tidur. Mereka tidak menyukai penampilan alami mereka. Riasan telah merasuki mereka sehingga tanpa riasan mereka merasa tidak diinginkan. Hal ini menyebabkan depresi pada generasi muda dan bahkan anak-anak kecil.

Sekarang pikirkan wanita-wanita saleh yang paling terkenal dalam Alkitab Perjanjian Lama atau Perjanjian Baru. Anda tidak akan menemukan satu pun yang memakai riasan. Tidak ada yang menyebutkan bahwa Sarah, Ruth, Abigail, Naomi, Maria, Debora, Ester, Rebecca, Feebie, atau wanita saleh dan lemah lembut lainnya yang pernah merias wajah.

Ia akan mempercantik orang yang lemah lembut dengan Keselamatan
(Mazmur 149:4b)

Faktanya, dalam Firman Tuhan, satu-satunya contoh wanita yang memakai riasan wajah adalah para pezinah, pelacur, pemberontak, murtad, dan nabi-nabi palsu. Hal ini seharusnya menjadi peringatan besar bagi siapa saja yang peduli dengan Firman Tuhan dan ingin mengikuti teladan yang benar menurut Alkitab, bukannya memilih untuk mengikuti teladan perempuan-perempuan fasik.

Karena itu, sebagai orang-orang pilihan Allah, kudus dan terkasih, kenakanlah belas kasihan, kemurahan, kerendahan hati, kelemahlembutan dan kesabaran (Kolose 3:12)

Tidak, hai manusia, siapakah engkau yang mendakwa Allah? Dapatkah sesuatu yang dibentuk berkata kepada Dia yang membentuknya: "Mengapa Engkau menjadikan aku begini?" (Roma 9:20)

Tubuh kita adalah bait Allah; kita harus rindu untuk mencari jalan yang benar di hadapan Allah. Hal ini dilakukan dengan cara wanita menampilkan diri mereka dalam kekudusan pakaian, dengan wajah yang terbuka (wajah yang bersih), dan memantulkan Kemuliaan Tuhan yang berharga dalam tubuh kita.

Tidak tahukah kamu, bahwa tubuhmu adalah bait Roh Kudus yang ada di dalam kamu, yang kamu miliki dari Allah dan kamu bukan milik kamu sendiri? (1 Korintus 6:19)

Anda dan saya telah dibeli dengan sebuah harga dan juga Tuhan telah menciptakan kita menurut gambar-Nya. Hukum-hukum Allah adalah untuk melindungi kita dan harus dituliskan di dalam hati kita. Anda dan saya memiliki aturan dan pedoman untuk dijalani, sama seperti kita sebagai orang tua yang memiliki aturan dan pedoman untuk anak-anak kita. Ketika kita memilih untuk menaati hukum dan pedoman Allah, kita akan diberkati dan tidak dihukum.

"Aku memanggil langit dan bumi untuk mencatat hari ini terhadap kamu, bahwa Aku telah menetapkan hidup dan mati, berkat dan kutuk, karena itu pilihlah hidup, supaya engkau dan keturunanmu hidup"
(Ulangan 30:19)

Kesombongan dan pemberontakan akan membawa penderitaan penyakit, keuangan, penindasan, dan kerasukan setan ke atas diri kita. Ketika kita mengejar hal-hal duniawi melalui kesombongan dan pemberontakan, kita menyiapkan diri kita untuk kegagalan. Iblis ingin merusak hidup kita dengan dosa kesombongan. Ini bukanlah kehendak Tuhan bagi hidup kita!

Saya telah melihat perubahan yang terjadi ketika wanita duniawi menjadi wanita salehah. Mereka menjadi berubah dari terlihat tua, tertekan, stres, tersiksa, dan tidak bahagia menjadi wanita yang lebih muda, cantik, bersemangat, damai, dan berseri-seri.

Kita hanya memiliki satu kehidupan untuk dijalani! Karena itu, marilah kita mempersembahkan tubuh kita sebagai persembahan yang hidup, yang kudus dan yang berkenan kepada Allah Abraham, Yakub dan Ishak .... sebagai persembahan yang sejati, yang kudus dan yang berkenan kepada-Nya. Inilah ibadah kita yang sejati, yang tidak bercacat dan yang tidak bercela dalam segala hal!

Ketika kita tidak menaati Firman Tuhan melalui kesombongan dan pemberontakan, kita mendatangkan kutukan bagi diri kita sendiri, anak-anak kita, dan anak cucu kita. Hal ini dapat dilihat dari tindakan Hawa yang tidak taat dan memberontak; akibatnya adalah air bah yang menimpa bumi dan semuanya hancur. Simson dan Saul membawa kehancuran bagi diri mereka sendiri dan keluarga mereka karena ketidaktaatan mereka. Ketidaktaatan Eli membawa kematian bagi putra-putranya dan pemecatan dari keimaman.

Sejarah melalui Firman Tuhan memberitahu kita bahwa sebelum kehancuran, mentalitas umat manusia adalah congkak, berpusat pada diri sendiri, dan mereka mencari kesenangan sendiri.

*Beginilah firman TUHAN: "Oleh karena **putri-putri Sion congkak dan** berjalan dengan leher terentang dan mata yang tidak menentu, mereka berjalan dengan mengerak-ngerakkan kakinya dan membuat bunyi gemerincing: Oleh sebab itu, TUHAN akan menorehkan keropeng pada ubun-ubun putri-putri Sion, dan TUHAN akan menemukan bagian-bagian mereka yang tersembunyi. Pada waktu itu TUHAN akan menanggalkan perhiasan gemerincing pada kaki mereka, yaitu kasut-kasut mereka, ban-ban bundar seperti bulan, rantai-rantai, gelang-gelang, dan terompah, topi-topi, dan perhiasan-perhiasan pada kaki mereka, ikat kepala, lempengan-lempengan, anting-anting, cincin-cincin, dan perhiasan-perhiasan hidung, pakaian-pakaian yang dapat diganti-ganti, jubah-jubah, dan jubah-jubah, dan peniti-peniti, gelas-gelas, kain lenan yang bagus, kerudung-kerudung, dan cawat-cawat. Maka akan terjadi, bahwa sebagai ganti bau harum akan ada bau busuk, dan sebagai ganti ikat pinggang akan ada robek-robek, dan sebagai ganti rambut yang tertata rapi akan ada kebotakan, dan sebagai ganti perut buncit akan ada kain kabung, dan sebagai ganti keindahan akan ada pembakaran. Orang-orangmu akan tewas oleh pedang, dan pahlawan-pahlawanmu akan gugur dalam peperangan. Pintu-pintu gerbangnya akan meratap dan berkabung, dan ia yang sunyi sepi akan duduk di atas tanah. (Yesaya 3:16-26)*

Pilihan-pilihan kita dalam hidup sangatlah penting. Membuat pilihan yang berdasarkan Alkitab dan dipimpin oleh Roh Kudus akan membawa berkat bagi kita dan anak-anak kita. Pilihlah untuk memberontak terhadap Firman Tuhan dan mencari kesenangan diri sendiri, maka Anda akan mengulangi Sejarah:

1. Hawa yang tidak taat yang membawa air bah.

Ketika dilihat Allah, bahwa kejahatan manusia besar di bumi dan segala kecenderungan hatinya selalu membuahkan kejahatan. Maka menyesallah TUHAN, bahwa Ia telah menjadikan manusia di bumi, dan hal itu memilukan hati-Nya. Berfirmanlah TUHAN: "Aku akan memusnahkan manusia yang telah Kuciptakan itu dari muka bumi, baik manusia, baik binatang melata, baik binatang melata, baik unggas di udara, sebab menyesallah Aku, bahwa Aku telah menjadikan mereka. (Kejadian 6:5-7)

2. Pemberontakan Sodom dan Gomora:

*Lalu TUHAN menurunkan hujan belerang dan api dari langit ke atas **Sodom dan** Gomora, dan hujan api dari TUHAN dari langit ke atas **Sodom dan** Gomora (Kejadian 19:24)*

Ini adalah beberapa contoh dari Alkitab. Anda tahu bahwa Anda membuat perbedaan di dunia ini. Anda tidak ingin menghidupkan kembali sejarah kuno yang jahat.

Inilah yang Tuhan katakan tentang pemberontakan dan ketidaktaatan:

Aku akan mengirimkan pedang, kelaparan dan penyakit sampar ke tengah-tengah mereka, sampai mereka dilenyapkan dari negeri yang telah Kuberikan kepada mereka dan kepada nenek moyang mereka (Yeremia 24:10)

Tetapi bagi yang taat:

Dan engkau harus kembali dan mendengarkan suara TUHAN, dan melakukan segala perintah-Nya yang kusampaikan kepadamu pada hari ini. Maka TUHAN, Allahmu, akan membuat engkau berlimpah-limpah dalam segala pekerjaan tanganmu, dalam hasil tanahmu. tubuhmu, dan pada hasil ternakmu dan pada hasil tanahmu untuk selamanya, sebab TUHAN akan bersukacita lagi atasmu untuk selamanya, sama seperti Ia telah bersukacita atas nenek moyangmu: "Apabila engkau mendengarkan suara TUHAN, Allahmu, dengan berpegang pada perintah dan ketetapan-Nya yang tertulis dalam kitab Taurat ini, dan berbalik kepada TUHAN, Allahmu, dengan segenap hatimu dan dengan segenap jiwamu. Sebab perintah yang kusampaikan kepadamu pada hari ini tidak tersembunyi bagimu dan tidak jauh. (Ulangan 30:8-11)

Bab 17
Pelayanan Perjalanan: Dipanggil untuk Mengajar dan Menyebarkan Injil

Ibukan seorang pendeta dalam arti seseorang yang disebut pendeta, gembala, atau pengkhotbah. Ketika kita menerima Roh Kudus dan api, kita menjadi pelayan-pelayan Firman-Nya dalam menyebarkan Kabar Baik. Ke mana pun saya pergi, saya memohon kepada Tuhan untuk mendapatkan kesempatan menjadi saksi dan pengajar Firman-Nya. Saya selalu menggunakan Alkitab KJV karena ini adalah satu-satunya sumber yang dapat membuka hati dan pikiran manusia. Ketika benih telah ditanam, mustahil bagi Setan untuk mencabutnya, jika kita terus menerus menyiraminya dengan doa.

Ketika seseorang menerima kebenaran yang luar biasa ini, saya menghubungkan mereka dengan sebuah gereja lokal sehingga mereka dapat dibaptis dalam **_Nama Yesus_**; mereka dapat berada di bawah pemuridan seorang Pendeta untuk tetap berhubungan dengan mereka. Sangatlah penting untuk memiliki seorang Pendeta yang akan memberi makan (mengajarkan) Firman Tuhan dan mengawasi mereka.

*"Karena itu pergilah, jadikanlah semua bangsa murid-Ku dan baptislah mereka dalam **nama** Bapa dan Anak dan Roh Kudus."*
(Matius 28:19)

"Dan Aku akan memberikan kepadamu gembala-gembala yang sesuai dengan hati-Ku, yang akan memberi kamu pengetahuan dan pengertian." (Yeremia 3:15)

Ketika Tuhan memberi kita petunjuk untuk melakukan kehendak-Nya, hal itu bisa terjadi di mana saja dan kapan saja. Cara-Nya terkadang tidak masuk akal, tetapi saya telah belajar dari pengalaman, bahwa hal ini tidak menjadi masalah bagi saya. Dari saat saya bangun tidur, hingga saat saya keluar dari rumah, saya tidak pernah tahu apa yang Tuhan siapkan untuk saya. Sebagai orang percaya, kita harus bertumbuh dalam iman kita melalui mempelajari Firman, sehingga kita dapat menjadi guru yang dewasa. Kita terus mencapai tingkat kedewasaan yang lebih tinggi dengan tidak pernah melewatkan kesempatan untuk bersaksi kepada orang lain; terutama ketika Tuhan telah membukakan pintu.

"Karena pada waktu kamu harus menjadi guru, kamu memerlukan orang yang mengajar kamu lagi, yaitu orang yang mengajarkan kepadamu dasar-dasar firman Allah, sehingga kamu menjadi seperti orang yang memerlukan susu dan bukan daging yang kuat. Karena setiap orang yang memerlukan susu, ia tidak cakap dalam firman kebenaran, sebab ia masih bayi. Tetapi daging yang kuat adalah milik mereka yang sudah cukup umur, yaitu mereka yang karena kebiasaannya menggunakan akal budinya untuk membedakan mana yang baik dan mana yang jahat." (Ibrani 5:12-14)

Dalam bab ini saya akan membagikan kepada Anda beberapa pengalaman perjalanan saya dengan beberapa poin sejarah penting yang telah disisipkan untuk menjelaskan gereja mula-mula dan doktrin-doktrin yang dipercayai selanjutnya.

Tuhan membawa saya kembali mengunjungi California, melalui "rencana penerbangan yang tidak masuk akal". Karena masalah kesehatan, saya selalu lebih memilih penerbangan langsung. Kali ini saya membeli penerbangan dari Dallas - Ft. Worth, Texas ke Ontario, California dengan singgah di Denver, Colorado. Saya tidak bisa menjelaskan mengapa saya melakukan ini, tetapi kemudian hal itu masuk akal. Saat berada di pesawat, saya memberi tahu pramugari bahwa saya kesakitan dan duduk di dekat kamar kecil. Selama bagian akhir penerbangan, saya bertanya kepada pramugari apakah dia bisa mencarikan tempat untuk saya berbaring. Dia menuntun saya ke bagian belakang pesawat. Rasa sakit itu kemudian mereda. Pramugari itu kembali untuk melihat bagaimana perasaan saya dan mengatakan bahwa dia telah mendoakan saya.

Tuhan membukakan pintu bagi saya untuk membagikan apa yang telah Dia lakukan bagi saya. Saya bercerita tentang luka-luka, penyakit, dan kesembuhan saya. Dia sangat kagum bahwa saya telah mengalami semua ini tanpa pengobatan dan hanya percaya kepada Tuhan. Ketika kami berbicara tentang Alkitab, dia mengatakan kepada saya bahwa dia tidak pernah mendengar bahwa ada orang yang dapat menerima Roh Kudus. Saya menjelaskan bahwa menurut Alkitab, hal itu berlaku bagi kita bahkan sampai hari ini. Saya mengatakan kepadanya alasan saya meninggalkan rumah saya di India; ketika kita mencari Tuhan dengan segenap hati, Dia akan menjawab doa-doa kita. Dia sangat baik dan perhatian kepada saya seperti halnya saat-saat lain ketika saya terbang, sepertinya selalu ada seseorang dalam penerbangan yang menunjukkan kebaikan dan perhatian kepada saya. Saya terus bercerita kepadanya tentang Roh Kudus dan bukti-bukti berbahasa roh. Dengan tegas ia mengatakan bahwa ia tidak mempercayainya. Saya berbicara kepadanya tentang baptisan di dalam Nama Tuhan Yesus dan dia mengakui bahwa dia juga tidak pernah mendengarnya. Baptisan para rasul seperti yang dikatakan dalam Kisah Para Rasul pasal 2 tidak dikhotbahkan oleh sebagian besar gereja karena sebagian besar gereja telah mengadopsi doktrin Tritunggal tentang tiga pribadi dalam ke-Tuhanan dan menyebut nama-nama tersebut: Bapa, Anak dan Roh Kudus, ketika membaptis.

*"Maka datanglah Yesus dan berkata kepada mereka: "Kepada-Ku telah diberikan segala kuasa di sorga dan di bumi. Karena itu pergilah, jadikanlah semua bangsa murid-Ku dan baptislah mereka dalam **nama** Bapa dan Anak dan Roh Kudus." (Matius 28:18-19)*

Ketika para murid membaptis dalam Nama Yesus, mereka menggenapi baptisan Bapa, Anak dan Roh Kudus ketika orang tersebut masuk ke dalam air dengan selam. Ini bukanlah suatu kebingungan; mereka sedang memenuhi apa yang diperintahkan oleh Yesus kepada mereka seperti yang ditunjukkan oleh Kitab Suci.

*Karena ada tiga yang menulis di surga, yaitu Bapa, Firman, dan Roh Kudus, dan **ketiganya adalah satu**. (1 Yohanes 5:7)*

(Alkitab ini telah dihapus dari NIV dan semua terjemahan Alkitab modern)

*"Ketika mereka mendengar hal itu, hati mereka tertusuk dan berkata kepada Petrus dan rasul-rasul yang lain: "Hai saudara-saudara, apakah yang harus kami perbuat? Jawab Petrus kepada mereka: "Bertobatlah dan hendaklah kamu masing-masing memberi dirimu dibaptis dalam **nama Yesus Kristus** untuk pengampunan dosamu, maka kamu akan menerima karunia Roh Kudus."*
(Kisah Para Rasul 2:37-38)

*"Ketika mereka mendengar hal itu, mereka memberi diri mereka **dibaptis dalam nama Tuhan Yesus.** Dan setelah Paulus menumpangkan tangan ke atas mereka, turunlah Roh Kudus ke atas mereka, lalu mereka berkata-kata dengan bahasa roh dan bernubuat. Jumlah mereka semua kira-kira dua belas orang."*
(Kisah Para Rasul 19:5-7)

"Sebab mereka mendengar mereka berkata-kata dengan bahasa roh dan memuliakan Allah. Maka jawab Petrus: "Dapatkah orang melarang air, supaya jangan dibaptis, yang telah menerima Roh Kudus sama seperti kita? Dan dia memerintahkan mereka untuk **dibaptis dalam nama Tuhan.** *Kemudian mereka mendoakan dia untuk tinggal beberapa hari lamanya". (Kisah Para Rasul 10:46-48)*

Para rasul tidak menaati Yesus. Hari Pentakosta adalah awal dari Zaman Gereja setelah Yesus bangkit dari kematian dan diangkat ke dalam kemuliaan. Dia telah menampakkan diri kepada para Rasul dan menegur mereka atas ketidakpercayaan mereka dan bersama mereka selama empat puluh hari. Selama waktu itu, Yesus mengajarkan banyak hal kepada mereka. Alkitab mengatakan bahwa orang percaya harus dibaptis.

"Sesudah itu Ia menampakkan diri kepada kesebelas murid-Nya, ketika mereka sedang duduk makan, dan Ia menegur mereka tentang ketidakpercayaan dan kekerasan hati mereka, karena mereka tidak percaya kepada orang-orang yang telah melihat Dia, sesudah Ia bangkit. Lalu Ia berkata kepada mereka: "Pergilah ke seluruh dunia, beritakanlah Injil kepada segala makhluk. Barangsiapa yang percaya dan dibaptis akan diselamatkan, tetapi barangsiapa yang tidak percaya, ia akan dihukum." (Markus 16:14-16)

Manusia kemudian mengadopsi formula pembaptisan yang berbeda termasuk "percikan", dan bukan pencelupan penuh. (Beberapa orang berargumen bahwa Alkitab tidak mengatakan bahwa Anda tidak boleh memercik dan gereja Roma membaptis bayi). Baptisan dalam nama Yesus diubah oleh Gereja Roma ketika mereka mengadopsi pandangan trinitas.

Sebelum saya melanjutkan, pertama-tama saya ingin mengatakan bahwa saya tidak mempertanyakan ketulusan dari banyak orang percaya yang luar biasa yang mencari perjalanan pribadi dengan Tuhan kita, yang mengasihi Allah dan percaya apa yang mereka yakini sebagai pengajaran Alkitab mula-mula. Inilah sebabnya mengapa sangat penting untuk membaca dan mempelajari Alkitab sendiri, termasuk sejarah doktrin Gereja Kerasulan Awal tentang Alkitab. "Doktrin Gereja Menuju pada Kemurtadan."

Murtad berarti murtad dari kebenaran. Orang yang murtad adalah seseorang yang pernah percaya dan kemudian menolak kebenaran Allah.

Pada tahun 312 Masehi saat Konstantinus menjadi kaisar, agama Kristen diadopsi oleh Roma sebagai agama yang disukai. Konstantinus membatalkan dekrit penganiayaan Diocletianus (bahasa Latin: Gayus Aurelius Valerius Diocletianus Augustus;) yang dimulai pada tahun 303 Masehi. Diokletianus adalah Kaisar Romawi dari tahun 284-305 Masehi. Dekrit penganiayaan mengambil hak-hak orang Kristen dan menuntut mereka untuk mengikuti "praktik-praktik keagamaan tradisional," yang mencakup pengorbanan kepada dewa-dewa Romawi. Ini adalah penganiayaan resmi terakhir terhadap agama Kristen yang disertai dengan pembunuhan dan penyiksaan terhadap mereka yang tidak mau mematuhinya. Konstantinus "mengkristenkan" Kekaisaran Romawi dan menjadikannya sebagai agama negara, yaitu agama resmi. Di bawah pemerintahannya, ia juga mendorong agama-agama pagan di Roma. Hal ini memperkuat rencana Konstantinus untuk melakukan penyatuan dan perdamaian di kekaisarannya. Dengan demikian, "Roma yang dikristenkan" dan sebuah gereja politik dibuat untuk memerintah. Dengan semua ini, Setan telah merancang rencana yang paling kuat untuk merusak gereja dari dalam dengan gereja mula-mula yang tidak diakui di mana pun. Kekristenan direndahkan, terkontaminasi dan dilemahkan dengan sistem kafir yang bergabung dengan sistem politik dunia pada waktu itu. Menurut sistem ini, pembaptisan menjadikan seseorang sebagai orang Kristen dan mereka membawa agama pagan, orang-orang kudus, dan patung-patung ke dalam gereja. Pada tahap selanjutnya, Doktrin Trinitas juga ditetapkan dalam konsili mereka. Gereja yang murtad tidak lagi mengakui, mengkhotbahkan, atau memikirkan pentingnya Roh Kudus atau berbahasa roh. Pada tahun 451 Masehi, pada Konsili Khalsedon, dengan persetujuan Paus, Pengakuan Iman Nicea/Konstantinopel ditetapkan sebagai pengakuan iman yang otoritatif. Tidak seorang pun diizinkan untuk memperdebatkan masalah ini. Berbicara menentang Trinitas sekarang dianggap sebagai penghujatan. Hukuman berat mulai dari mutilasi hingga hukuman mati diumumkan kepada mereka yang tidak taat. Perbedaan keyakinan muncul di antara orang-orang Kristen dan hal ini mengakibatkan pelukaan dan pembantaian ribuan orang. Orang-orang yang benar-benar percaya tidak punya pilihan lain selain bersembunyi di bawah tanah untuk bersembunyi dari para penganiaya mereka yang membantai atas nama Kristen.

Saya mengatakan kepadanya bahwa kepercayaan trinitas berasal dari bangsa-bangsa lain yang tidak mengetahui tentang tata cara, hukum, dan perintah Tuhan dan ditetapkan pada tahun 325 Masehi ketika Konsili Nicea menetapkan doktrin trinitas sebagai ortodoksi dan mengadopsi Pengakuan Iman Nicea dari Gereja Roma.

Tritunggal disusun setelah 300 uskup berkumpul dan menghasilkannya dalam waktu enam minggu.

Tidak ada yang bisa mengubah perintah! Gereja mula-mula dalam Kisah Para Rasul dimulai dari kepercayaan Perjanjian Lama tentang Keesaan Allah yang mutlak bersama dengan wahyu Perjanjian Baru tentang Yesus Kristus, sebagai Allah yang berinkarnasi. Perjanjian Baru telah selesai ditulis dan para rasul terakhir telah meninggal pada akhir abad pertama. Pada awal abad keempat, doktrin utama tentang Allah dalam Kekristenan telah berubah dari Keesaan Allah yang alkitabiah menjadi kepercayaan trinitarianisme.

Aku heran, bahwa kamu begitu cepat berpaling dari Dia, yang telah memanggil kamu oleh kasih karunia Kristus kepada injil yang lain: Tetapi ada beberapa orang yang menyusahkan kamu dan ingin memutarbalikkan Injil Kristus. Tetapi jikalau kami atau seorang malaikat dari sorga memberitakan kepadamu suatu injil yang lain dari pada yang telah kami beritakan kepadamu, terkutuklah dia. Seperti yang telah kami katakan sebelumnya, demikian pula sekarang kami katakan sekali lagi: Jika ada orang yang memberitakan kepadamu suatu injil yang lain dari pada yang telah kamu terima, terkutuklah dia. (Galatia 1:6-9)

Para penulis pada Zaman Pasca Kerasulan (90-140 M) setia kepada bahasa Alkitab, bagaimana bahasa itu digunakan dan dipikirkan. Mereka percaya pada Monoteisme, yaitu keilahian absolut Yesus Kristus, dan manifestasi Allah dalam Rupa Manusia.

Dengarlah, hai orang Israel: <u>TUHAN, Allah kita, TUHAN itu esa, TUHAN itu esa</u> (Ulangan 6:4)

*Dan tanpa pertentangan, betapa agungnya misteri ketuhanan: **<u>Allah telah menyatakan diri-Nya dalam rupa manusia,</u>** dibenarkan dalam Roh, dilihat oleh para malaikat, diberitakan kepada bangsa-bangsa lain, dipercayai di dalam dunia, diangkat ke dalam kemuliaan. (1 Timotius 3:16)*

Mereka sangat mementingkan nama Tuhan dan percaya pada baptisan dalam nama Yesus. Para petobat gereja mula-mula adalah orang Yahudi; mereka tahu bahwa Yesus adalah "Anak Domba Allah". Allah mengenakan daging supaya Ia dapat mencurahkan darah.

*"Karena itu jagalah dirimu dan jagalah seluruh kawanan, yang atasnya Roh Kudus telah menetapkan kamu sebagai penilik, supaya kamu menggembalakan **jemaat Allah,** yang telah dibeli-Nya dengan **darah-Nya sendiri"** (Kisah Para Rasul 20:28)*

Nama Yesus memiliki arti: Bahasa Ibrani Yeshua, bahasa Yunani Yesous, bahasa Inggris Jesus. Itulah sebabnya Yesus berkata.

Kata Yesus kepadanya: "Sudah sekian lama Aku bersama-sama dengan engkau, tetapi engkau belum mengenal Aku, Filipus, barangsiapa telah melihat Aku, ia telah melihat Bapa, maka bagaimanakah engkau dapat berkata: Tunjukkanlah Bapa itu kepada kami? (Yohanes 14:9)

Mereka tidak mendukung gagasan trinitas, atau bahasa Tritunggal yang kemudian diadopsi oleh Gereja Roma. Meskipun mayoritas gereja-gereja Kristen saat ini mengikuti doktrin trinitas, gereja mula-mula masih memegang teguh doktrin rasuli tentang Hari Pentakosta. Tuhan memperingatkan kita untuk tidak berpaling dari iman. Hanya ada Satu Allah, Satu Iman dan Satu Baptisan.

*"Satu Tuhan, satu iman, **satu baptisan**, satu Allah dan Bapa dari semua orang, yang ada di atas semua, dan melalui semua, dan di dalam kamu semua." (Efesus 4:5-6)*

*"Jawab Yesus kepadanya: "Hukum yang terutama dari segala hukum Taurat ialah: Dengarlah, hai orang Israel, **Tuhan, Allah kita, Tuhan itu esa.**" (Markus 12:29)*

*"Tetapi Akulah TUHAN, Allahmu, yang telah menuntun engkau keluar dari tanah Mesir, dan engkau tidak akan mengenal allah selain Aku, sebab **tidak** ada **penyelamat selain Aku.**" (Hosea 13:4)*

Kekristenan menyimpang dari konsep Keesaan Tuhan dan mengadopsi doktrin trinitas yang membingungkan yang terus menjadi sumber kontroversi dalam agama Kristen. Doktrin Trinitas menyatakan bahwa Tuhan adalah gabungan dari tiga pribadi ilahi - Bapa, Anak dan Roh Kudus. Menyimpang dari kebenaran dan mulai mengembara.

Ketika praktik Doktrin Tritunggal ini dimulai, mereka menyembunyikan "Nama Yesus" untuk diterapkan dalam Pembaptisan. Nama YESUS sangat berkuasa karena dengan nama ini kita diselamatkan:

Juga tidak ada keselamatan di dalam nama lain selain di dalam YESUS:

> *Dan keselamatan tidak ada di dalam siapapun juga selain di dalam Dia, sebab di bawah kolong langit ini tidak ada **nama lain yang** diberikan kepada manusia yang olehnya kita dapat diselamatkan.*
> *(Kisah Para Rasul 4:12)*

Ada orang-orang Kristen Yahudi dan bukan Yahudi yang tidak mau menerima baptisan gelar (Bapa, Anak dan Roh Kudus). Zaman gereja mengalami kemurtadan. (Apa artinya? Murtad dari kebenaran).

Kemurtadan adalah pemberontakan terhadap Allah karena itu adalah pemberontakan terhadap kebenaran.

Mari kita bandingkan apa yang dikatakan Alkitab NASB dan KJV tentang masalah penting ini.

Kalimat yang digarisbawahi telah dihapus dari NIV, NASB, dan terjemahan Alkitab lainnya.

> *"Janganlah kamu disesatkan oleh seorangpun, karena hal itu [kedatangan Yesus kembali] tidak akan terjadi sebelum **kemurtadan terjadi terlebih** dahulu dan sebelum manusia durhaka itu dinyatakan, yaitu si pembinasa," (2 Tesalonika 2:3)*

> *"Janganlah kamu disesatkan orang dengan cara apa pun juga, karena hari itu (kedatangan Yesus kembali) tidak akan terjadi, sebelum **murtad terlebih dahulu,** dan sebelum manusia yang berdosa itu dinyatakan, yaitu si penghuni neraka."*
> *(2 Tesalonika 2:3 **Versi KJ**)*

Pramugari itu sangat tertarik dengan apa yang saya ajarkan kepadanya. Namun, mengingat keterbatasan waktu, saya menjelaskan Keesaan Tuhan untuk memberinya pemahaman penuh dalam waktu singkat yang saya miliki.

> *"Waspadalah supaya jangan ada orang yang menyesatkan kamu dengan filsafat dan tipu daya yang sia-sia, menuruti adat istiadat manusia dan ajaran-ajaran duniawi, tetapi tidak menurut Kristus.*
>
> *Karena di dalam Dia berdiam secara jasmaniah seluruh kepenuhan ke-Allahan." (Kolose 2:8-9)*

Kursi Setan (Juga dikenal sebagai Pergamus, Pergos atau Pergemon):

Saya juga menjelaskan kepada Pramugari peran penting yang dimainkan oleh negara Turki di zaman modern dan akhir zaman. Pergamon atau Pergamum adalah sebuah kota Yunani kuno di Turki modern yang menjadi ibu kota Kerajaan Pergamon selama periode Helenistik di bawah dinasti Attalid, 281-133 SM. Kota ini berdiri di atas bukit di mana Anda akan menemukan Kuil Dewa Asclepius. Terdapat patung Asclepius yang sedang duduk sambil memegang tongkat dengan seekor ular yang melilit di sekelilingnya. Kitab Wahyu berbicara tentang Pergamus, salah satu dari Tujuh Gereja. Yohanes dari Patmos menyebutnya sebagai "Kursi Setan" dalam Kitab Wahyu.

> *"Dan kepada malaikat jemaat di Pergamus tuliskanlah ini: Inilah firman Dia, yang memegang pedang yang tajam dan bermata dua, 'Aku tahu segala pekerjaanmu dan tempat kediamanmu, yaitu tempat* **kedudukan Iblis, tetapi** *engkau berpegang teguh pada nama-Ku dan tidak menyangkal imanmu pada waktu Antipas, martir-Ku yang setia, telah dibunuh di tengah-tengah kamu, di tempat Iblis diam. Tetapi Aku mempunyai beberapa keberatan terhadap engkau, yaitu bahwa di*

antara engkau ada orang-orang yang berpegang pada ajaran Bileam, yang telah mengajar Balak untuk melemparkan batu sandungan kepada anak-anak Israel, untuk makan makanan yang telah dipersembahkan kepada berhala-berhala dan untuk melakukan percabulan."
(Wahyu 2:12-14)

Mengapa kota ini begitu penting saat ini? Alasannya adalah ketika Cyrus Agung, mengambil alih Babilonia pada tahun 457 SM, Raja Cyrus memaksa para imam Babilonia yang kafir untuk melarikan diri ke arah barat ke PERGAMOS di Turki sekarang.

{Catatan: Kita perlu melihat kepada Israel dan penggenapan nubuatan. Apakah tidak mengherankan jika pada tanggal 6 Juli 2010, di Madrid, Spanyol, Presiden Suriah Assad memperingatkan bahwa Israel dan Turki hampir berperang? Israel yang dikasihi Allah dan Takhta (Kursi) Setan yang bersatu dalam berita hari ini

Setelah mendiskusikan Pergamus dengan pramugari pesawat, saya mulai mengajar tentang Kelahiran Baru. Ia belum pernah mendengar ada orang yang berbicara dalam bahasa roh (Roh Kudus). Saya memberinya semua informasi, kitab suci dan daftar di mana dia dapat menemukan gereja yang percaya Alkitab. Dia sangat senang dengan kebenaran dan pewahyuan ini. Sekarang saya mengerti mengapa saya secara tidak sengaja membeli penerbangan tidak langsung ke California. Tuhan selalu tahu apa yang Dia lakukan dan saya belajar bahwa saya tidak selalu tahu maksud-Nya tetapi kemudian dapat melihat ke belakang dan melihat bahwa Dia memiliki rencana selama ini. Segera setelah saya tiba di California, saya turun dari pesawat tanpa rasa sakit dan tanpa demam.

Pertanyaan: Apakah yang dimaksud dengan Kerasulan?

Saya sedang dalam penerbangan lain dari Dallas-Ft. Worth ke Ontario, California. Setelah tidur sebentar, saya melihat wanita di sebelah saya sedang membaca. Dia mencoba melihat ke luar dengan sedikit kesulitan, jadi saya mengangkat tirai jendela saya dan dia senang. Saya mencari kesempatan untuk berbicara dengannya, jadi gerakan ini memulai percakapan kami yang berlangsung selama hampir satu jam. Saya mulai bercerita tentang kesaksian saya.

Dia mengatakan bahwa dia akan melihatnya ketika dia check in ke kamar hotelnya. Kami mulai berbicara tentang gereja ketika dia mengaku bahwa dia hanya pergi ke gereja sesekali. Dia juga mengatakan kepada saya bahwa dia sudah menikah dan memiliki dua anak perempuan. Saya kemudian mengatakan kepadanya bahwa saya pergi ke Gereja Pentakosta Kerasulan. Saat itulah saya melihat matanya terbuka lebar. Ia berkata kepada saya bahwa baru-baru ini ia dan suaminya telah melihat sebuah papan reklame tentang sebuah Gereja Kerasulan. Kami tidak tahu apa arti kata itu (Kerasulan), katanya. Saya menjelaskan kepadanya bahwa ini adalah doktrin yang ditetapkan oleh Yesus dalam Yohanes 3:5 dan diterapkan dalam Kisah Para Rasul yang menggambarkan gereja mula-mula pada zaman para rasul. Saya sangat yakin bahwa Tuhan menempatkan saya di samping wanita ini untuk menjawab pertanyaan ini. Terlalu banyak kebetulan yang terjadi secara kebetulan.

Zaman Kerasulan:

Diasumsikan bahwa Kristus lahir sebelum tahun 4 SM atau setelah tahun 6 Masehi dan disalibkan antara tahun 30 Masehi dan 36 Masehi, pada usia 33 tahun. Dengan demikian, pendirian Gereja Kristen diperkirakan pada hari raya Pentakosta pada bulan Mei 30 Masehi.

Zaman Kerasulan mencakup sekitar tujuh puluh tahun (30 - 100 M) yang dimulai dari Hari Pentakosta hingga kematian Rasul Yohanes.

Sejak penulisan surat-surat Yohanes, abad pertama mulai menjauh dari kebenaran. Kegelapan memasuki gereja-gereja pada abad pertama.

Selain itu, kita hanya mengetahui sedikit sekali tentang periode sejarah gereja ini. Kitab Kisah Para Rasul (2:41) mencatat pertobatan Pentakosta dari tiga ribu orang dalam satu hari di Yerusalem. Sejarah mencatat adanya pembunuhan massal di bawah pemerintahan Nero. Orang-orang yang menjadi Kristen sebagian besar berasal dari kalangan menengah ke bawah, seperti orang buta huruf, budak, pedagang, dan lain-lain. Diperkirakan, pada saat pertobatan Konstantin, jumlah orang Kristen di bawah keputusan Romawi ini mungkin telah mencapai lebih dari sebelas juta, sepersepuluh dari total populasi Kekaisaran Romawi yang merupakan keberhasilan besar dan cepat bagi agama Kristen. Hal ini mengakibatkan perlakuan kejam terhadap orang-orang Kristen yang hidup di dunia yang tidak bersahabat.

Yesus mengajarkan bahwa kita harus mengasihi satu sama lain seperti diri kita sendiri dan bahwa keselamatan dan pertobatan dari dosa akan datang dalam nama-Nya.

Dan bahwa pertobatan dan pengampunan dosa harus diberitakan
dalam nama-Nya di antara segala bangsa, mulai dari Yerusalem.
(Lukas 24:47)

Para rasul mengambil ajaran Yesus dan menerapkannya pada Hari Pentakosta, kemudian pergi memberitakan Yesus kepada orang-orang Yahudi terlebih dahulu, lalu kepada orang-orang bukan Yahudi.

"Karena itu jagalah dirimu dan jagalah seluruh kawanan, yang
atasnya Roh Kudus telah menetapkan kamu sebagai gembala, supaya
*kamu menggembalakan **jemaat Allah, yang telah dibeli-Nya dengan***
***darah-Nya sendiri.** Sebab aku tahu, bahwa sesudah aku pergi,*
serigala-serigala yang buas akan masuk ke tengah-tengah kamu dan
tidak menyayangkan kawanan domba itu. Dan dari antara kamu
sendiri juga akan muncul orang-orang yang mengajarkan ajaran sesat
dan menarik murid-murid dari antara kamu. Sebab itu berjaga-jagalah
dan ingatlah, bahwa selama tiga tahun itu aku tidak henti-hentinya

memperingatkan mereka setiap malam dan siang dengan mencucurkan air mata." (Kisah Para Rasul 20:28-31)

Tidak semua orang tunduk pada keputusan Kekaisaran Romawi Konstantinus.

Ada orang-orang yang mengikuti ajaran asli para Rasul, yang tidak mau menerima "pertobatan" yang ditetapkan dalam dekrit Konstantin. Dekrit tersebut mencakup tradisi-tradisi keagamaan yang dibuat selama Konsili-konsili Gereja Roma bersama dengan perubahan-perubahan yang dibuat yang memutarbalikkan kebenaran gereja mula-mula. Orang-orang yang membentuk konsili-konsili yang merancang dekrit Konstantin bukanlah orang-orang percaya yang telah dilahirkan kembali.

Inilah sebabnya mengapa banyak gereja saat ini menyebut diri mereka Apostolik atau Pentakosta, mengikuti ajaran para Rasul.

"Tidak banyak orang bijak menurut daging, tidak banyak orang perkasa dan tidak banyak orang mulia yang dipanggil, tetapi Allah memilih apa yang bodoh dari dunia ini untuk memalukan orang-orang yang berhikmat, dan apa yang lemah dari dunia ini dipilih Allah untuk memalukan apa yang kuat, bahkan apa yang hina dari dunia ini dan apa yang dipandang hina, dipilih Allah, bahkan apa yang tidak berarti, dipilih Allah, untuk meniadakan apa yang berarti, supaya jangan ada manusia yang memegahkan diri di hadapan Allah."
(1 Korintus 1:26-29)

Antar agama

Saat ini kita memiliki ancaman baru yang melawan prinsip-prinsip Allah. Hal ini disebut "Lintas Agama." "Antar agama menyatakan bahwa memberikan penghormatan kepada **semua ilah** adalah penting. Kesetiaan yang terbagi dan penghormatan yang terbagi dapat diterima oleh antar-iman. Kita dapat saling menghormati satu sama lain sebagai individu dan mengasihi satu sama lain, bahkan ketika kita tidak setuju; namun, Alkitab sangat jelas tentang "Kecemburuan Tuhan" yang menuntut pengabdian eksklusif kepada-Nya dan memberikan penghormatan kepada ilah-ilah lain adalah sebuah jerat.

"Jagalah dirimu, janganlah engkau mengadakan perjanjian dengan penduduk negeri yang kaudatangi, supaya jangan menjadi jerat di tengah-tengahmu, tetapi haruslah engkau merobohkan mezbah-mezbah mereka dan menghancurkan patung-patung mereka dan menebang pohon-pohon berhala mereka: Janganlah engkau beribadah kepada allah lain, sebab TUHAN, yang nama-Nya cemburu, adalah Allah yang cemburu: Janganlah engkau mengadakan perjanjian dengan penduduk negeri itu, lalu mereka pergi berzina dengan allah mereka dan mempersembahkan korban kepada allah mereka, lalu seseorang memanggil engkau dan engkau makan dari korbannya."
(Keluaran 34:12-15)

Iblis telah memunculkan kepercayaan yang menipu tentang "Antar iman" untuk menipu orang-orang pilihan. Dia tahu bagaimana memanipulasi manusia modern dengan perangkat kebenaran politiknya sendiri padahal sebenarnya perjanjian sedang dibuat dengan mengakui atau memberikan penghormatan kepada ilah-ilah, berhala, dan patung-patung palsu mereka.

Bab 18
Pelayanan di Mumbai, India
"Seorang Pria Beriman Besar"

Seberapa waktu sebelum tahun 1980, saya pergi ke Mumbai, India untuk mendapatkan visa untuk bepergian ke luar negeri. Ketika saya melakukan perjalanan melalui Mumbai dengan kereta api, saya menyadari bahwa kami melewati daerah kumuh dengan penduduk yang sangat miskin dan gubuk-gubuk. Saya belum pernah melihat kondisi kehidupan yang menyedihkan seperti itu dengan orang-orang yang hidup dalam kemiskinan yang menghebohkan.

Saya menyatakan di awal bahwa saya dibesarkan dalam keluarga yang taat beragama. Ayah saya adalah seorang dokter dan ibu saya adalah seorang perawat. Meskipun kami religius dan saya banyak membaca Alkitab, saya tidak memiliki Roh Kudus selama waktu itu dalam hidup saya. Hati saya berduka saat beban Tuhan menimpa saya. Sejak hari itu, saya memikul beban ini untuk orang-orang yang tidak memiliki harapan di daerah kumuh ini. Saya tidak ingin orang lain melihat air mata saya, jadi saya menunduk dan menyembunyikan wajah saya. Saya hanya ingin tertidur, tetapi beban saya untuk orang-orang ini terasa lebih besar dari sebuah negara. Saya berdoa dan bertanya kepada Tuhan, "Siapa yang akan pergi untuk memberitakan Injil kepada orang-orang ini?" Saya berpikir bahwa saya sendiri akan takut untuk datang ke daerah ini. Saya tidak mengerti pada saat itu bahwa tangan Tuhan begitu besar sehingga Dia dapat menjangkau siapa saja, di mana saja. Sedikit yang saya ketahui saat itu, bahwa Tuhan akan membawa saya kembali ke tempat ini di tahun-tahun mendatang. Kembali ke Amerika, dan 12 tahun kemudian, beban saya untuk orang-orang yang tinggal di daerah kumuh di Mumbai masih ada di hati saya.

Kebiasaan orang India, dan kebiasaan keluarga kami, adalah untuk selalu menerima para pemangku jawatan di rumah kami, memberi mereka makan, memenuhi kebutuhan mereka dan memberi mereka sumbangan. Dulu saya adalah seorang penganut Metodis, tetapi sekarang saya telah menerima pewahyuan kebenaran dan tidak ada kompromi. Keluarga saya menantikan kedatangan seorang pendeta India yang sedang berkunjung ke Amerika. Kami menunggu tetapi dia tidak datang tepat waktu. Saya harus pergi bekerja dan melewatkan kesempatan untuk bertemu dengannya, tetapi ibu saya kemudian mengatakan kepada saya bahwa dia sangat tulus. Tahun berikutnya, 1993, pendeta yang sama datang ke rumah kami di West Covina, California untuk kedua kalinya. Kali ini saudara laki-laki saya mengatakan kepadanya bahwa dia perlu bertemu dengan saudara perempuannya karena dia setia kepada Firman Tuhan dan keluarga menghormati iman dan kepercayaannya kepada Tuhan. Pada hari itulah saya bertemu dengan Pendeta Chacko. Kami mulai mendiskusikan tentang baptisan dan kepercayaannya akan Firman Tuhan. Pendeta Chacko mengatakan kepada saya bahwa dia membaptis dengan penuh penyerahan diri dalam nama Yesus dan dia tidak akan berkompromi dengan jenis baptisan lainnya. Saya sangat senang dan bersemangat mengetahui bahwa hamba Tuhan ini melakukannya dengan cara yang Alkitabiah seperti yang dilakukan oleh gereja mula-mula yang rasuli. Dia kemudian menyampaikan undangan kepada saya untuk mengunjungi Mumbai, India di mana dia tinggal.

Saya menceritakan kepada pendeta saya tentang keyakinan Pendeta Chacko yang kuat akan Firman Tuhan dan kunjungannya ke rumah kami. Malam itu, Pendeta Chacko datang mengunjungi gereja kami, pendeta saya memintanya untuk menyampaikan beberapa patah kata di hadapan jemaat. Ada ketertarikan yang besar terhadap pekerjaan yang dilakukan Pendeta Chacko di Mumbai sehingga gereja saya mulai mendukungnya secara finansial dan dengan doa-doa kami. Gereja kami adalah gereja yang berpikiran misi. Kami selalu membayar Misi saat kami membayar Persepuluhan. Sungguh menakjubkan bagaimana semuanya mulai berjalan dengan baik dan Mumbai sekarang mendapat dukungan dari gereja lokal saya di California.

Tahun berikutnya, Tuhan mengirim saya ke India, jadi saya menerima tawaran Pendeta Chaco untuk mengunjungi gereja dan keluarganya di Mumbai. Ketika saya pertama kali tiba, Pendeta Chacko menjemput saya dari bandara. Dia membawa saya ke hotel. Itu juga merupakan tempat mereka bertemu untuk beribadah di gereja dan di daerah kumuh yang sama yang pernah saya lewati dengan kereta api pada tahun 1980. Saat itu tahun 1996 dan doa saya yang tulus akan pengharapan bagi jiwa-jiwa yang indah ini terjawab. Pendeta Chacko sangat ramah dan berbagi dengan saya tentang beban dan keinginannya untuk membangun sebuah gereja. Saya dapat mengunjungi gereja-gereja lain dan diminta untuk berbicara di depan jemaat sebelum berangkat ke kota tujuan saya, Ahmadabad. Saya sangat sedih dengan kondisi gereja di Mumbai. Seorang bapak Katolik memberikan sebuah ruang kelas kepada Pendeta Chacko untuk kebaktian hari Minggu.

Orang-orang sangat miskin, tetapi saya bersukacita menyaksikan anak-anak kecil yang cantik yang memuji dan melayani Tuhan. Mereka makan bersama hanya dengan sepotong kecil roti yang dibagikan dan air minum. Saya tergerak oleh belas kasihan untuk membelikan mereka makanan dan meminta mereka untuk memberikan daftar barang-barang yang mereka butuhkan. Saya melakukan apa pun yang saya bisa untuk memenuhi kebutuhan dalam daftar itu. Mereka memberkati saya dengan doa-doa mereka setelah penerbangan panjang saya ke India. Seorang saudara dari gereja mendoakan saya dan saya merasakan kuasa Roh Kudus seperti aliran listrik yang mengalir ke tubuh saya yang lemah dan tidak bisa tidur. Saya merasa segar kembali saat kekuatan saya kembali dan rasa sakit saya hilang di seluruh tubuh saya. Doa-doa mereka begitu kuat sehingga saya diberkati melebihi apa pun yang dapat saya jelaskan. Mereka memberi saya lebih dari apa yang telah saya berikan kepada mereka. Sebelum terbang kembali ke Amerika, saya meninggalkan Ahmadabad dan kembali ke Mumbai, untuk mengunjungi Pendeta Chacko sekali lagi. Saya memberikan semua rupee yang tersisa sebagai sumbangan untuknya dan keluarganya.

Untungnya, dia bersaksi kepada saya tentang istrinya yang sangat malu ketika berjalan melewati toko tempat mereka berhutang. Dia berjalan dengan kepala menunduk malu karena mereka tidak mampu membayar hutang tersebut. Pendeta Chacko juga bercerita tentang pendidikan anaknya. Biaya yang harus dibayarkan ke sekolah sudah jatuh tempo dan anaknya tidak akan bisa melanjutkan sekolah. Saya dapat melihat bahwa situasi ini sangat membebani keluarga tersebut. Tuhan telah menggerakkan saya untuk memberi dan donasi yang saya berikan lebih dari cukup untuk mengurus kedua hal tersebut dan bahkan lebih dari itu. Puji Tuhan!

"Belalah orang miskin dan yatim piatu, lakukanlah keadilan kepada orang yang menderita dan membutuhkan. Lepaskanlah orang miskin dan yang menderita, lepaskanlah mereka dari tangan orang fasik."
(Mazmur 82:3-4)

Ketika saya kembali ke California, saya berdoa dan menangis tentang gereja kecil ini dan jemaatnya. Saya begitu hancur sehingga saya bertanya kepada Tuhan tentang kesepakatan dua atau tiga orang untuk menyentuh apa pun yang mereka minta.

"Aku berkata kepadamu: Sesungguhnya segala sesuatu yang kamu ikat di dunia ini akan terikat di sorga dan apa saja yang kamu lepaskan di dunia ini akan terlepas di sorga. Sekali lagi Aku berkata kepadamu: Sesungguhnya jika dua orang di antara kamu di dunia ini sepakat tentang apa saja yang mereka minta, maka permintaan mereka akan dikabulkan oleh Bapa-Ku yang di sorga. Sebab di mana dua atau tiga orang berkumpul dalam nama-Ku, di situ Aku ada di tengah-tengah mereka." (Matius 18:18-20)

Sudah menjadi beban dan keprihatinan saya untuk membantu gereja Tuhan di Mumbai, tetapi saya perlu berbagi beban dengan seseorang. Suatu hari rekan kerja saya, Karen, bertanya kepada saya bagaimana saya dapat berdoa dalam waktu yang lama? Saya bertanya kepada Karen apakah dia juga ingin belajar berdoa dalam waktu yang lebih lama, membangun kehidupan doanya dan berpuasa bersama saya. Dengan senang hati dia setuju dan menjadi rekan doa saya. Karen juga ikut merasakan beban saya untuk Mumbai. Ketika kami mulai berdoa dan berpuasa, dia menjadi bersemangat untuk berdoa lebih lama dan berpuasa lebih banyak. Dia tidak pergi ke gereja mana pun pada saat itu tetapi sangat serius dan tulus dalam apa yang dia lakukan secara rohani. Kami berdoa selama waktu makan siang dan sepulang kerja kami bertemu untuk berdoa selama 1½ jam di dalam mobil. Beberapa bulan kemudian, Karen memberi tahu saya bahwa dia telah menerima sejumlah uang dari asuransi karena pamannya telah meninggal dunia. Karen sangat baik hati dan seorang yang suka memberi, dan mengatakan bahwa dia ingin membayar persepuluhan dari uang tersebut dengan memberikannya kepada pelayanan di Mumbai. Uang tersebut dikirimkan kepada Pendeta Chacko untuk membeli sebuah fasilitas di mana mereka dapat memiliki Gereja mereka sendiri. Mereka membeli sebuah ruangan kecil yang telah digunakan untuk pemujaan setan. Mereka membersihkannya dan mengembalikannya ke gereja mereka. Tahun berikutnya Karen dan saya pergi ke Mumbai untuk peresmian gereja tersebut. Itu adalah sebuah doa yang dijawab, karena Karen yang sekarang melayani Tuhan sangat kuat dalam iman. Puji Tuhan!

Ketika gereja di Mumbai bertumbuh, Pendeta Chacko meminta bantuan donasi untuk membeli tanah kecil di sebelah gereja. Pendeta Chacko memiliki iman yang besar untuk pertumbuhan gereja dan pekerjaan Tuhan. Tanah ini adalah milik Gereja Katolik. Pendeta Chacko dan pastor memiliki hubungan yang baik dan pastor bersedia menjual tanah ini kepada Pendeta Chacko. Pendeta Chacko tidak menerima sumbangan yang ia percaya akan disediakan Tuhan. Tuhan tahu segalanya dan Dia melakukan segala sesuatu dengan cara-Nya dan lebih baik dari yang kita bayangkan!

Beberapa tahun kemudian terjadi kerusuhan antara umat Hindu dan Kristen di seluruh India. Umat Hindu berusaha menyingkirkan umat Kristen dari India. Para perusuh masuk ke gereja pada pagi hari dengan polisi yang mendukung mereka. Mereka mulai menghancurkan gereja tetapi Pendeta Chacko dan para jemaat memohon kepada mereka untuk tidak melakukannya demi kepentingan mereka sendiri karena ini adalah hal yang berbahaya bagi mereka untuk menghancurkan Rumah Tuhan Yang Mahakuasa. Para perusuh terus menghancurkan segala sesuatu yang terlihat, tidak mengindahkan peringatan dan permohonan orang-orang sampai gereja benar-benar dihancurkan. Sepanjang hari itu, para anggota gereja merasa takut dengan kelompok yang sangat terkenal kejam dan ganas ini karena mereka tahu bahwa nyawa mereka sendiri dalam bahaya.

Mereka merasakan kesedihan karena tidak memiliki gereja lagi setelah sekian lama berdoa untuk memiliki tempat sendiri untuk menyembah Tuhan. Di sinilah mereka melihat Tuhan melakukan mukjizat, roh-roh jahat diusir, dan keselamatan diberitakan kepada orang-orang berdosa. Malam itu sekitar tengah malam, ada ketukan di pintu rumah Pendeta Chacko. Ketakutan menghantamnya ketika ia melihat bahwa yang datang adalah pemimpin dari kelompok jahat yang sebelumnya telah menghancurkan gereja. Pendeta Chacko mengira bahwa ia pasti akan dibunuh dan itu adalah akhir hidupnya. Dia berdoa meminta Tuhan memberinya keberanian untuk membuka pintu dan perlindungan. Ketika dia membuka pintu, betapa terkejutnya dia melihat pria itu dengan air mata berlinang meminta Pendeta Chacko untuk mengampuni mereka atas apa yang telah mereka lakukan pada hari itu terhadap gerejanya.

Pria itu terus memberi tahu Pendeta Chacko bahwa setelah penghancuran gereja, istri dari pemimpinnya telah meninggal. Salah satu perusuh tangannya terpotong oleh sebuah mesin. Banyak hal yang terjadi pada orang-orang yang menghancurkan gereja. Ada ketakutan di antara para perusuh atas apa yang telah mereka lakukan terhadap Pendeta Chacko dan Tuhannya! Tuhan berkata bahwa Dia akan berperang melawan kami dan Dia melakukannya. Umat Hindu dan Kristen di India adalah orang-orang yang takut akan Tuhan yang akan melakukan apa saja untuk memperbaiki keadaan. Karena apa yang terjadi pada umat Hindu yang mengambil bagian dalam penghancuran gereja, para perusuh yang sama kembali untuk membangun kembali gereja tersebut karena takut. Mereka juga mengambil alih harta benda milik Gereja Katolik. Tidak ada yang menentang mereka atau mengeluh. Para perusuh itu sendiri yang membangun kembali gereja tersebut, menyediakan material dan semua tenaga kerja tanpa bantuan gereja. Ketika gereja selesai dibangun, ukurannya lebih besar dengan dua lantai, bukan satu lantai.

Tuhan menjawab doa Pendeta Chacko dan dia berkata, "Yesus tidak pernah gagal." Kami terus berdoa untuk Mumbai. Saat ini terdapat 52 gereja, sebuah panti asuhan, dan dua pusat penitipan anak, berkat iman dan doa dari banyak orang yang memiliki beban bagi India. Saya mulai berpikir tentang bagaimana hati saya sangat tersentuh ketika saya berada di kereta api pada tahun 1980. Sedikit yang saya ketahui bahwa Tuhan menaruh perhatian pada bagian negara saya ini dan membawa kasih dan harapan kepada orang-orang di daerah kumuh Mumbai melalui doa yang tak henti-hentinya dan Tuhan yang mendengarkan isi hati. Pada awalnya, saya mengatakan bahwa beban saya sebesar sebuah negara. Saya menghargai Tuhan yang telah memberikan beban ini kepada saya. Tuhan adalah ahli strategi yang hebat. Hal ini tidak terjadi secara instan, tetapi selama enam belas tahun, banyak hal yang terjadi tanpa saya sadari, saat Dia meletakkan dasar untuk hasil dari doa yang dijawab, selama saya tinggal di Amerika.

Alkitab mengatakan berdoalah tanpa henti. Saya berdoa secara konsisten dan berpuasa untuk kebangunan rohani di seluruh India. Negara saya sedang mengalami metamorfosis rohani bagi Tuhan Yesus.

Situs web Pastor Chacko adalah: http://www.cjcindia.org/index.html

Bab 19
Pelayanan di Gujarat!

IPada akhir tahun 1990-an, saya mengunjungi kota Ahmedabad, di negara bagian Gujarat. Pada kunjungan terakhir saya ke Mumbai, India, saya merasakan sebuah pencapaian atas pekerjaan di sana. Kemudian dalam perjalanan itu, saya mengunjungi kota Ahmedabad dan menyaksikan. Saya tahu bahwa sebagian besar penduduknya adalah penganut Tritunggal. Semua kontak saya adalah orang-orang Tritunggal. Saya berdoa selama bertahun-tahun untuk membawa kebenaran ini ke negara India. Doa pertama saya adalah, saya ingin memenangkan seseorang seperti Paulus atau Petrus, sehingga pekerjaan saya akan menjadi lebih mudah dan terus berlanjut. Saya selalu berdoa dengan sebuah rencana dan visi. Sebelum saya mengunjungi suatu tempat, saya berdoa dan berpuasa, terutama saat pergi ke India. Saya selalu berdoa dan berpuasa selama tiga hari tiga malam tanpa makan dan minum atau sampai saya dipenuhi oleh Roh Kudus. Ini adalah cara berpuasa yang Alkitabiah.

Ester 4:16 Pergilah, kumpulkanlah semua orang Yahudi yang ada di Susan dan berpuasalah untuk aku, janganlah makan dan janganlah minum tiga hari lamanya, baik siang maupun malam: Aku dan dayang-dayangku akan berpuasa juga, dan demikianlah aku akan menghadap raja dengan cara yang tidak sesuai dengan hukum Taurat, maka jikalau aku binasa, binasalah aku.

Yunus 3:5 Maka percayalah penduduk Niniwe kepada Allah, lalu mereka berpuasa dan mengenakan kain kabung, dari yang terkemuka sampai kepada yang terkecil. 6 Lalu terdengarlah kabar kepada raja Niniwe, maka bangkitlah ia dari takhtanya, ditanggalkannyalah jubahnya dan diselubunginya dengan kain kabung, lalu duduklah ia di atas abu.7 Ia menyuruh mengumumkannya ke seluruh Niniwe atas perintah raja dan para pembesarnya, demikian: "Janganlah manusia, binatang, kawanan ternak dan kawanan kambing domba, mencicipi sesuatu, dan janganlah mereka memberi makan dan janganlah mereka meminum air.

India telah diliputi oleh kegelapan rohani. Anda tidak akan berani pergi ke sana kecuali jika Anda penuh dengan Roh Tuhan. Beberapa tahun yang lalu, di tahun 1990-an, mereka memperkenalkan saya kepada Sdr. Christian di sebuah kampus perguruan tinggi ke-Tuhanan Tritunggal. Selama kunjungan itu, saya diserang oleh sebagian besar pendeta trinitas. Itu adalah pertemuan pertama saya dengan Saudara Christian. Bukannya memuji Tuhan! Saya bertanya kepadanya, "Apa yang Anda khotbahkan"? "Apakah Anda membaptis dalam Nama Yesus"? Ia menjawab, "Ya". Saya ingin tahu bagaimana dia mengetahui kebenaran ini. Lalu dia berkata, Tuhan, mengungkapkan kebenaran ketika saya sedang menyembah Tuhan pada suatu pagi di sebuah tempat yang disebut Stadion Malek Saben. Allah dengan jelas berbicara kepada saya tentang Baptisan Nama Yesus.

Selama kunjungan ini, saya mencetak dan membagikan lebih dari seribu buklet yang menjelaskan tentang baptisan air di dalam Yesus. Hal ini membuat para otoritas gereja menjadi marah. Para pemimpin agama mulai berkhotbah menentang saya. Mereka berkata, "Tentu saja, usir dia dari rumahmu. Ke mana pun saya pergi, mereka semua akan menentang saya. Kebenaran membuat iblis marah, tetapi firman Tuhan berkata, 'dan kamu akan mengetahui kebenaran dan kebenaran itu akan memerdekakan kamu'. Pertemuan dengan Sdr. Christian membantu saya untuk menyebarkan kebenaran. Puji Tuhan karena telah mengirimkan seorang pendeta yang mengajarkan dan memberitakan Injil yang benar ke India.

Setelah kunjungan ke India pada tahun 1999, saya menjadi cacat dan tidak bisa kembali ke India. Tetapi pekerjaan itu terus berlanjut. Segera semua orang yang berbicara menentang saya melupakan saya dan sekarang telah meninggal dunia. Selama masa cacat fisik ini, saya merekam semua CD Pencarian Kebenaran, keesaan, dan doktrin dan memberikannya secara gratis. Saya duduk di kursi roda dan kehilangan ingatan, jadi saya memperluas pelayanan saya dengan merekam buku-buku. Sulit untuk duduk, tetapi dengan pertolongan Tuhan, saya melakukan apa yang tidak dapat saya lakukan secara fisik. Bergantung pada Tuhan, akan membawa Anda ke jalan dan jalan raya yang baru. Kami menghadapi semua tantangan. Kuasa Tuhan sangat luar biasa sehingga tidak ada yang dapat menghentikan pengurapannya. Pesan yang diperjuangkan dengan sangat keras sekarang diputar di rumah-rumah dalam bentuk rekaman CD. Puji Tuhan! Saya sangat bersukacita dan takjub karena banyak orang yang tahu tentang doktrin Alkitab dan keesaan Allah.

Saya telah berdoa dan berpuasa selama bertahun-tahun agar India memiliki kasih akan kebenaran. Juga, agar Injil Yesus dapat diberitakan dengan bebas di setiap negara bagian di India. Saya memiliki keinginan yang kuat untuk membawa pengetahuan tentang kebenaran kepada mereka melalui penerjemahan pelajaran Alkitab dari bahasa Inggris ke dalam bahasa Gujarat. Bahasa Gujarat adalah bahasa yang digunakan di negara bagian ini. Saya menemukan beberapa penerjemah di India yang ingin sekali membantu saya dalam menerjemahkan pelajaran Alkitab ini. Salah satu penerjemah, yang juga seorang pendeta, ingin mengubah tulisan Alkitab dari baptisan gereja mula-mula yang rasuli dengan menghilangkan nama YESUS menjadi Bapa, Anak dan Roh Kudus. Itu

153

adalah sebutan untuk Satu Allah yang benar. Menjadi sulit untuk mempercayai penerjemah saya untuk menjaga keakuratan Firman Tuhan. Alkitab dengan jelas memperingatkan kita untuk tidak menambah atau mengurangi Kitab Suci. Dari Perjanjian Lama hingga Perjanjian Baru, kita tidak boleh mengubah Firman Tuhan berdasarkan penafsiran manusia. Kita harus mengikuti teladan Yesus dan ajaran para rasul dan nabi saja.

Efesus 2:20 Dan dibangun di atas dasar para rasul dan para nabi, dengan Yesus Kristus sebagai batu penjuru;

Para muridlah yang pergi memberitakan dan mengajarkan Injil Yesus. Kita harus mengikuti pengajaran para rasul dan percaya bahwa Alkitab adalah Firman Allah yang sempurna dan berotoritas.

Ulangan 4:1 "Oleh sebab itu, hai orang Israel, dengarkanlah ketetapan dan peraturan yang kusampaikan kepadamu dengan setia, yakni dengan melakukan semuanya itu, supaya kamu hidup, dan kamu dapat menduduki dan memiliki negeri yang diberikan kepadamu oleh TUHAN, Allah nenek moyangmu. 2 "Janganlah kamu menambahi apa yang kuperintahkan kepadamu dan janganlah kamu menguranginya, supaya kamu berpegang pada perintah TUHAN, Allahmu, yang kusampaikan kepadamu.

Saya memilih untuk menyatakan di sini bahwa ada perbedaan besar antara apa yang kita yakini sebagai kebenaran saat ini dengan apa yang diajarkan oleh gereja mula-mula. Bahkan dalam sejarah gereja mula-mula, ada beberapa orang yang telah berpaling dari doktrin yang benar menurut surat-surat Paulus kepada jemaat-jemaat. Banyak versi Alkitab yang telah berubah agar sesuai dengan doktrin iblis. Saya lebih memilih KJV karena terjemahannya 99,98% akurat dan mendekati kitab aslinya.

Bacalah dan periksalah tulisan suci berikut ini dengan saksama:

2 Petrus 2:1 Tetapi di antara orang banyak ada juga nabi-nabi palsu, sama seperti di antara kamu juga ada guru-guru palsu, yang dengan sembunyi-sembunyi membawa ajaran sesat yang terkutuk, bahkan menyangkal Tuhan, yang telah menyelamatkan mereka, dan mendatangkan kebinasaan atas diri mereka sendiri dengan segera.2 Banyak orang akan mengikuti jalan mereka yang sesat, yang oleh mereka jalan kebenaran dibicarakan dengan jahat.3 Dengan tipu muslihat mereka akan mengeruk keuntungan dari padamu, yang penghukumannya tidak akan lama lagi dan yang kutukannya tidak akan lenyap.

Setelah mendapatkan wahyu tentang identitas Yesus, ia memberikan kunci-kunci Kerajaan kepada rasul Petrus dan menyampaikan khotbah pertamanya pada hari Pentakosta. Mereka memperingatkan kita tentang para pendusta yang memiliki bentuk kesalehan dan tidak mengikuti ajaran para rasul dan nabi. Orang percaya kepada Allah yang Esa tidak mungkin menjadi Antikristus karena mereka tahu bahwa Yahweh akan datang dalam rupa manusia suatu hari nanti.

2 Yohanes 1:7 Sebab banyak penyesat telah muncul dan pergi ke seluruh dunia, yang tidak mengaku, bahwa Yesus Kristus telah datang sebagai manusia. Mereka adalah penyesat dan antikristus. 8 Perhatikanlah dirimu sendiri, supaya kita tidak kehilangan apa yang telah kita usahakan, tetapi supaya kita menerima upah yang penuh. 9 Barangsiapa melanggar dan tidak tinggal di dalam ajaran Kristus, ia tidak memiliki Allah. Barangsiapa tetap berada di dalam ajaran Kristus, ia memiliki Bapa dan Anak. 10 Jikalau ada orang yang datang kepadamu dan tidak membawa ajaran itu, janganlah kamu menerima dia di dalam rumahmu dan janganlah kamu mengucapkan selamat datang kepadanya. 11 Sebab barangsiapa mengucapkan selamat datang kepadanya, ia turut mengambil bagian dalam perbuatan-perbuatannya yang jahat.

Ada banyak konferensi di India di mana para pengkhotbah pergi dari sekolah Alkitab Stockton dan negara bagian lain untuk menyampaikan pesan tentang dilahirkan kembali. Pdt. McCoy, yang memiliki panggilan untuk berkhotbah di India, melakukan pekerjaan yang luar biasa dengan berkhotbah di banyak tempat di India. Dengan berjam-jam berdoa dan berpuasa, keberhasilan pelayanan di India terus berlanjut sejak tahun 2000. Saya ingat pernah menelepon seorang pendeta, Pendeta Miller, yang direkomendasikan oleh Direktur Foreign Mission Asia kepada saya. Ketika saya meneleponnya di rumahnya, ia mengatakan bahwa ia akan menelepon saya untuk memberitahukan bahwa ia telah berada di Kalkuta dan Benggala Barat enam bulan sebelumnya. Dia juga ingin pergi ke Ahmedabad, tetapi karena sakit, dia kembali ke Amerika. Pendeta Miller dengan ramah mengatakan bahwa dia ingin kembali ke India tetapi harus berdoa dan bertanya kepada Tuhan apakah panggilannya adalah untuk negara ini. Dia kembali untuk kedua kalinya ke India dan berkhotbah di dua konferensi umum. Saat itu Tuhan sedang bergerak dengan dahsyatnya bersama orang-orang Gujarat di negara bagian ini.

Pendeta Christian mengatakan bahwa sangat sulit untuk membangun pekerjaan Tuhan di negara bagian ini. Tolong doakan para pengkhotbah yang sedang menghadapi peperangan yang besar. Tuhan sedang melakukan pekerjaan besar di negara bagian Gujarat. Iblis tidak berperang melawan orang-orang yang tidak percaya karena dia sudah mendapatkan mereka! Dia menyerang mereka yang memiliki kebenaran; orang-orang yang setia yang dipilih Tuhan. Yesus telah membayar harga dengan darah-Nya sehingga kita dapat memiliki pengampunan atas dosa-dosa kita. Iblis akan berperang lebih kuat lagi melawan pelayanan (Pelayan Tuhan) dengan menyerang pria dan wanita. Iblis menggunakan segala cara yang sesat untuk membawa mereka ke dalam keadaan jatuh ke dalam dosa dan hukuman.

Yohanes 15:16 Bukan kamu yang memilih Aku, tetapi Akulah yang memilih kamu dan menetapkan kamu, supaya kamu pergi dan menghasilkan buah dan buahmu itu tetap, supaya apa saja yang kamu minta kepada Bapa dalam nama-Ku, diberikan-Nya kepadamu.

Sekali selamat, selalu selamat juga merupakan kebohongan lain dari iblis. Antara tahun 1980 hingga 2015, saya mengunjungi India beberapa kali. Banyak perubahan telah terjadi di negara ini. Ketika Anda memulai pekerjaan Tuhan, ingatlah bahwa Anda sedang memuridkan Yesus, yang merupakan kelanjutan dari pekerjaan yang telah dimulai oleh Yesus dan para murid-Nya. Kita akan memenangkan dunia saat ini jika kita terus mengikuti Injil Yesus Kristus.

Pada tahun 2013, sesuai dengan rencana Tuhan, Dia memindahkan saya ke sebuah gereja di Dallas, Tax. Saya duduk di bawah seorang nabi Allah yang sejati. Dia memiliki sembilan karunia dari Roh Allah. Dia mendapatkan pengetahuan tentang nama, alamat, nomor telepon, dll. secara akurat dari Roh Kudus. Hal ini merupakan hal yang baru bagi saya. Pada tahun 2015, pada suatu hari Minggu pagi, pendeta saya di Dallas, Texas, melihat saya dan berkata, saya melihat seorang Malaikat membuka pintu besar yang tidak dapat ditutup oleh manusia. Dia memanggil saya dan bertanya, apakah Anda akan pergi ke Filipina? Dia berkata bahwa saya tidak melihat orang kulit hitam maupun kulit putih di sana. Seperti menerima informasi lebih lanjut dari Roh Kudus, dia kemudian bertanya apakah Anda akan pergi ke India? Roh Kudus berbicara kepadanya, mengatakan bahwa saya akan melayani orang-orang Hindu. Pada saat itu, orang-orang Kristen di India berada dalam bahaya. Orang-orang Hindu menyerang orang-orang Kristen dengan membakar tempat suci mereka dan memukuli para pendeta dan orang-orang kudus Yesus.

Saya percaya pada nubuat tersebut, jadi saya mematuhi suara Tuhan dan pergi ke India. Ketika saya tiba di perguruan tinggi Badlapur, 98% mahasiswanya adalah orang Hindu yang telah menjadi Kristen. Saya kagum mendengar kesaksian mereka tentang bagaimana Tuhan membawa orang-orang keluar dari kegelapan menuju terang. Melalui kesaksian mereka, saya belajar banyak tentang agama Hindu. Saya kagum mendengar bahwa mereka percaya pada 33 juta lebih dewa dan dewi. Saya tidak dapat memahami bagaimana seseorang dapat percaya bahwa ada begitu banyak dewa dan dewi.

Pada tahun 2015, saya kembali ke Badlapur, Bombay setelah 23 tahun untuk mengajar di sekolah Alkitab. Saya melayani di sana sebagai penerjemah di sekolah Alkitab tersebut, saudara Sunil. Saudara Sunil sedang dalam masa transisi. Saudara Sunil berkecil hati, tidak tahu bahwa Tuhan sedang mengubah arahnya dan menjadi kecil hati. Ketika bekerja dengannya, saya tahu bahwa ia memiliki kebenaran dan kecintaan akan kebenaran. Jangan pernah menyimpang dari kebenaran Alkitab. Biarkan Roh Kudus memimpin, membimbing, mengajar, dan memberdayakan Anda untuk menyaksikan mukjizat dan kesembuhan. India masih membutuhkan banyak pekerja, nabi dan pengajar yang sejati. Tolong doakan agar Tuhan mengirimkan banyak pekerja ke India.

Selama perjalanan misi ini, saya mengunjungi sebuah kota bernama Vyara di Gujarat Selatan. Saya mendengar tentang kebangunan rohani yang besar yang terjadi di Gujarat Selatan. Tuhan membukakan pintu bagi saya untuk berkunjung ke sana. Saya sangat senang berada di sana, dan saya bertemu dengan banyak penyembah berhala yang sekarang berpaling kepada Tuhan yang benar. Ini karena mereka menerima kesembuhan, pembebasan, dan keselamatan melalui nama Yesus. Betapa hebatnya Allah kita!

Banyak orang berdoa dan berpuasa untuk India. Tolong doakan agar terjadi kebangunan rohani. Selama kunjungan ke Vyara, pendeta mengundang saya ke rumahnya. Saya mendoakannya dan banyak roh-roh yang merintangi pun keluar. Setelah itu, dia bebas dari kekhawatiran, keraguan, beban dan ketakutan. Tuhan bernubuat melalui saya untuk membangun sebuah rumah doa. Pendeta mengatakan kami tidak punya uang. Tuhan berkata kepada saya bahwa Dia akan menyediakannya. Dalam waktu satu tahun, mereka memiliki sebuah tempat doa yang besar dan indah, dan kami melunasinya. Firman Tuhan tidak pernah menjadi sia-sia.

Selama kunjungan terakhir saya pada tahun 2015 ke India, saya melayani banyak orang Hindu yang berpindah agama menjadi Kristen di berbagai negara bagian. Saya juga melayani banyak orang non-Kristen yang mengalami tanda-tanda dan mukjizat yang terjadi di dalam Nama Yesus dan mereka sangat kagum. Saya melihat jawaban doa selama bertahun-tahun dengan puasa bagi India. Puji Tuhan! Sejak saya menerima wahyu kebenaran ini, saya telah bekerja tanpa henti untuk memberikan informasi ini melalui CD, audio, video, saluran YouTube, dan buku-buku untuk negara India. Kerja keras kami tidak sia-sia!

Kemudian, saya mendengar bahwa saudara Sunil menerima panggilannya sebagai seorang pendeta untuk Bombay dan kota-kota di sekitarnya. Sekarang saya bekerja dengan Pendeta Sunil dan tempat-tempat lain yang saya kunjungi pada tahun 2015. Kami telah mendirikan banyak tempat kudus di negara bagian Maharashtra dan Gujarat. Bahkan sampai hari ini, saya terus memuridkan para petobat baru di negara-negara bagian tersebut. Saya mendukung mereka melalui doa dan pengajaran. Saya mendukung pekerjaan Tuhan secara finansial di India.

Banyak dari mereka yang pergi ke dukun ketika mereka sakit, tetapi mereka tidak kunjung sembuh. Jadi mereka menelepon saya setiap pagi dan saya melayani, berdoa dan mengusir roh-roh jahat dalam nama Yesus. Mereka disembuhkan dan dibebaskan dalam nama Yesus. Kami memiliki banyak petobat baru di berbagai negara bagian. Ketika mereka disembuhkan dan dibebaskan, mereka pergi bersaksi kepada keluarga, teman, dan desa mereka untuk membawa orang lain kepada Kristus. Banyak dari mereka meminta saya untuk mengirimkan gambar Yesus. Mereka berkata bahwa kami ingin melihat Tuhan, yang menyembuhkan, membebaskan, dan memberikan keselamatan secara cuma-cuma. Pekerjaan Allah dapat terus berlanjut jika kita memiliki para pekerja. Banyak dari mereka bekerja di ladang. Banyak dari mereka yang buta huruf, jadi mereka mendengarkan rekaman Perjanjian Baru dan pelajaran

Alkitab. Hal ini membantu mereka untuk mengenal dan belajar tentang Yesus.

Pada hari Sabtu terakhir saya di bulan November 2015 di India, saya pulang terlambat dari pelayanan. Saya bertekad untuk tinggal di rumah pada hari Minggu dan Senin untuk berkemas dan mempersiapkan perjalanan saya selanjutnya ke UEA. Seperti yang dinubuatkan oleh seorang pendeta di Dallas, 'Saya melihat seorang Malaikat membuka sebuah pintu yang sangat besar yang tidak dapat ditutup oleh siapa pun. Terbukti bahwa saya pun tidak dapat menutup pintu itu. Pada Sabtu malam, saya menerima telepon yang mengundang saya untuk menghadiri kebaktian hari Minggu, tetapi tidak sesuai dengan jadwal saya, jadi saya mencoba menjelaskan hal ini kepada mereka tetapi mereka tidak mau menerima jawaban TIDAK. Saya tidak punya pilihan selain pergi. Keesokan paginya, mereka mengantar saya ke tempat ibadah pada pukul 9 pagi, tetapi ibadah dimulai pada pukul 10 pagi. Saya sendirian dan seorang musisi sedang berlatih lagu-lagunya.

Ketika saya sedang berdoa, saya melihat banyak arwah dewa-dewi Hindu di tempat suci tersebut. Saya bertanya-tanya mengapa ada begitu banyak dari mereka di tempat ini. Sekitar pukul 10.00, pendeta dan jemaat mulai berdatangan. Mereka menyapa saya dengan menjabat tangan saya. Ketika Pendeta menjabat tangan saya, seketika saya merasa ada yang aneh di hati saya. Saya merasa akan pingsan. Kemudian, Roh Kudus mengatakan kepada saya bahwa pendeta itu sedang diserang oleh setan-setan yang Anda lihat tadi. Saya mulai berdoa dan meminta kepada Tuhan untuk mengizinkan saya melayani pendeta tersebut. Di tengah-tengah kebaktian, mereka meminta saya untuk maju dan berbicara. Sambil berjalan menuju mimbar, saya berdoa dan meminta Tuhan untuk berbicara melalui saya. Saat saya mengambil mikrofon, saya menjelaskan apa yang Tuhan tunjukkan kepada saya dan apa yang sedang terjadi kepada pendeta tersebut. Saat pendeta berlutut, saya meminta jemaat untuk mengulurkan tangan ke arahnya untuk berdoa. Sementara itu, saya menumpangkan tangan saya ke atasnya dan berdoa dan semua roh jahat itu pergi. Dia bersaksi bahwa dia berada di ruang gawat darurat pada malam sebelumnya. Dia telah berpuasa dan berdoa untuk anak-anak muda. Itulah sebabnya dia mengalami serangan ini. Kemuliaan bagi Tuhan! Betapa pentingnya untuk selaras dengan Roh Allah! Roh-Nya berbicara kepada kita.

Dari sana, saya pergi ke UEA pada tanggal 1 Desember 2015. Saya melayani di Dubai dan Abu Dhabi kepada orang-orang Hindu dan mereka juga mengalami kuasa Tuhan. Setelah menyelesaikan tugas saya, saya kembali ke Dallas, Texas.

Puji Tuhan!

Saluran YouTube saya: Diet Spiritual Harian:

1. youtube.com/@dailyspiritualdietelizabet7777/videos
2. youtube.com/@newtestamentkjv9666/videos mp3
3. Situs web: https://waytoheavenministry.org

Bab 20
Gembala Jiwa Kita: Suara Sangkakala

Akulah gembala yang baik dan Aku mengenal domba-domba-Ku dan Aku mengenal domba-domba-Ku. (Yohanes 10:14)

Yesus adalah Gembala bagi jiwa kita. Kita adalah darah dan daging dengan jiwa yang hidup. Kita ada di bumi ini hanya sesaat dalam waktu Tuhan. Dalam sekejap, dalam sekejap mata, semuanya akan berakhir dengan bunyi "Sangkakala" ketika kita akan diubahkan.

"Tetapi aku tidak mau, saudara-saudara, bahwa kamu menjadi bodoh tentang mereka yang tertidur, supaya kamu jangan berdukacita, sama seperti orang-orang lain yang tidak mempunyai pengharapan. Sebab jikalau kita percaya, bahwa Yesus telah mati dan telah dibangkitkan, demikian juga mereka yang tidur dalam Yesus akan dibawa Allah bersama-sama dengan Dia. Inilah yang kami katakan kepadamu dengan firman Tuhan, yaitu bahwa kita yang hidup, yang masih tinggal sampai kedatangan Tuhan, tidak akan menghalang-halangi mereka yang telah tidur. Sebab pada waktu tanda diberi, yaitu pada waktu

penghulu malaikat berseru dan sangkakala Allah berbunyi, maka
Tuhan sendiri akan turun dari sorga dan mereka yang mati dalam
Kristus akan lebih dahulu bangkit: sesudah itu, kita yang hidup, yang
masih tinggal, akan diangkat bersama-sama dengan mereka dalam
awan menyongsong Tuhan di angkasa dan kita akan hidup selama-
lamanya bersama-sama dengan Tuhan. Karena itu, hiburkanlah
seorang akan yang lain dengan perkataan ini."
(1 Tesalonika 4:13-18)

Hanya mereka yang memiliki Roh Allah (Roh Kudus) yang akan dihidupkan kembali dan dibangkitkan untuk bersama Tuhan. Orang-orang yang telah meninggal di dalam Kristus akan dipanggil terlebih dahulu, lalu mereka yang masih hidup akan diangkat ke angkasa untuk bertemu dengan Tuhan Yesus di awan-awan. Tubuh kita yang fana ini akan diubah untuk berada bersama Tuhan. Ketika masa bangsa-bangsa lain digenapi, mereka yang tidak memiliki Roh Kudus akan ditinggalkan untuk menghadapi masa kesengsaraan dan kesusahan yang besar.

"Tetapi pada waktu itu, sesudah siksaan itu, matahari akan menjadi
gelap dan bulan tidak bercahaya dan bintang-bintang di langit akan
berjatuhan dan kuasa-kuasa yang di langit akan goncang. Dan pada
waktu itu mereka akan melihat Anak Manusia datang di atas awan-
awan dengan segala kekuasaan dan kemuliaan-Nya. Dan Maka Ia akan
menyuruh malaikat-malaikat-Nya dan mengumpulkan orang-orang
pilihan-Nya dari keempat penjuru bumi, dari ujung bumi sampai ke
ujung langit." (Markus 13:24-27)

Banyak orang akan terhilang karena mereka tidak memiliki rasa takut (hormat) kepada Tuhan untuk percaya kepada Firman-Nya sehingga mereka dapat diselamatkan. Takut akan Tuhan adalah permulaan hikmat. Raja Daud menulis, "TUHAN adalah terangku dan keselamatanku; kepada siapakah aku harus takut? TUHAN adalah kekuatan hidupku, kepada siapakah aku harus takut? Daud benar-benar seorang yang berkenan di hati Tuhan. Ketika Allah membentuk manusia dari debu tanah, Dia menghembuskan nafas kehidupan ke dalam hidungnya dan manusia itu menjadi jiwa yang hidup. Pertempurannya adalah tentang jiwa; jiwa seseorang bisa menuju Tuhan atau neraka.

*"Dan janganlah kamu takut kepada mereka yang dapat membunuh tubuh, tetapi yang tidak dapat membunuh **jiwa,** tetapi takutlah kepada Dia yang dapat membinasakan jiwa dan tubuh di dalam **neraka.**"*
(Matius 10:28)

Banyak orang akan tahu pada hari itu, apa yang terlalu sulit untuk mereka terima hari ini. Akan sangat terlambat untuk membalikkan lembaran-lembaran kehidupan karena banyak orang akan berdiri di hadapan Allah yang Hidup untuk memberikan pertanggungjawaban.

"Aku berkata kepadamu, saudara-saudara, bahwa daging dan darah tidak dapat mewarisi Kerajaan Allah dan kebinasaan tidak dapat mewarisi kebinasaan. Lihatlah, aku memberitahukan kepadamu suatu rahasia: kita tidak akan mati, tetapi kita semua akan diubah, dalam sekejap mata pada waktu nafiri berbunyi dan orang-orang mati akan dibangkitkan dalam keadaan yang tidak dapat binasa dan kita akan diubah. Karena yang fana ini harus mengenakan kebinasaan dan yang fana ini harus mengenakan keabadian. Jadi apabila yang fana ini mengenakan kebinasaan dan yang fana ini mengenakan keabadian, maka akan digenapi firman yang tertulis: "Maut telah ditelan dalam kemenangan. Wahai maut, di manakah sengatmu? Wahai kubur, di manakah kemenanganmu? Sengat maut ialah dosa, dan kekuatan dosa ialah hukum Taurat. Tetapi syukur kepada Allah, yang telah memberikan kemenangan kepada kita oleh Tuhan kita Yesus Kristus."
(1 Korintus 15:50-57)

Dari apakah kita akan "diselamatkan"? Neraka Kekal di dalam danau yang menyala-nyala. Kita mengambil jiwa-jiwa dari cengkeraman iblis.

Ini adalah Peperangan Rohani yang sedang kita hadapi di bumi ini. Kita akan dihakimi oleh Firman Tuhan, (66 kitab dalam Alkitab), dan Kitab Kehidupan akan dibuka.

"Dan aku melihat suatu takhta putih yang besar dan Dia yang duduk di atasnya, dan dari hadapan-Nya lenyaplah bumi dan langit, dan tidak ada lagi tempat bagi mereka. Dan aku melihat orang-orang mati, besar dan kecil, berdiri di hadapan Allah; dan kitab-kitab itu terbuka; dan sebuah kitab lain terbuka, yaitu kitab kehidupan; dan orang-orang mati dihakimi menurut apa yang tertulis di dalam kitab-kitab itu, sesuai dengan perbuatan-perbuatan mereka. Dan laut melepaskan orang-orang mati yang ada di dalamnya, dan maut dan alam maut melepaskan orang-orang mati yang ada di dalamnya, dan mereka dihakimi masing-masing menurut perbuatan-perbuatannya. Dan maut dan kerajaan maut itu dilemparkan ke dalam lautan api. Ini adalah kematian yang kedua. Dan setiap orang yang tidak ditemukan namanya tertulis di dalam kitab kehidupan itu, ia dilemparkan ke dalam lautan api itu." (Wahyu 20:11-15)

Saya mulai berpikir tentang tokoh-tokoh seperti Musa, Raja Daud, Yusuf, Ayub dan masih banyak lagi. Saya tidak menikmati semua penderitaan yang saya alami dan saya tidak mengerti mengapa ada penderitaan seperti itu di dalam Kekristenan. Saya jauh dari orang-orang yang menjadi teladan kita dan yang memberi kita inspirasi untuk berjalan dalam iman. Firman Tuhan tetap berlaku bahkan di tengah penderitaan dan rasa sakit. Pada saat pencobaan, sakit, dan kesusahan, kita paling banyak berseru kepada Tuhan. Ini adalah iman yang aneh tetapi luar biasa, yang hanya Tuhan yang tahu mengapa Dia memilih cara ini. Dia sangat mengasihi kita, namun Dia telah memberi kita kemampuan untuk memilih sendiri apakah kita akan melayani dan mengasihi Dia. Dia mencari pengantin yang penuh gairah. Maukah Anda menikah dengan seseorang yang tidak bergairah kepada Anda? Bab ini ditulis sebagai dorongan untuk mengatasi hal-hal yang akan menghalangi Anda untuk

165

mendapatkan hidup yang kekal. Allah yang penuh dengan kasih, belas kasihan dan anugerah akan menjadi Allah yang menghakimi. Sekaranglah waktunya untuk memastikan keselamatan Anda dan luput dari api neraka. Kita harus memilih seperti yang dipilih oleh Yosua dalam kitab Yosua.

Dan jika kamu memandang baik beribadah kepada TUHAN, maka pilihlah pada hari ini kepada siapa kamu akan beribadah, apakah kepada allah yang disembah oleh nenek moyangmu, yang ada di seberang sungai Teberau, atau kepada allah orang Amori, yang negerinya kamu diami, tetapi aku dan keluargaku akan beribadah kepada TUHAN. (Yosua 24:15)

"Dan lihatlah, Aku datang dengan segera, dan upah-Ku ada pada-Ku, untuk memberikan kepada setiap orang sesuai dengan pekerjaannya. Akulah Alfa dan Omega, yang awal dan yang akhir, yang terdahulu dan yang kemudian. Berbahagialah mereka yang melakukan perintah-perintah-Nya, supaya mereka mendapat bagian dalam pohon kehidupan dan masuk melalui pintu-pintu gerbangnya ke dalam kota itu." (Wahyu 22:12-14)

Semua orang ingin masuk melalui pintu gerbang ke dalam Kota yang telah disediakan Allah bagi kita, tetapi kita harus memiliki pakaian yang tak bernoda dan tak bercacat sebelum dapat memasukinya. Ini adalah peperangan rohani, "berjuang dan menang" dengan berlutut di dalam doa. Kita hanya memiliki satu kehidupan di bumi ini dan hanya satu peperangan yang baik! Satu-satunya yang dapat kita bawa ke Kota itu adalah jiwa-jiwa yang telah kita saksikan, yang telah menerima Injil Tuhan dan Juruselamat kita, Yesus Kristus, dan yang telah menaati ajaran Kristus. Untuk mengenal Firman, kita harus membacanya, membaca Firman berarti jatuh cinta kepada Sang Pencipta Keselamatan kita. Saya berterima kasih kepada Tuhan dan Juruselamat saya yang telah mengarahkan langkah saya dari India ke Amerika dan menunjukkan kepada saya Jalan-Nya yang sempurna.

Firman-Mu itu pelita bagi kakiku dan terang bagi jalanku.
(Mazmur 119:105)

Bab 21
Pelayanan di Tempat Kerja

Sejak saya menerima Roh Kudus, perubahan besar terjadi dalam hidup saya.

Tetapi kamu akan menerima kuasa, kalau Roh Kudus turun ke atas kamu, dan kamu akan menjadi saksi-Ku di Yerusalem dan di seluruh Yudea dan Samaria dan sampai ke ujung bumi. (Kisah Para Rasul 1:8)

Saya mencoba untuk melayani di tempat kerja saya kepada rekan-rekan kerja saya; saya akan bersaksi dan jika mereka memiliki masalah, saya akan mendoakan mereka. Sering kali mereka datang kepada saya dan menceritakan situasi mereka dan saya akan mendoakan mereka. Jika mereka sakit, saya akan menumpangkan tangan ke atas mereka dan mendoakan mereka. Selama bertahun-tahun saya bersaksi kepada mereka. Hidup saya sendiri menjadi kesaksian yang luar biasa dan Tuhan bekerja melalui saya, meneguhkan melalui kesembuhan, pembebasan, konseling dan menghibur mereka.

Lalu Ia berkata kepada mereka: "Pergilah ke seluruh dunia, beritakanlah Injil kepada segala makhluk. Barangsiapa yang percaya dan dibaptis akan diselamatkan, tetapi barangsiapa yang tidak percaya, ia akan dihukum. Dan tanda-tanda ini akan menyertai orang-orang yang percaya: mereka akan mengusir setan-setan dalam nama-Ku, mereka akan berkata-kata dalam bahasa-bahasa lain, mereka akan memegang ular, dan sekalipun mereka meminum racun yang mematikan, mereka tidak akan mendapat celaka; mereka akan meletakkan tangannya atas orang sakit, dan orang itu akan sembuh. Sesudah Tuhan berkata demikian kepada mereka, terangkatlah Ia ke sorga, lalu duduk di sebelah kanan Allah. Lalu pergilah mereka memberitakan Injil ke segala penjuru dan Tuhan turut bekerja di antara mereka dan firman itu disertai dengan tanda-tanda yang menyertainya. Amin. (Markus 16:15-20)

Di mana pun saya berdoa, jika mereka disembuhkan atau dibebaskan, saya berbicara kepada mereka tentang Injil. Injil adalah Kematian, Penguburan, dan Kebangkitan Yesus. Ini berarti, kita harus bertobat dari semua dosa atau kita mati bagi kedagingan kita dengan bertobat. Langkah kedua adalah kita dikuburkan dalam nama Yesus di dalam air Baptisan untuk menerima pengampunan dosa-dosa kita atau pengampunan dosa kita. Kita keluar dari air dan berbicara dalam bahasa-bahasa baru dengan menerima roh-Nya, yang juga disebut Baptisan Roh atau Roh Kudus.

Banyak yang mendengar dan mematuhinya juga.

Saya ingin menyemangati Anda dengan memberikan kesaksian saya tentang bagaimana Yesus bekerja dengan penuh kuasa di tempat kerja saya. Tempat kerja kita, di mana pun kita tinggal atau di mana pun, adalah ladang di mana kita dapat menanam benih firman Allah.

Seorang teman disembuhkan dari kanker dan ibunya berpaling kepada Tuhan saat kematiannya yang buruk.

Saya memiliki seorang teman yang sangat berharga di tempat kerja saya yang bernama Linda. Pada tahun 2000, saya sakit keras. Suatu hari, teman saya menelepon saya dan mengatakan bahwa dia juga sakit keras dan telah menjalani operasi. Pada tahun awal persahabatan kami, dia menolak Injil dan mengatakan kepada saya bahwa saya tidak menginginkan Alkitab atau doa-doa Anda, saya memiliki tuhan saya sendiri. Saya tidak sakit hati tetapi setiap kali dia mengeluh sakit, saya menawarkan diri untuk berdoa, dia selalu berkata "Tidak". Namun suatu hari, dia merasakan sakit yang tak tertahankan di punggungnya dan tiba-tiba dia juga merasakan sakit di lututnya. Rasa sakitnya bahkan lebih hebat dari pada sakit di punggungnya. Dia mengeluh, dan saya bertanya apakah saya bisa mendoakannya. Dia berkata, "Lakukan apapun yang diperlukan". Saya mengambil kesempatan ini untuk mengajarnya bagaimana cara menegur rasa sakit ini dalam Nama Tuhan Yesus. Rasa sakitnya tak tertahankan; dia mulai menegur rasa sakitnya dengan segera dalam Nama Tuhan Yesus, rasa sakitnya hilang seketika.

Namun, kesembuhan ini tidak mengubah hatinya. Tuhan menggunakan penderitaan dan masalah untuk melembutkan hati kita. Itulah tongkat koreksi yang Dia gunakan untuk anak-anak-Nya. Suatu hari Linda menelepon saya sambil menangis bahwa ia memiliki luka besar di lehernya dan itu sangat menyakitkan. Ia memohon kepada saya untuk berdoa. Dengan senang hati saya mendoakan teman baik saya ini. Dia terus menelepon saya setiap jam untuk mendapatkan penghiburan dan berkata, "bisakah kamu datang ke rumah saya dan berdoa"? Sore itu ia menerima telepon yang memberitahukan bahwa ia didiagnosa menderita kanker tiroid. Dia menangis dengan sangat keras dan ketika ibunya mendengar bahwa putrinya menderita kanker, dia langsung pingsan. Linda telah bercerai dan memiliki seorang putra yang masih kecil.

Dia bersikeras agar saya datang dan mendoakannya. Saya juga sangat tersakiti mendengar laporan ini. Dengan sungguh-sungguh saya mulai mencari seseorang yang dapat mengantar saya ke rumahnya, sehingga saya dapat mendoakannya. Puji Tuhan, jika ada kemauan maka ada jalan.

Rekan doa saya datang dari tempat kerja dan membawa saya ke rumahnya. Linda, ibunya, dan putranya sedang duduk dan menangis. Kami mulai berdoa, dan saya tidak merasakan banyak hal; namun, saya percaya bahwa Tuhan akan melakukan sesuatu. Saya menawarkan diri untuk berdoa lagi. Dia berkata, "*Ya, berdoalah sepanjang malam*, saya tidak keberatan." Ketika berdoa untuk kedua kalinya, saya melihat cahaya terang datang dari pintu, meskipun pintu itu tertutup dan mata saya terpejam. Saya melihat Yesus datang melalui pintu itu, dan saya ingin membuka mata saya, tetapi Dia berkata "*teruslah berdoa*".

Saat kami selesai berdoa, Linda tersenyum. Saya tidak tahu apa yang telah terjadi sehingga wajahnya berubah. Saya bertanya kepadanya, "*Apa yang terjadi?*" Dia berkata, "*Liz, Yesus adalah Tuhan yang benar*". Saya berkata, "*Ya, saya telah mengatakan hal itu kepadamu selama 10 tahun terakhir, tetapi saya ingin tahu apa yang terjadi.*" Dia berkata, "*Rasa sakit saya benar-benar hilang.*" "*Tolong berikan saya alamat gerejanya, saya ingin dibaptis.*" Linda setuju untuk melakukan pendalaman Alkitab dengan saya dan kemudian dia dibaptis. Yesus menggunakan penderitaan ini untuk menarik perhatiannya.

Pandanglah kesengsaraan dan penderitaanku, dan ampunilah segala dosaku. (Mazmur 25:18).

Puji Tuhan!! Tolong jangan menyerah pada orang yang Anda kasihi. Teruslah berdoa siang dan malam, suatu hari nanti Yesus akan menjawabnya jika kita tidak menyerah.

Dan janganlah kamu jemu-jemu berbuat baik, karena pada waktunya kita akan menuai, jika kita tidak lesu. (Galatia 6:9)

171

Di ranjang kematian ibunya, Linda menelepon saya untuk mengunjunginya. Dia mendorong saya dengan kursi roda saya ke kamar rumah sakitnya. Ketika kami melayani ibunya, ia bertobat dan berseru kepada Tuhan Yesus untuk meminta pengampunan. Keesokan harinya, suaranya benar-benar hilang dan pada hari ketiga ia meninggal dunia.

Teman saya Linda adalah seorang Kristen yang baik sekarang. Puji Tuhan!!

Rekan kerja saya dari Vietnam:

Dia adalah seorang wanita yang manis, dan selalu memiliki semangat yang sangat indah. Suatu hari dia sakit, dan saya bertanya apakah saya bisa mendoakannya. Dia langsung menerima tawaran saya. Saya berdoa dan dia sembuh. Keesokan harinya, dia berkata, "Jika tidak terlalu merepotkan, doakanlah ayah saya." Ayahnya terus menerus sakit selama beberapa bulan terakhir. Saya mengatakan kepadanya bahwa saya dengan senang hati mendoakan ayahnya. Yesus dalam belas kasihan-Nya, menjamah dan menyembuhkannya sepenuhnya.

Kemudian, saya melihatnya sakit dan menawarkan diri untuk mendoakannya lagi. Dia berkata, "*Jangan repot-repot mendoakan saya*"; namun, temannya yang bekerja sebagai montir di shift lain membutuhkan doa. Dia tidak bisa tidur siang dan malam; penyakit ini disebut Insomnia Fatal. Dia terus memberi saya informasi, dan sangat prihatin dengan pria ini. Dokter telah memberinya obat dengan dosis tinggi dan tidak ada yang membantu. Saya berkata, "*Saya akan berdoa dengan senang hati.*" Setiap malam sepulang kerja, saya berdoa hampir satu setengah jam untuk semua permintaan doa dan untuk diri saya sendiri. Ketika saya mulai berdoa untuk orang ini, saya menyadari bahwa saya tidak bisa tidur nyenyak. Tiba-tiba saya mendengar seseorang bertepuk tangan di telinga saya atau suara keras yang membangunkan saya hampir setiap malam, sejak saya mulai berdoa untuknya.

Beberapa hari kemudian, saat saya sedang berpuasa, saya pulang dari gereja dan berbaring di tempat tidur. Tiba-tiba saya terkejut ketika sesuatu datang melalui dinding di atas kepala saya dan masuk ke dalam kamar saya. Syukur kepada Tuhan untuk Roh Kudus. Seketika itu juga Roh Kudus berbicara melalui mulut saya, "Aku mengikatmu dalam nama Yesus". Saya tahu di dalam roh bahwa ada sesuatu yang diikat dan kekuatannya dipatahkan di dalam nama Yesus.

Aku berkata kepadamu: Sesungguhnya segala sesuatu yang kamu ikat di dunia ini akan terikat di sorga dan apa yang kamu lepaskan di dunia ini akan terlepas di sorga. (Matius 18:18)

Saya tidak tahu apa itu dan kemudian ketika sedang bekerja, Roh Kudus mulai mengungkapkan apa yang telah terjadi. Kemudian saya tahu bahwa ada setan yang mengendalikan montir ini dan tidak membiarkannya tidur. Saya meminta teman saya di tempat kerja untuk mencari tahu tentang kondisi tidur temannya. Kemudian dia kembali ke area kerja saya dengan membawa montir tersebut. Dia mengatakan kepada saya bahwa dia tidur nyenyak dan ingin berterima kasih kepada saya. Saya berkata, "Berterima kasihlah kepada **Yesus.**" "Dialah yang telah **membebaskanmu.**" Kemudian saya memberinya sebuah Alkitab dan memintanya untuk membaca dan berdoa setiap hari.

Ada banyak orang di dalam keluarga mereka yang berpaling kepada Yesus melalui pekerjaan saya. Itu adalah waktu yang tepat bagi saya untuk bersaksi kepada banyak orang dari berbagai bangsa.

Aku akan memuji Engkau di tengah-tengah jemaat yang besar: Aku akan memuji Engkau di antara banyak orang. (Mazmur 35:18)

Aku hendak memuji Engkau, ya Allahku, ya raja, dan aku hendak memberkati nama-Mu untuk selama-lamanya. (Mazmur 145:1)

Bab 22
Mempelajari Jalan-Nya dengan Mematuhi Suara-Nya

Imenemukan kebenaran yang indah ini pada tahun 1982. Beberapa tahun kemudian, saya memutuskan untuk mengunjungi India. Ketika saya berada di sana, teman saya, Dinah dan saya memutuskan untuk pergi jalan-jalan di kota Udaipur. Di penghujung hari, kami kembali ke kamar hotel yang kami tempati. Di kamar kami terdapat sebuah gambar di dinding yang menggambarkan dewa palsu yang disembah di India. Seperti yang Anda ketahui, India memiliki banyak dewa. Alkitab berbicara tentang satu Tuhan yang benar dan nama-Nya adalah Yesus.

Kata Yesus kepadanya: "Akulah jalan dan kebenaran dan hidup; tidak ada seorangpun yang datang kepada Bapa, kalau tidak melalui Aku.
(Yohanes 14:6)

Tiba-tiba saya mendengar suara yang mengatakan kepada saya, "Singkirkan *gambar itu dari dinding*." Karena saya memiliki Roh Kudus, pikiran saya adalah, *"Saya tidak takut pada apa pun dan tidak ada yang dapat menyakiti saya."* Jadi saya tidak taat pada suara ini dan tidak menurunkan gambar itu.

Ketika kami sedang tidur, tanpa diduga, saya mendapati diri saya duduk di tempat tidur; saya tahu seorang Malaikat telah menyiapkan saya. Tuhan membuka mata rohani saya dan saya melihat seekor laba-laba hitam yang sangat besar masuk melalui pintu. Laba-laba itu merayap di atas saya, teman saya, dan putranya. Laba-laba itu menuju ke arah gaun saya yang tergantung di dinding dan lenyap tepat di depan mata saya. Pada saat itu Tuhan mengingatkan saya akan firman Tuhan yang mengatakan untuk tidak pernah memberikan tempat kepada Iblis.

Janganlah kamu memberi tempat kepada iblis. (Efesus 4:27)

Segera saya bangkit dan menurunkan foto itu dan membaliknya. Sejak hari itu, saya menyadari bahwa Tuhan adalah Tuhan yang Kudus. Perintah-perintah-Nya yang telah Dia berikan kepada kita akan membuat kita tetap terlindungi dan diberkati, selama kita selalu menaati dan mematuhinya.

Pada saat saya bekerja, saya selalu pulang ke rumah dengan perasaan yang kering secara rohani. Suatu hari Yesus berbicara kepada saya dan berkata, "Berbicaralah dalam bahasa *roh selama setengah jam, pujilah dan sembahlah selama setengah jam dan letakkan tangan-Ku di atas kepalamu dan berbicaralah dalam bahasa roh selama setengah jam.*" Ini adalah kehidupan doa harian saya.

Suatu hari, saya pulang kerja setelah tengah malam. Saya mulai berjalan di sekitar rumah saya sambil berdoa. Saya tiba di sudut tertentu di rumah saya dan melihat setan dengan mata rohani saya. Saya menyalakan lampu dan memakai kacamata untuk melihat mengapa setan ini ada di sini? Tiba-tiba, saya teringat sebelumnya pada hari itu, saya telah menutupi cetakan dan nama-nama dewa yang ada di kotak minyak jagung. Entah bagaimana, saya telah melewatkan cetakan dewa palsu ini. Saya segera mengambil spidol permanen dan menutupinya.

Alkitab menyatakan, Yesus telah memberi kita kuasa untuk mengikat dan mengusir roh-roh jahat. Malam itu saya menggunakan kuasa tersebut, membuka pintu dan berkata kepada roh jahat itu, "*Dalam Nama Yesus, saya perintahkan kamu keluar dari rumah saya dan jangan pernah kembali lagi!*" Iblis itu langsung pergi.

Puji Tuhan! Jika kita tidak mengenal Firman Tuhan, kita dapat mengijinkan setan-setan masuk ke dalam rumah kita melalui majalah, koran, TV, bahkan mainan. Sangatlah penting untuk mengetahui apa yang kita bawa masuk ke dalam rumah kita.

Contoh lainnya, saya sakit keras dan tidak bisa berjalan, saya harus bergantung pada keluarga dan teman-teman untuk mengambilkan belanjaan saya dan menyimpannya. Suatu pagi saya terbangun dan merasa ada yang menutup mulut saya, saya diikat.

Saya bertanya kepada Tuhan mengapa saya merasakan hal ini. Dia menunjukkan kepada saya simbol Swastika. Saya bertanya-tanya di mana saya bisa menemukan simbol ini. Saya pergi ke kulkas dan begitu saya membuka pintu, saya melihat simbol swastika pada barang belanjaan yang dibawa oleh saudara perempuan saya sehari sebelumnya. Saya bersyukur kepada Tuhan atas bimbingan-Nya dan segera menghapusnya.

Percayalah kepada TUHAN dengan segenap hatimu, dan janganlah bersandar kepada pengertianmu sendiri. Dalam segala lakumu akuilah Dia, maka Ia akan meluruskan jalanmu. (Amsal 3:5-6)

Saya ingin berbagi pengalaman lain yang saya alami ketika mengunjungi kampung halaman saya di India. Saya menghabiskan satu malam dengan seorang teman saya yang merupakan seorang pemuja berhala.

Selama bertahun-tahun saya telah bersaksi kepadanya tentang Yesus dan Kuasa. Dia juga mengetahui Kuasa doa dan banyak mukjizat yang terjadi di rumahnya. Dia bersaksi tentang mukjizat ketika saya berdoa dalam nama Yesus.

Ketika saya sedang tidur, sebuah suara membangunkan saya. Di seberang ruangan saya melihat sesosok tubuh yang terlihat seperti teman saya. Sosok itu menunjuk ke arah saya dengan wajah jahat. Tangannya mulai bergerak ke arah saya dan berada dalam jarak satu kaki dari saya dan kemudian menghilang. Sosok itu muncul kembali, tetapi kali ini adalah wajah anak laki-lakinya. Sekali lagi tangannya mulai tumbuh dan menunjuk ke arah saya. Sosok itu datang satu kaki dari saya dan menghilang. Saya teringat akan Alkitab yang mengatakan bahwa Malaikat ada di sekitar kita.

Orang yang diam di tempat rahasia Yang Mahatinggi akan tinggal di bawah naungan Yang Mahakuasa. Aku akan berkata tentang TUHAN: "Dialah tempat perlindunganku dan bentengku, Allahku, kepada Dialah aku percaya. Sesungguhnya, Ia akan melepaskan engkau dari jerat burung pemangsa dan dari penyakit sampar yang berisik. Ia akan menudungi engkau dengan bulu-bulunya, dan di bawah sayap-Nya engkau akan berlindung; kebenaran-Nya akan menjadi perisai dan perisai bagimu. Engkau tidak akan takut kepada kengerian pada waktu malam, dan tidak akan takut kepada anak panah yang melesat pada waktu siang, dan tidak akan takut kepada penyakit sampar yang berjalan dalam kegelapan, dan tidak akan takut kepada kebinasaan yang melenyapkan pada waktu siang. Seribu orang akan gugur di sisimu dan sepuluh ribu orang di sebelah kananmu, tetapi mereka tidak akan mendekat kepadamu. Hanya dengan matamu sendiri engkau akan melihat dan melihat upah orang fasik. Sebab engkau telah menjadikan TUHAN, yaitu Yang Mahatinggi, tempat kediamanmu, maka tidak akan ada malapetaka yang menimpa engkau, dan tidak akan ada tulah yang menghampiri tempat kediamanmu. Sebab Ia akan menugaskan malaikat-malaikat-Nya atasmu untuk menjaga engkau dalam segala jalanmu. (Mazmur 91:1-11)

Ketika saya bangun, di pagi hari saya melihat teman saya dan putranya sujud menyembah berhala. Dan saya teringat akan apa yang telah Tuhan tunjukkan kepada saya pada malam harinya. Jadi saya menceritakan kepada teman saya bahwa saya mendapat penglihatan pada malam itu. Dia mengatakan kepada saya bahwa dia juga telah melihat dan merasakannya di rumahnya. Dia bertanya kepada saya seperti apa bentuk setan yang saya lihat. Saya mengatakan kepadanya bahwa satu bentuk terlihat seperti dirinya dan yang lainnya seperti anaknya. Dia mengatakan bahwa dia dan putranya tidak bisa akur. Dia bertanya kepada saya apa yang harus dilakukan untuk menyingkirkan setan-setan yang menyiksanya dan keluarganya. Saya menjelaskan kepadanya tentang kitab suci ini.

Pencuri datang bukan untuk mencuri dan membunuh dan membinasakan, melainkan Aku datang, supaya mereka mempunyai hidup, dan mempunyainya dalam segala kelimpahan. (Yohanes 10:10)

Saya memberinya Alkitab dan memintanya untuk membacanya dengan suara keras setiap hari di rumahnya, terutama Yohanes 3:20 dan 21.

Karena setiap orang yang melakukan kejahatan membenci terang dan tidak datang kepada terang, supaya perbuatan-perbuatannya tidak ditegur. Tetapi barangsiapa berbuat kebenaran, ia datang kepada terang, supaya perbuatan-perbuatannya menjadi nyata, bahwa ia dikerjakan di dalam Allah. (Yohanes 3:20-21)

Saya juga mengajarinya doa peperangan rohani di mana Anda mengikat semua roh jahat dan melepaskan Roh Kudus atau Malaikat dalam Nama Yesus. Saya juga memintanya untuk mengucapkan Nama Yesus dan memohon Darah Yesus di rumahnya secara terus menerus.

Beberapa bulan setelah perjalanan ini, saya menerima sebuah surat yang memberikan kesaksian, bahwa setan-setan itu telah meninggalkan rumahnya, dia dan putranya sudah rukun, dan mereka memiliki kedamaian total di rumah mereka.

Kemudian Ia memanggil kedua belas murid-Nya dan memberikan kepada mereka kuasa dan wewenang untuk mengusir setan dan menyembuhkan penyakit. Dan Ia mengutus mereka untuk memberitakan Kerajaan Allah dan menyembuhkan orang-orang sakit (Lukas 9:1, 2)

Ketika dia bersaksi kepada kerabatnya yang lain, mereka menjadi sangat tertarik dengan Alkitab dan ingin belajar lebih banyak tentang Tuhan Yesus.

Kunjungan saya berikutnya ke India, saya bertemu dengan seluruh keluarga dan menjawab pertanyaan-pertanyaan mereka. Saya mengajari mereka cara berdoa dan memberikan Alkitab kepada mereka. Saya memberikan semua kemuliaan kepada Tuhan atas hasil ini.

Keinginan saya adalah agar orang-orang belajar untuk menggunakan Nama Yesus dan Firman Tuhan sebagai pedang untuk melawan musuh. Dengan menjadi "orang Kristen yang telah dilahirkan kembali", kita akan memiliki kekuatan.

Roh Tuhan ALLAH ada padaku, oleh karena TUHAN telah mengurapi aku, untuk menyampaikan kabar baik kepada orang-orang yang lemah lembut, untuk membebaskan orang-orang yang remuk hati, untuk memberitakan pembebasan kepada orang-orang tawanan, dan kelepasan kepada orang-orang yang terbelenggu." (Yesaya 61:1)

Bab 23
Bergerak di Media

Iada tahun 1999 saya mengalami cedera di tempat kerja dan kemudian cedera tersebut semakin parah. Cedera ini sangat parah sehingga karena rasa sakitnya, saya kehilangan ingatan. Saya tidak dapat membaca dan mengingat apa yang telah saya baca. Saya tidak bisa tidur selama 48 jam. Jika saya tidur, saya akan terbangun setelah beberapa jam karena mati rasa di tangan saya, rasa sakit di punggung, leher, dan kaki saya. Ini adalah ujian berat bagi iman saya. Saya tidak tahu apa yang saya pikirkan. Seringkali saya pingsan dan tertidur. Itulah satu-satunya cara saya tidur hampir sepanjang waktu. Saya tidak ingin membuang-buang waktu, jadi saya berpikir apa yang harus saya lakukan? Saya berpikir untuk membuat CD dari semua buku saya yang sudah diterjemahkan. Saya berpikir bahwa jika saya menaruh semua buku ini dalam bentuk audio, itu akan sangat bagus untuk zaman sekarang.

Supaya ujian terhadap imanmu itu jauh lebih berharga dari pada emas yang dapat binasa, sekalipun ia diuji dengan api, sehingga kamu memperoleh puji-pujian dan hormat dan kemuliaan pada waktu Yesus Kristus menyatakan diri-Nya." (1 Petrus 1:7)

Untuk menyebarkan kebenaran ini, saya bersedia melakukan apa saja. Tidak ada harga yang lebih besar daripada harga yang telah dibayar oleh Yesus. Allah dalam belas kasihan-Nya membantu saya untuk mencapai tujuan saya.

Tidak diragukan lagi, butuh waktu lebih dari satu tahun untuk melakukan ini. Saya tidak memiliki cukup uang untuk membeli semua peralatan, dan saya juga tidak memiliki cukup pengetahuan untuk mengetahui cara merekam. Saya mulai menggunakan kartu kredit saya untuk membeli apa yang saya perlukan untuk proyek baru ini. Saya pikir karena saya tidak bisa membaca dan mengingat, saya bisa membaca buku itu dengan keras dan membuat CD audio, dengan cara ini saya tidak perlu memori untuk membaca.

Karena saya pergi ke gereja berbahasa Inggris, saya hampir lupa bagaimana cara membaca Guajarati dengan benar, dan saya tidak ingin melepaskan bahasa saya. Sering kali, seperti yang Anda ketahui, karena kesehatan, saya tidak bisa duduk selama berhari-hari atau bahkan berminggu-minggu. Saya akan lupa bagaimana cara merekam dan menggunakan peralatan rekaman saya. Saya akan melihat catatan saya dan memulai lagi dari awal, tetapi saya tidak ingin melepaskannya.

Satu hal yang harus kita ingat; iblis tidak pernah menyerah! Kita harus belajar dari hal itu dan jangan pernah menyerah!

Hari itu tiba ketika saya menyelesaikan buklet enam halaman saya. Yang mengejutkan saya, butuh waktu satu tahun untuk menyelesaikannya. Saya sangat senang, saya memutar CD tersebut, dan perlahan-lahan saya membalikkan kursi roda saya untuk mendengarkan CD saya.

Tiba-tiba saat saya melihat, mata saya tidak bisa melihat. Saya sangat takut dan berkata pada diri saya sendiri, "Saya telah bekerja sangat keras dalam kondisi kesehatan yang buruk. Seandainya saja saya menjaga kesehatan dengan lebih baik, sekarang saya tidak bisa melihat." Saya tidak melihat dapur, stereo, dinding, atau perabotan saya. Tidak ada apa-apa di sana kecuali awan putih yang tebal. Saya berkata, "Saya terlalu keras terhadap diri saya sendiri, sekarang saya buta." Tiba-tiba, dalam awan putih yang tebal di kamar saya, saya melihat Tuhan Yesus berdiri dengan jubah putih dan tersenyum kepada saya. Dalam waktu singkat, Dia menghilang dan saya menyadari bahwa itu adalah sebuah Penglihatan. Saya tahu bahwa kemuliaan Shekinah-Nya telah turun. Saya sangat senang dan menyadari bahwa Tuhan Yesus senang dengan usaha saya.

Saya selalu ingin mencari Tuhan untuk mendapatkan petunjuk-Nya, untuk menggunakan waktu saya dengan cara yang terbaik untuk memuliakan-Nya. Tidak ada situasi yang dapat menghentikan kita untuk melakukan pelayanan-Nya. CD ini saya berikan secara cuma-cuma kepada orang-orang dan juga saya unggah di
http://www.gujubible.org/web_site.htm dan
https://waytoheavenministry.org

Siapakah yang akan memisahkan kita dari kasih Kristus, apakah kesengsaraan, atau kesusahan, atau penganiayaan, atau kelaparan, atau kelaparan, atau ketelanjangan, atau bahaya, atau pedang? Seperti ada tertulis: "Oleh karena Engkau kami dibunuh sepanjang hari, kami diperhitungkan seperti domba-domba untuk disembelih. Tetapi dalam semuanya itu kita lebih dari pada orang-orang yang menang, oleh Dia yang telah mengasihi kita. Sebab aku yakin, bahwa baik maut, maupun hidup, baik malaikat-malaikat, maupun pemerintah-pemerintah, baik yang ada sekarang, maupun yang akan datang, atau kuasa-kuasa, baik yang di atas, maupun yang di bawah, ataupun sesuatu makhluk lain, tidak akan dapat memisahkan kita dari kasih Allah, yang ada dalam Kristus Yesus, Tuhan kita." (Roma 8:35-39)

Bab 24
Studi yang Mengeksplorasi

Meberapa kali, saya mendapat kesempatan untuk memberikan pelajaran Alkitab dalam bahasa selain bahasa Inggris. Ketika mengajarkan Firman Tuhan kepada mereka, mereka tidak dapat menemukan Alkitab yang tepat. Saya selalu menggunakan Alkitab versi King James. Tetapi beberapa dari mereka memiliki versi dan bahasa Alkitab yang berbeda.

Suatu malam saya mengajar tentang Satu Tuhan, Monoteisme (Mono berasal dari kata Yunani Monos dan theos berarti Tuhan) dan saya membaca 1 Yohanes 5:7. Ketika mereka mencari ayat tersebut di dalam Alkitab mereka, mereka tidak dapat menemukannya. Saat itu sudah lewat tengah malam, jadi saya pikir mereka tidak mengerti apa yang mereka baca, dan ketika kami menerjemahkan dari bahasa Inggris ke bahasa mereka, mereka mengatakan bahwa ini tidak ada dalam Alkitab kami.

*Karena ada tiga yang menulis di surga, yaitu Bapa, Firman, dan Roh Kudus, dan **ketiganya adalah satu**. (1 Yohanes 5:7)*

Aku terkejut. Jadi kami mencari kitab suci yang lain.

*(KJV) 1 Timotius 3:16, "**Allah telah menyatakan diri-Nya dalam rupa manusia**"*

Bacaan Alkitab mereka: "*Dia menampakkan diri dalam sebuah tubuh*" (semua Alkitab yang diterjemahkan dari naskah Aleksandria yang telah dirusak memiliki kebohongan ini. Vulgata Katolik Roma, Alkitab Guajarati, Alkitab NIV, Alkitab bahasa Spanyol, dan Alkitab versi modern lainnya)

{ΘC=Allah} dalam bahasa Yunani, tetapi dengan menghilangkan garis kecil dari ΘC, kata "Allah" berubah menjadi {OC="siapa" atau "dia", yang memiliki arti yang berbeda dalam bahasa Yunani. Ini adalah dua kata yang berbeda, karena 'dia' dapat berarti siapa saja, tetapi Allah berbicara tentang Yesus Kristus yang menjadi manusia.

Betapa mudahnya menghilangkan keilahian Yesus Kristus?!?!

Wahyu 1:8

KJV: Akulah Alfa dan Omega, yang awal dan yang akhir, demikianlah firman Tuhan, yang sudah ada dan yang sudah terjadi dan yang akan datang, Yang Mahakuasa

Terjemahan NIV: Wahyu 1:8 "Akulah Alfa dan Omega," demikianlah firman Tuhan Allah, "yang sudah ada dan yang sudah ada dan yang akan datang, Yang Mahakuasa."

(Alkitab bahasa Gujarat, NIV dan terjemahan lainnya telah menghapus "Awal dan akhir")

Wahyu 1:11

KJV Katakanlah: "Akulah Alfa dan Omega, yang terdahulu dan yang terkemudian, dan apa yang engkau lihat, tuliskanlah itu dalam sebuah kitab dan kirimkanlah itu kepada ketujuh jemaat yang di Asia, yaitu kepada jemaat di Efesus, kepada jemaat di Smirna, kepada jemaat di Pergamus, kepada jemaat di Tiatira, kepada jemaat di Sardis, kepada jemaat di Filadelfia, kepada jemaat di Laodikia" (Wahyu 1:11).

AYT Wahyu 1:11 "Tuliskanlah pada sebuah gulungan kitab apa yang kaulihat dan kirimkanlah itu kepada ketujuh jemaat: kepada jemaat di Efesus, Smirna, Pergamus, Tiatira, Sardis, Filadelfia dan Laodikia."

(Versi modern dari Alkitab, Guajarati dan Alkitab NIV semuanya telah menghapus Aku adalah Alfa dan Omega, yang pertama dan yang terakhir)

Saya tidak dapat membuktikan bahwa ada 'Satu Tuhan' dari Alkitab mereka.

Pengajaran saya memakan waktu yang lama, dan yang mengejutkan mereka, saya tidak dapat memberikan bukti alkitabiah kepada mereka bahwa hanya ada satu Tuhan dari Alkitab mereka. Hal ini mendorong saya untuk belajar secara mendalam.

Saya teringat perkataan Paulus: *Sebab aku tahu, bahwa sesudah aku pergi, serigala-serigala yang buas akan masuk ke tengah-tengah kamu dan tidak menyayangkan domba-domba itu. (Kisah Para Rasul 20:29)*

Rasul Yohanes, yang merupakan murid terakhir Kristus yang masih hidup, memberikan peringatan dalam salah satu suratnya:

Saudara-saudaraku yang kekasih, janganlah percaya akan setiap roh, tetapi ujilah roh-roh itu, apakah mereka berasal dari Allah; sebab banyak nabi-nabi palsu yang telah muncul dan pergi ke seluruh dunia. Demikianlah kamu mengenal Roh Allah: Setiap roh, yang mengaku, bahwa Yesus Kristus telah datang sebagai manusia, berasal dari

Allah: Tetapi setiap roh, yang tidak mengaku, bahwa Yesus Kristus telah datang sebagai manusia, tidak berasal dari Allah; dan roh itu adalah roh antikristus, yang telah kamu dengar, bahwa ia akan datang, dan sekarang ia sudah ada di dalam dunia. (1 Yohanes 4:1-3)

Saya ingin membagikan fakta yang saya temukan ini, dengan mencari kebenaran tentang korupsi 'Firman Tuhan'.

Naskah Aleksandria adalah versi yang telah dikorupsi dari naskah asli Alkitab yang asli. Mereka menghapus banyak kata seperti, Sodom, neraka, darah, diciptakan oleh Yesus Kristus, Tuhan Yesus, Kristus, Haleluya, dan Yehuwa, bersama dengan banyak kata dan ayat lainnya dari naskah asli.

Di Alexandria Mesir, para ahli Taurat, yang merupakan antikristus, tidak memiliki wahyu dari Tuhan Yang Maha Esa karena Alkitab telah diubah dari naskah aslinya. Korupsi ini dimulai pada abad pertama.

Pada awalnya Alkitab bahasa Yunani dan Ibrani ditulis di atas gulungan papirus yang mudah rusak. Jadi, mereka akan menulis tangan 50 salinan di berbagai negara setiap 200 tahun untuk melestarikannya selama 200 tahun. Hal ini dilakukan oleh nenek moyang kita yang memiliki salinan asli dari naskah aslinya. Sistem yang sama ini juga dilakukan oleh orang-orang Aleksandria untuk melestarikan naskah yang rusak.

Pada awal abad ke-2 Masehi, para Uskup mengambil alih posisi tersebut dan melakukan korupsi secara progresif dari tahun 130 hingga 444 Masehi. Mereka menambah dan mengurangi dari salinan asli naskah Yunani dan Ibrani. Semua Uskup berikutnya akan menegaskan bahwa mereka menerima pesan langsung dari Yesus dan tidak perlu memperhatikan para rasul, murid, nabi dan guru. Dan semua Uskup juga mengklaim bahwa mereka adalah satu-satunya yang tercerahkan.

Uskup Origen dari Aleksandria (185-254 M): Tertulianus adalah seorang uskup yang korup, yang menambahkan lebih banyak kegelapan. Ia meninggal sekitar tahun 216 M. Clement mengambil alih dan menjadi Uskup Aleksandria. Cyril, uskup Yerusalem, lahir pada tahun 315 dan meninggal pada tahun 386 Masehi. Agustinus, uskup Hippo, pendiri agama Katolik, lahir pada tahun 347 dan meninggal pada tahun 430 Masehi. Dia menyingkirkan orang-orang yang benar-benar percaya kepada Firman Tuhan. Krisostomus adalah uskup Konstantinopel, tempat asal versi yang telah dikorupsi. Ia lahir pada tahun 354 dan meninggal pada tahun 417 Masehi. Cyril dari Aleksandria diangkat menjadi uskup pada tahun 412 dan meninggal pada tahun 444 Masehi.

Para uskup ini merusak naskah yang asli, dan ditolak oleh nenek moyang kita yang mengetahui fakta-fakta di mana dan bagaimana naskah asli dirusak.

Kerusakan ini dimulai ketika Paulus dan Yohanes masih hidup. Orang-orang Aleksandria mengabaikan firman Tuhan dan di Nicaea, pada tahun 325 Masehi, mereka menetapkan doktrin Trinitas. Nicea adalah Turki modern dan dalam Alkitab dikenal sebagai Pergamus.

*Dan kepada malaikat jemaat di **Pergamus** tuliskanlah: "Inilah firman Dia, yang memegang pedang yang tajam dan yang bermata dua itu: Aku tahu segala pekerjaanmu dan di mana engkau diam, yaitu di tempat **kedudukan Iblis**, dan engkau berpegang teguh pada nama-Ku dan tidak menyangkal iman-Ku pada waktu Antipas, martir-Ku yang setia, dibunuh di tengah-tengah kamu, di tempat Iblis diam."*
(Wahyu 2:11). (Wahyu 2:12-13).

Nicaea

Pada tahun 325 M, Keesaan Allah dihilangkan oleh Iblis dan Tritunggal ditambahkan dan Allah dibagi-bagi. Mereka menghilangkan nama

"Yesus" dari formula pembaptisan dengan menambahkan Bapa, Anak dan Roh Kudus.

Pencuri datang bukan untuk mencuri dan membunuh dan membinasakan; Aku datang, supaya mereka mempunyai hidup, dan mempunyainya dalam segala kelimpahan.
dengan berlimpah (Yohanes 10:10).

Pergamum (kemudian disebut Nicaea dan sekarang disebut Turki) adalah sebuah kota yang dibangun 1000 kaki di atas permukaan laut. Empat dewa yang berbeda disembah di tempat ini. Dewa utamanya adalah Asclepius yang simbolnya adalah ular.

Wahyu mengatakan:

*Dan **naga** besar itu telah dilemparkan ke luar, yaitu **ular** tua yang disebut Iblis, dan Iblis itulah Iblis, yang menyesatkan seluruh dunia; ia dilemparkan ke bumi dan malaikat-malaikatnya dilemparkan ke bumi bersama-sama dengan dia (Wahyu 12:9).*

*Dan ia memegang naga itu, yaitu **ular** tua itu, yaitu Iblis dan Setan, dan mengikatnya seribu tahun lamanya (Wahyu 20:2).*

Di kuil ini terdapat banyak ular berukuran besar; juga di sekitar daerah itu terdapat ribuan ular. Orang-orang datang ke kuil Pergamus untuk mencari kesembuhan. Asclepius disebut sebagai dewa penyembuh, dan merupakan dewa utama di antara empat dewa. Karena dia disebut dewa penyembuh, di tempat ini mereka memperkenalkan ramuan dan obat-obatan untuk penyembuhan. Sehingga ia dapat menghapus belang-belang dan Nama Yesus untuk penyembuhan. Rencananya adalah untuk menggantikan Yesus dan menghapus Kristus sebagai Juruselamat, karena dia juga mengklaim dirinya sebagai Juruselamat. Ilmu Kedokteran modern mengambil Simbol ular dari Asclepius (Ular).

Alkitab mengatakan:

*Kamu adalah saksi-saksi-Ku, demikianlah firman TUHAN, dan hamba-Ku yang telah Kupilih, supaya kamu mengetahui dan percaya kepada-Ku dan mengerti, bahwa Akulah **Dia,** sebelum Aku tidak ada Allah yang serupa dengan Aku, dan tidak akan ada lagi sesudah Aku. Akulah TUHAN, Akulah TUHAN, dan di samping-Ku tidak ada juruselamat. (Yesaya 43:10-11)*

Ini adalah tempat di mana Setan mendirikan trinitas.

Saat ini mereka telah menemukan salinan asli dari naskah Alexandria, menggarisbawahi kata dan tulisan yang telah dihilangkan dari Naskah Ibrani dan Yunani yang asli. Hal ini membuktikan bahwa merekalah yang telah mengubah firman Allah yang benar.

Era kegelapan datang hanya dengan menghapus kebenaran dan mengubah dokumen Alkitab yang sebenarnya.

Firman Tuhan adalah pedang, terang dan kebenaran. Firman Allah ditegakkan untuk selama-lamanya.

Alkitab NIV, Alkitab modern, dan banyak bahasa lain dari Alkitab, diterjemahkan dari salinan kuno Alexandria yang sudah rusak. Sekarang sebagian besar salinan Alkitab lainnya berasal dari versi NIV dan diterjemahkan ke dalam bahasa-bahasa lain. Hak cipta Alkitab Setan dan Alkitab NIV dimiliki oleh seorang pria bernama Rupert Murdoch.

Ketika Raja James mengambil alih tahta kerajaan setelah ratu Elizabeth pada tahun 1603, ia mengambil proyek untuk menerjemahkan Alkitab dari naskah asli bahasa Ibrani dan Yunani. Proyek ini dikerjakan oleh banyak teolog, cendekiawan, dan orang-orang yang sangat dihormati di kalangan masyarakat Ibrani, Yunani, dan Latin. Para arkeolog telah menemukan naskah asli bahasa Ibrani dan Yunani yang asli dan benar

189

yang 99% cocok dengan Alkitab KJV. Satu persennya adalah kesalahan kecil seperti tanda baca.

Puji Tuhan! Alkitab KJV adalah domain publik dan setiap orang dapat menggunakan Alkitab KJV untuk menerjemahkannya ke dalam bahasa ibu mereka. Saran saya adalah kita harus menerjemahkan dari Alkitab KJV karena Alkitab KJV adalah domain publik dan merupakan Alkitab yang paling akurat.

Dengan menghapus kebenaran dari Alkitab asli, nama "Yesus Kristus", yang merupakan kuasa yang membebaskan manusia, telah hilang.

Hal ini menyebabkan lahirnya banyak denominasi. Sekarang Anda akan mengerti mengapa Alkitab mengatakan jangan menambah atau mengurangi.

Serangan itu ditujukan kepada Tuhan yang berinkarnasi.

Alkitab berkata.

Dan TUHAN akan menjadi raja atas seluruh bumi; pada waktu itu akan ada satu TUHAN, dan nama-Nya satu. (Zakharia 14:9)

Nama-Nya adalah YESUS!!!

Bab 25
Kesaksian Pribadi yang Mengubah Hidup

Salam Dalam Nama Yesus:

Kesaksian-kesaksian pribadi yang "Mengubah Hidup" ini disertakan sebagai dorongan akan Kuasa Tuhan Yang Mahakuasa. Harapan saya yang tulus bahwa iman Anda akan bertambah dengan membaca kesaksian-kesaksian yang menginspirasi ini dari orang-orang percaya yang rendah hati dan para pelayan yang memiliki panggilan dan semangat untuk Tuhan. "Kenali Dia dalam keintiman Kasih-Nya, melalui Iman, Doa dan Firman Tuhan." Ilmu pengetahuan dan kedokteran tidak dapat menjelaskan mukjizat-mukjizat ini, dan mereka yang mengaku bijaksana pun tidak dapat memahami perkara-perkara Allah.

*Aku akan memberikan kepadamu **harta karun dalam** kegelapan dan kekayaan yang tersembunyi di tempat-tempat yang tersembunyi, supaya engkau mengetahui, bahwa Akulah TUHAN, yang memanggil engkau dengan namamu, Akulah Allah Israel. (Yesaya 45:3)*

"Ini adalah perjalanan Iman yang tidak dapat dibedah dan tidak dapat dibayangkan."

"Orang-orang bijaksana itu menjadi malu, mereka kecewa dan terkejut, lihatlah, mereka telah menolak firman TUHAN, dan hikmat apakah yang ada pada mereka?" (Yeremia 8:9)

"Celakalah mereka yang bijaksana menurut pandangannya sendiri, dan yang bijaksana menurut pandangannya sendiri!" (Yesaya 5:21)

"Sebab kamu tahu, saudara-saudara, bahwa tidak banyak orang yang berhikmat menurut daging, tidak banyak orang yang gagah perkasa dan tidak banyak orang yang terpandang dipanggil: Tetapi Allah telah memilih apa yang bodoh dari dunia ini untuk memalukan orang-orang yang berhikmat, dan apa yang lemah dari dunia ini untuk memalukan apa yang kuat." (1 Korintus 1:26-27)

Berserulah kepada-Ku, maka Aku akan menjawab engkau dan menunjukkan kepadamu perbuatan-perbuatan besar dan dahsyat yang tidak kauketahui. (Yeremia 33:3)

Terima kasih yang tulus saya ucapkan kepada mereka yang telah menyumbangkan kesaksian pribadi dan waktu mereka untuk buku ini demi kemuliaan Tuhan.

Semoga Tuhan Memberkati Anda
Elizabeth Das, Texas

Kesaksian Masyarakat

Semua Kesaksian Diberikan Secara Sukarela Untuk Memberikan Kemuliaan Bagi Tuhan, Kemuliaan Hanya Milik Tuhan

Terry Baughman, Pendeta Gilbert, Arizona, Amerika Serikat

Elizabeth Das adalah seorang wanita yang berpengaruh. Rasul Paulus dan rekan misionarisnya, Silas, tertarik pada sebuah kelompok doa wanita di dekat Tiatira di tepi sungai. Dalam persekutuan doa inilah Lidia mendengar pengajaran Paulus dan Silas dan kemudian bersikeras agar mereka datang untuk tinggal di rumahnya selama pelayanan mereka di wilayah tersebut. (Lihat Kisah Para Rasul 16:13-15.) Keramahan dan... pelayanan wanita ini dicatat dalam Alkitab untuk dikenang sepanjang masa.

Elizabeth Das adalah seorang wanita Tuhan, seperti wanita yang berpengaruh, Lidia, dalam kitab Kisah Para Rasul. Melalui industri dan semangatnya, ia telah membawa orang lain kepada pengetahuan akan kebenaran, mengkoordinasikan kelompok-kelompok doa, dan menjadi alat untuk mengutus para pelayan Injil ke tanah kelahirannya di Gujarat, India. Pertama kali saya mendengar tentang Elizabeth Das, saya adalah seorang instruktur dan Dekan Akademik di Christian Life College di Stockton, California. Daryl Rash, Direktur Misi kami, memberi tahu saya tentang pekerjaannya yang baik dalam mengajak para pendeta untuk pergi ke Ahmadabad, India, untuk mengajar dan berkhotbah dalam konferensi yang disponsori oleh Pendeta Jaiprakash Christian and Faith Church, sebuah kelompok yang beranggotakan lebih dari 60 gereja di negara bagian Gujarat, India. Beliau menghubungi Christian Life College untuk meminta pembicara dalam konferensi yang akan datang untuk gereja-gereja di India. Kami mengirimkan dua instruktur kami untuk memberikan pengajaran dan khotbah dalam konferensi tersebut. Pada saat Elizabeth Das menelepon lagi; Daryl Rash bertanya kepada saya apakah saya mau mengajar di salah satu konferensi. Saya dengan senang hati mengiyakan dan segera memulai persiapan untuk melakukan perjalanan. Seorang instruktur lain, Brian Henry, menemani saya dan berkhotbah pada kebaktian malam di konferensi tersebut. Pada saat itu, saya adalah Wakil Presiden Eksekutif Christian Life College dan seorang instruktur penuh waktu, jadi kami mengatur pengganti untuk kelas-kelas dan tanggung jawab kami yang lain dan terbang ke belahan dunia lain untuk membagikan pelayanan kami dengan orang-orang Gujarat yang luar biasa di India Barat. Pada perjalanan kedua saya ke Gujarat pada tahun 2008, putra saya menemani saya dan dia mengalami peristiwa yang mengubah hidupnya dalam Konferensi Roh dan Kebenaran di Anand. Adalah sebuah usaha yang mahal untuk terbang ke seluruh dunia dan berpartisipasi dalam konferensi dan perjalanan pelayanan ini, tetapi pahalanya tidak dapat diukur dengan nilai uang. Anak saya membuat komitmen baru kepada Tuhan dalam perjalanan ke India yang telah mengubah arah hidupnya. Dia sekarang memimpin penyembahan dan menjadi direktur musik di gereja tempat saya melayani sebagai pendeta di Gilbert, Arizona. Tidak hanya orang-orang yang diberkati oleh pelayanan di India, tetapi juga mereka yang pergi ke sana juga diberkati, terkadang dengan cara yang mengejutkan.

Pengaruh Elizabeth Das benar-benar dirasakan di seluruh dunia. Dia tidak hanya berperan penting dalam mengirimkan para pendeta dari Amerika Serikat ke India, dia juga memiliki hasrat untuk menerjemahkan bahan-bahan ke dalam bahasa Gujarat, bahasa asalnya. Setiap kali saya berbicara dengannya melalui telepon, dia selalu mencari cara-cara baru untuk membagikan kebenaran Injil. Dia aktif dalam pelayanan doa dan secara aktif mencari cara untuk melayani melalui pelajaran Alkitab di media cetak dan di Internet melalui rekaman YouTube-nya. Elizabeth Das adalah contoh nyata dari apa yang dapat dilakukan seseorang untuk mengubah dunia melalui semangat, ketekunan, dan doa.

Veneda Ing
Milan, Tennesee, Amerika Serikat

Saya tinggal di sebuah kota kecil di Tennessee Barat dan menjadi anggota Gereja Pantekosta setempat. Beberapa tahun yang lalu saya menghadiri sebuah konferensi doa di St. Louis, MO dan bertemu dengan seorang wanita bernama Tammy dan kami langsung berteman. Ketika kami saling mengenal, dia bercerita tentang sebuah kelompok doa yang dia ikuti, yang dipimpin oleh Suster Elizabeth Das dari rumahnya di Texas. Kelompok kecil ini terdiri dari orang-orang dari berbagai daerah di Amerika Serikat yang bergabung melalui konferensi telepon.

Ketika saya kembali ke rumah, saya mulai bergabung dengan kelompok doa dan langsung diberkati oleh Tuhan. Saya telah berada di gereja selama kurang lebih 13 tahun ketika saya bergabung dengan kelompok ini, jadi doa bukanlah sesuatu yang baru; namun, kuasa "Doa yang Disetujui" sungguh mencengangkan! Saya segera mulai mendapatkan hasil dari permintaan doa saya dan mendengarkan laporan pujian setiap hari. Tidak hanya kehidupan doa saya yang bertumbuh, Pelayanan Penjara saya juga bertumbuh bersama dengan karunia-karunia Roh lainnya yang Tuhan telah memberkati saya. Saya belum pernah bertemu dengan Saudari Das pada saat itu. Keinginannya yang besar untuk berdoa dan membantu orang lain memanfaatkan karunia-karunia yang ada di dalam diri mereka selalu membuat saya kembali lagi. Dia sangat menyemangati dan sangat berani, tidak takut untuk mempertanyakan sesuatu dan tentu saja tidak takut untuk memberi tahu Anda jika dia merasa ada sesuatu yang salah. Yesus selalu menjadi jawabannya. Ketika saya mendapat kesempatan untuk datang ke Texas untuk menjadi bagian dari persekutuan doa khusus di rumah Suster Das, saya sangat ingin pergi.

Saya naik ke pesawat dan berada di Bandara Dallas-Ft. Worth hanya dalam beberapa jam di mana kami bertemu untuk pertama kalinya setelah lebih dari satu tahun berdoa bersama.

Suara yang tidak asing lagi, tetapi sepertinya kami sudah saling mengenal selama bertahun-tahun. Ada juga yang datang dari negara bagian lain untuk bergabung dalam pertemuan ini.

Persekutuan doa di rumah adalah sesuatu yang belum pernah saya alami sebelumnya. Saya sangat senang karena Tuhan mengijinkan saya untuk dipakai untuk memberi manfaat bagi orang lain. Selama pertemuan ini kami melihat banyak orang disembuhkan dari masalah punggung dan leher. Kami melihat dan mengalami pertumbuhan kaki dan tangan serta menyaksikan seseorang disembuhkan dari diabetes bersama dengan banyak mukjizat lainnya dan peristiwa-peristiwa yang mengubah hidup seperti pengusiran setan. Hal ini membuat saya semakin berhasrat akan hal-hal tentang Tuhan dan untuk mengenal Dia di tempat yang lebih tinggi. Izinkan saya berhenti sejenak di sini dan menyisipkan bahwa Tuhan melakukan mukjizat-mukjizat ini dalam Nama Yesus dan Dia sendiri. Tuhan menggunakan Suster Das karena dia bersedia membantu dan mengajar orang lain untuk belajar bagaimana mengijinkan Tuhan untuk menggunakan mereka juga. Dia adalah seorang teman baik dan seorang mentor yang telah mengajarkan saya untuk lebih bertanggung jawab kepada Tuhan. Saya bersyukur kepada Tuhan karena hidup kami telah dipertemukan dan kami telah menjadi rekan doa. Saya tidak pernah mengetahui kekuatan doa yang sesungguhnya selama 13 tahun hidup bagi Tuhan. Saya mendorong Anda untuk membentuk kelompok doa bersama dan lihat saja apa yang akan Tuhan lakukan. Dia adalah Tuhan yang luar biasa.

Diana Guevara
California El Monte

Ketika saya lahir, saya dibesarkan dalam agama Katolik di keluarga saya. Saya tidak mempraktikkan agama saya, seiring bertambahnya usia. Nama saya Diana Guevara dan sebagai seorang gadis kecil saya selalu tahu bahwa saya harus merasakan sesuatu ketika saya pergi ke gereja, namun saya tidak pernah merasakannya. Rutinitas saya adalah berdoa Bapa Kami dan Salam Maria, seperti yang diajarkan kepada saya sejak kecil. Sebenarnya, saya benar-benar tidak mengenal Tuhan. Pada bulan Februari 2007, saya mengetahui bahwa pacar saya selama 15 tahun berselingkuh dan dia ada di berbagai situs kencan di internet. Saya sangat terluka dan hancur sehingga saya mengalami depresi dan berbaring di sofa sambil menangis sepanjang waktu. Saya sangat patah hati sampai-sampai saya kehilangan berat badan 25 kg dalam 21 hari karena saya merasa dunia saya telah berakhir. Suatu hari saya menerima telepon dari Suster Elizabeth Das, seorang wanita yang belum pernah saya temui. Dia menyemangati saya dan mendoakan saya serta mengutip ayat-ayat Alkitab untuk saya. Selama dua bulan kami berbicara dan dia terus mendoakan saya dan setiap kali saya merasakan Kedamaian dan Kasih Tuhan. Pada bulan April 2007, ada yang memberitahukan bahwa saya harus pergi ke Texas ke rumah Suster Elizabeth. Saya membuat reservasi dan dalam perjalanan ke Texas selama 5 hari. Selama waktu ini, Sis. Elizabeth dan saya berdoa dan melakukan pendalaman Alkitab. Dia menunjukkan kepada saya ayat-ayat Alkitab tentang dibaptis dalam Nama Yesus. Saya mengajukan banyak pertanyaan tentang Tuhan dan tahu bahwa saya harus dibaptis dalam Nama Yesus sesegera mungkin. Setelah dibaptis, saya tahu bahwa inilah alasan mengapa saya merasa perlu untuk pergi ke Texas. Saya akhirnya menemukan apa yang saya rindukan sebagai seorang anak, yaitu hadirat Tuhan Yang Maha Kuasa! Ketika saya kembali ke California, saya mulai menghadiri Life Church.

Di sinilah saya menerima karunia Roh Kudus dengan bukti berbahasa roh. Saya benar-benar dapat mengatakan bahwa ada perbedaan antara kebenaran dan agama. Melalui kasih Allah, Dia memakai Suster Elizabeth untuk mengajar saya pelajaran Alkitab dan menunjukkan kepada saya Rencana Keselamatan menurut Firman Allah. Saya dilahirkan dalam sebuah agama dan hanya itu yang saya ketahui tanpa mempelajari Alkitab untuk diri saya sendiri. Setelah diajari doa-doa untuk diulang-ulang, doa-doa saya sekarang tidak pernah rutin atau membosankan. Saya senang berbicara kepada Tuhan. Saya selalu tahu bahwa Tuhan itu ada, tetapi saya tidak tahu bahwa saya juga dapat merasakan kehadiran-Nya dan kasih-Nya seperti yang saya rasakan sekarang. Dia tidak hanya hadir dalam hidup saya, tetapi juga memberikan kedamaian dan memulihkan hati saya ketika saya berpikir bahwa dunia saya telah berakhir. Tuhan Yesus telah memberi saya Kasih yang selalu hilang dalam hidup saya. Saya tidak pernah bisa membayangkan hidup saya tanpa Yesus karena tanpa Dia saya bukan apa-apa. Karena Dia telah mengisi ruang-ruang kosong dalam hati saya dengan kasih-Nya, saya hidup untuk Dia dan hanya untuk Dia. Yesus adalah segalanya dan Dia juga dapat menyembuhkan hati Anda. Saya memberikan segala hormat dan kemuliaan hanya kepada Tuhan Yesus Kristus.

Jairo Pina Kesaksian Saya

Nama saya Jairo Pina dan saat ini saya berusia 24 tahun dan tinggal di Dallas, TX. Ketika saya tumbuh dewasa, saya dan keluarga saya hanya pergi ke gereja setahun sekali karena saya menganut agama Katolik. Saya tahu tentang Tuhan tetapi tidak mengenal Tuhan. Ketika saya berusia 16 tahun, saya didiagnosis menderita tumor ganas di tulang fibula kanan yang dikenal sebagai osteosarkoma (kanker tulang). Saya menjalani satu tahun kemoterapi dan operasi untuk melawannya. Selama masa inilah saya memiliki ingatan paling awal tentang Tuhan yang menyatakan diri kepada saya. Hal itu membawa saya ke sebuah bangunan kecil di Garland, TX bersama seorang teman dan ibunya. Ibu teman saya berteman dengan pasangan Kristen yang membawa kami ke seorang pendeta keturunan Afrika. Belakangan saya mengetahui bahwa pendeta ini memiliki karunia untuk bernubuat.

Pendeta menubuatkan orang-orang yang pergi bersama kami ke gedung kecil ini, tetapi apa yang dinubuatkannya tentang saya adalah apa yang melekat pada diri saya selamanya. Ia berkata, "Wah! Kamu akan memiliki kesaksian yang besar dan membawa banyak orang kepada Tuhan dengan kesaksian itu!". Saya merasa skeptis dan mengabaikannya, karena saya tidak tahu apa yang akan terjadi di kemudian hari dalam hidup saya. Maju cepat sekitar 2 tahun setelah saya menyelesaikan perjuangan pertama saya melawan kanker, saya kambuh di tempat yang sama seperti yang disebutkan sebelumnya. Saya sangat terpukul dengan hal ini karena saya harus menjalani lebih banyak jadwal kemoterapi dan harus mengamputasi kaki kanan saya. Saya menghabiskan banyak waktu untuk menyendiri selama masa-masa ini dengan harapan dapat mempersiapkan diri secara mental. Suatu hari, saya parkir di sebuah danau dan mulai berdoa kepada Tuhan dari hati saya. Saya tidak tahu apa arti sebenarnya dari berdoa, jadi saya hanya mulai berbicara kepada-Nya dari apa yang ada di dalam pikiran dan hati saya. Saya berkata, "Tuhan, jika Engkau benar-benar tulus, tunjukkan padaku dan jika Engkau peduli padaku, tunjukkan padaku".

Sekitar 15 menit kemudian, saya pergi untuk membatalkan keanggotaan gym di LA Fitness, di mana saya melihat salah satu teman saya sedang bekerja. Saya menjelaskan kepadanya mengapa saya membatalkan keanggotaan saya dan dia mempertanyakan mengapa saya ingin membatalkannya. Dia kemudian berkata, "Bung, kamu harus pergi ke gereja saya. Saya telah melihat banyak mukjizat di sana dan banyak orang disembuhkan". Saya tidak mau rugi, jadi saya mulai pergi. Ia mulai menunjukkan kepada saya ayat-ayat dalam kitab Kisah Para Rasul tentang baptisan dan dipenuhi dengan Roh Kudus. Dia memberi tahu saya tentang berbahasa roh, yang menurut saya aneh, tetapi dia mengarahkan saya kepada bukti-bukti Alkitab. Hal berikutnya yang saya tahu, saya berada di gerejanya ketika mereka bertanya siapa yang ingin menyerahkan hidup mereka kepada Kristus dan dibaptis. Saya mendekati mimbar ketika seorang pendeta meletakkan tangannya di atas kepala saya. Dia mulai berdoa untuk saya dan saya mulai berbicara dalam bahasa roh pada hari yang sama ketika mereka membaptis saya. Hal ini menjadi tanda bahwa saya telah dilahirkan kembali, tanpa mengetahui bahwa saya sedang berada dalam peperangan rohani.

Bahkan setelah pengalaman ini, saya mulai diserang dan ditarik menjauh dari Tuhan. Saya juga ingin menyebutkan bahwa bahkan sebelum saya dibaptis, setan-setan secara rohani menyerang saya, dan bahkan saya mendengar beberapa di antaranya dengan jelas. Saya mendengar satu tertawa dengan suara anak kecil di luar jendela kamar saya pada pukul 3 pagi, satu tertawa sambil menyentuh saya secara seksual, dan satu lagi mengatakan bahwa ia akan membawa saya ke neraka. Ada beberapa serangan lain yang pernah saya alami, tetapi itulah yang paling menonjol. Sekarang, kembali ke bagian yang saya tinggalkan tentang menjauh dari Tuhan. Saya menjalin hubungan dengan seorang gadis yang akhirnya berselingkuh dan membuat hati saya hancur berkeping-keping. Kami bersama selama kurang lebih satu tahun dan berakhir dengan tragis. Ketika saya mencoba untuk mengatasi kekosongan, saya mulai minum-minum dan merokok. Saya kemudian mulai meminta Tuhan untuk menolong saya dan mendekatkan saya kepada-Nya lagi ketika saya sedang menangis. Saya sungguh-sungguh bersungguh-sungguh dan mulai mengalami belas kasihan Tuhan, tanpa benar-benar mengetahui apa itu sebenarnya.

Saya mulai pergi ke gereja lagi dengan teman saya dan ibunya di mana saya dibaptis di gereja Pantekosta. Pada saat itulah pengetahuan saya tentang Alkitab mulai bertumbuh dengan pesat. Saya mengikuti kursus dasar dan belajar banyak hal dengan membaca firman Tuhan. Ibu dari teman saya akhirnya memberikan saya buku Elizabeth Das yang berjudul "I did it His Way" dan mengatakan kepada saya bahwa buku tersebut adalah buku yang sangat berpengaruh mengenai perjalanannya dengan Tuhan. Ketika saya menyelesaikan buku tersebut, saya melihat ada emailnya di dalamnya. Saya menghubungi Elizabeth dan ibu dari teman saya juga bercerita tentang saya. Saya mulai berbicara dengannya di telepon dan akhirnya bertemu dengannya secara langsung. Sejak bertemu dengannya, saya menyadari bahwa dia benar-benar mencintai dan menerapkan firman Tuhan dalam hidupnya. Dia telah menumpangkan tangan pada orang sakit dan berdoa untuk banyak orang dalam waktunya sendiri. Saya menganggapnya sebagai mentor rohani saya, karena dia telah mengajarkan banyak hal tentang Tuhan dan firman-Nya, yang sangat saya syukuri. Saya akan mengatakan bahwa kami bahkan telah menjadi teman dan terus saling mengunjungi hingga hari ini.

Pada bulan Januari 2017, saya berada di bawah sewa apartemen milik universitas tempat saya kuliah. Saya sebenarnya sedang berusaha mencari seseorang untuk mengambil alih sewa saya karena masalah keuangan. Saya tidak bekerja dan tidak punya uang untuk terus membayar sewa apartemen. Sayangnya, saya tidak dapat menemukan seseorang untuk mengambil alih sewa saya, yang akan membuat saya bertanggung jawab untuk terus membayar sewa. Saya menelepon Elizabeth Das seperti yang sering saya lakukan untuk meminta doa agar masalah pemutusan kontrak ini segera selesai. Pada bulan Januari yang sama, saya menjalani CT scan di dada saya yang menunjukkan bahwa saya memiliki bintik di lobus kanan bawah paru-paru saya. Saya harus menjalani operasi untuk mengangkat bintik yang terlihat pada hasil pemindaian, yang ternyata ganas. Meskipun hal ini menyebalkan, saya bisa keluar dari kontrak sewa apartemen pada bulan yang sama karena hal ini. Mereka mengatakan bahwa Tuhan bekerja dengan cara yang misterius, jadi saya mempercayai apa yang sedang terjadi. Selama waktu ini, saya mengambil kelas pra-kelas, berharap untuk menyelesaikannya dan diterima di sekolah keperawatan. Elizabeth akan berdoa agar saya mendapatkan pekerjaan yang baik dan masuk ke sekolah keperawatan sesuai dengan kehendak Tuhan untuk hidup saya.

Sekitar tiga bulan kemudian, saya dijadwalkan untuk melakukan CT scan dada lagi untuk melihat apakah saya baik-baik saja. Namun, hasil pemindaian menunjukkan adanya bintik lain di paru-paru saya, dekat dengan bintik yang sama yang ada di sana pada bulan Januari 2017. Ahli onkologi mengatakan bahwa dia yakin ini adalah kanker yang kembali lagi dan kami harus mengangkatnya melalui operasi. Saya tidak percaya hal ini terjadi. Saya pikir ini adalah akhir dari hidup saya. Saya memberi tahu Elizabeth tentang hal itu dan begitu banyak orang mulai mendoakan saya saat ini. Meskipun hal ini terjadi, saya masih memiliki sedikit keyakinan bahwa semuanya akan baik-baik saja dan Tuhan akan menjaga saya. Saya ingat suatu hari saat mengemudi di malam hari dan bertanya kepada Tuhan, "Jika Engkau mengeluarkan saya dari kekacauan ini, saya berjanji untuk membagikan apa yang telah Engkau lakukan untuk saya kepada orang lain".

Beberapa minggu kemudian, saya menjalani operasi, dan mereka mengangkat diameter yang lebih besar dari lobus kanan bawah paru-paru saya. Elizabeth dan temannya bahkan datang ke rumah sakit untuk menumpangkan tangan ke atas saya dan berdoa agar Tuhan memberikan kesembuhan kepada saya. Sekitar dua minggu kemudian setelah operasi, saya kembali ke rumah sakit untuk mendapatkan hasil pemeriksaan. Saat itu, saya masih mencari pekerjaan di rumah sakit untuk meningkatkan peluang saya masuk ke sekolah keperawatan. Ketika saya mendekati meja check-in pada hari yang sama untuk mendapatkan hasil operasi, saya bertanya apakah mereka sedang membuka lowongan kerja. Seorang manajer ada di sana di depan saat saya melakukan check-in dan memberi saya informasinya untuk memberi tahu dia ketika saya mengirimkan aplikasi saya secara online. Hal berikutnya yang Anda tahu; saya sedang menunggu di sebuah ruangan untuk menunggu ahli onkologi datang dengan hasil pemeriksaan saya. Saya sangat gugup dan takut dengan apa yang akan dikatakannya kepada saya.

Ahli onkologi masuk ke ruangan dan hal pertama yang ia katakan adalah, "Apakah sudah ada yang memberi tahu Anda hasil tes Anda?". Saya mengatakan kepadanya bahwa saya belum dan ingin dia menjelaskan pilihan-pilihan yang ada di atas meja tentang apa yang harus saya lakukan selanjutnya. Dia kemudian mengatakan kepada saya, "Jadi hasil pemeriksaan Anda menunjukkan bahwa itu hanya penumpukan kalsium, bukan kanker." Saya benar-benar terkejut, mengetahui bahwa Tuhanlah yang melakukan hal ini untuk saya. Saya pergi ke mobil saya dan mulai menangis tersedu-sedu! Saya menelepon Elizabeth dan memberitahukan kabar baik ini. Kami berdua merayakannya bersama. Beberapa hari kemudian, saya diwawancarai untuk pekerjaan di rumah sakit dan seminggu kemudian, mereka menawari saya pekerjaan itu. Beberapa minggu setelah saya menerima pekerjaan itu, saya diterima di sekolah keperawatan. Puji Tuhan yang telah menyatukan semua ini, karena saya masih merasa senang ketika membicarakannya.

Saat ini, saya berada di semester terakhir sekolah keperawatan dan akan lulus pada bulan Mei 2019. Saya telah mengalami banyak hal dan bersyukur atas semua pintu yang telah dibukakan dan ditutup oleh Tuhan untuk saya. Saya bahkan telah menemukan diri saya menjalin hubungan dengan orang lain dan dia sangat luar biasa bagi saya sejak kanker bermetastasis ke paru-paru saya pada Januari 2017 hingga saat ini. Elizabeth telah mengajarkan saya banyak hal dan telah banyak mendoakan saya, yang menunjukkan kepada saya kekuatan doa dan penumpangan tangan atas orang sakit. Pembaca, saya tidak lebih istimewa dari Anda. Allah mengasihi Anda dengan sama dan Yesus Kristus telah mati untuk dosa-dosa Anda dan dosa-dosa saya. Jika engkau mencari Dia dengan segenap hatimu, engkau akan menemukan-Nya.

"Sebab Aku ini mengetahui rancangan-rancangan apa yang ada pada-Ku mengenai kamu, demikianlah firman Tuhan, yaitu rancangan damai sejahtera dan bukan rancangan kecelakaan, untuk memberikan kepadamu hari depan yang penuh harapan. Sebab itu berserulah kepada-Ku dan berdoalah kepada-Ku, maka Aku akan mendengarkan kamu. Maka kamu akan mencari Aku dan menemukan Aku, apabila kamu mencari Aku dengan segenap hatimu." Yeremia 29:11-13 KJV.

Madalyn Ascencio
El Monte, California, Amerika Serikat

Dulu saya percaya bahwa seorang pria akan melengkapi saya. Ketika saya jatuh cinta kepada Yesus, saya menemukan bahwa Dia dan hanya Dia yang melengkapi saya. Saya diciptakan untuk menyembah dan memuja Dia! Nama saya Madalyn Ascencio dan inilah kesaksian saya.

Pada bulan Maret 2005 saya mulai menderita kecemasan dan serangan panik selama 3 tahun. Saya pergi ke rumah sakit beberapa kali dan yang mereka tawarkan hanyalah antidepresan dan Valium, namun saya menolak untuk bergantung pada obat untuk merasa normal. Saya berdoa agar Tuhan menolong saya. Pada suatu Sabtu pagi di pertengahan Oktober 2008, saya mengalami serangan panik yang sangat buruk sehingga saya menelepon Suster Elizabeth. Dia bertanya kepada saya apa yang terjadi dan dia berdoa untuk saya. Setelah saya merasa lebih baik, ia memberi saya beberapa tulisan suci untuk dibaca. Saya berdoa dan meminta Tuhan memberi saya kebijaksanaan dan pengertian. Saat saya membaca tulisan suci,

Yohanes 3:5-7: Jawab Yesus: "Aku berkata kepadamu, sesungguhnya **jika seorang tidak dilahirkan dari air dan Roh, ia tidak dapat masuk ke dalam Kerajaan Allah.** *Apa yang dilahirkan dari daging, adalah daging dan apa yang dilahirkan dari Roh, adalah roh. Janganlah kamu heran, bahwa Aku berkata kepadamu: Kamu harus dilahirkan kembali.*

205

Yohanes 8:32: Dan kamu akan mengetahui kebenaran, dan kebenaran itu akan memerdekakan kamu.

Yohanes 10:10: Pencuri datang bukan untuk mencuri dan membunuh dan membinasakan, melainkan Aku datang, supaya mereka mempunyai hidup, dan mempunyainya dalam segala kelimpahan.

Saya tahu bahwa Tuhan sedang berbicara kepada saya. Semakin saya berdoa dan berbicara dengan Suster Elizabeth, saya tahu bahwa saya perlu dibaptis ulang. Saya telah banyak berdoa agar Tuhan menarik saya lebih dekat. Saya menghadiri sebuah gereja Kristen non-denominasi dari tahun 2001 hingga 2008 dan pada bulan April 2007 saya dibaptis. Suster Elizabeth bertanya kepada saya apa yang saya rasakan ketika saya dibaptis dan saya mengatakan kepadanya "Saya merasa baik". Tanggapannya adalah "hanya itu saja"? Dia bertanya apakah saya dibaptis dalam Nama Yesus dan saya mengatakan kepadanya bahwa saya dibaptis dalam nama Bapa, Putra dan Roh Kudus. Dia menyuruh saya untuk membaca dan belajar.

*Kisah Para Rasul 2:38: Lalu Petrus berkata kepada mereka: "Bertobatlah dan hendaklah kamu masing-masing memberi dirimu dibaptis dalam **nama Yesus Kristus untuk pengampunan dosamu,** maka kamu akan menerima karunia Roh Kudus.*

Kisah Para Rasul 8:12-17: Tetapi setelah mereka percaya kepada Filipus yang memberitakan Injil tentang Kerajaan Allah dan tentang nama Yesus Kristus, mereka memberi diri mereka dibaptis, baik laki-laki maupun perempuan. Simon sendiri menjadi percaya juga, dan setelah ia dibaptis, ia terus menyertai Filipus dan takjub melihat mujizat-mujizat dan tanda-tanda yang terjadi. Ketika rasul-rasul yang di Yerusalem mendengar, bahwa orang-orang Samaria telah menerima firman Allah, mereka menyuruh Petrus dan Yohanes kepada mereka, dan ketika mereka turun ke situ, mereka mendoakan orang-orang itu, *supaya mereka menerima Roh Kudus, karena belum ada seorangpun dari mereka yang menerima Roh Kudus, tetapi mereka telah **dibaptis dalam nama Tuhan Yesus**. Lalu mereka menumpangkan tangan ke atas mereka dan mereka menerima Roh Kudus.*

*Kisah Para Rasul 10:43-48: Dan tentang Dia semua nabi telah memberi kesaksian, bahwa dalam nama-Nya setiap orang yang percaya kepada-Nya akan mendapat pengampunan dosa. Dan sementara Petrus mengucapkan perkataan itu, turunlah Roh Kudus ke atas semua orang yang mendengar perkataan itu. Dan orang-orang bersunat yang menjadi percaya, yaitu mereka yang datang bersama-sama dengan Petrus, menjadi takjub, karena kepada bangsa-bangsa lain juga dicurahkan karunia Roh Kudus. Sebab mereka mendengar mereka berkata-kata dengan bahasa roh dan memuliakan Allah. Maka jawab Petrus: "Dapatkah orang melarang air, supaya mereka yang telah menerima Roh Kudus sama seperti kita, tidak dibaptis? Lalu ia menyuruh **mereka dibaptis dalam nama Tuhan.***

*Kisah Para Rasul 19:1-6: Ketika Apolos berada di Korintus, Paulus yang sedang berjalan melalui daerah pesisir tiba di Efesus dan bertemu dengan beberapa orang murid dan berkata kepada mereka: "Sudahkah kamu menerima Roh Kudus, sesudah kamu menjadi percaya? Jawab mereka: "Kami belum pernah mendengar, bahwa ada Roh Kudus. Maka kata Yesus kepada mereka: "Untuk apakah kamu dibaptis? Jawab mereka: "Dengan baptisan Yohanes. Maka kata Paulus: "Yohanes membaptis dengan baptisan pertobatan dan ia berkata kepada orang banyak, supaya mereka percaya kepada Dia, yang akan datang kemudian dari padanya, yaitu Kristus Yesus. Dan ketika mereka mendengar hal itu, **mereka memberi diri mereka dibaptis dalam nama Tuhan Yesus.** Dan setelah Paulus menumpangkan tangan ke atas mereka, turunlah Roh Kudus ke atas mereka, lalu mereka berkata-kata dengan bahasa roh dan bernubuat.*

*Kisah Para Rasul 22:16 Dan sekarang, mengapa engkau tidak bangun, bangunlah, berilah **dirimu dibaptis dan cucilah dosamu dengan menyebut nama Tuhan.***

Tuhan menyatakan kepada saya bahwa Roh Kudus juga tersedia bagi saya dan jika saya **dibaptis dalam Nama Yesus** saya akan disembuhkan dan dibebaskan dari penderitaan yang mengerikan ini. Pada hari-hari yang sangat buruk, saya akan menelepon Suster Elizabeth dan dia mendoakan saya. Saya menyadari bahwa saya sedang diserang oleh musuh, bagaimanapun juga, misinya adalah untuk mencuri, membunuh dan membinasakan seperti yang dinyatakan dalam Yohanes 10:10. Bertahun-tahun yang lalu saya membaca Efesus 6:10-18 dan menyadari bahwa saya perlu mengenakan seluruh perlengkapan senjata Allah setiap hari. Setiap kali saya mulai merasa cemas, saya mulai berjuang dan tidak takut. Pada tanggal 2 November 2008 saya dibaptis dalam Nama Yesus di Life Church, Pasadena, CA. Saya merasakan Kedamaian yang paling luar biasa yang tidak pernah saya ketahui sebelumnya dan itu bahkan sebelum saya masuk ke dalam air untuk dibaptis. Ketika saya keluar dari air, saya merasa seringan bulu seakan-akan saya berjalan di atas awan dan tidak bisa berhenti tersenyum. Saya merasakan Kehadiran, Kedamaian dan Kasih Tuhan yang belum pernah saya rasakan sebelumnya. Pada tanggal 16 November 2008 saya menerima karunia Roh Kudus dengan bukti berbicara dalam bahasa-bahasa lain. Kekosongan yang selalu saya rasakan sejak saya masih kecil sekarang terisi. Saya tahu bahwa Tuhan mengasihi saya dan memiliki tujuan yang besar dalam hidup saya dan semakin saya mencari Dia dan berdoa, semakin Dia menyatakan diri-Nya kepada saya. Tuhan telah menunjukkan kepada saya bahwa saya harus membagikan Iman saya, memberikan Harapan, dan Cinta. Sejak kelahiran kerasulan saya yang baru dan pembebasan saya dari kegelisahan, Yesus telah membawa banyak orang ke dalam hidup saya yang juga menderita kegelisahan. Sekarang saya memiliki sebuah pelayanan dalam kesaksian saya untuk dibagikan kepada mereka.

Saya sangat berterima kasih kepada Yesus untuk Suster Elizabeth Das. Melalui doa dan pengajarannya, saya sekarang bekerja untuk Yesus juga. Dia juga membawa ibu, anak perempuan, bibi dan beberapa teman saya kepada Tuhan melalui doa dan pelayanannya. Saya diciptakan untuk memberikan kemuliaan bagi Yesus! Terpujilah Nama-Nya yang Kudus.

Martin Razo
Santa Ana, California, Amerika Serikat

Sebagai seorang anak, saya hidup dalam kesedihan. Meskipun orang-orang mengelilingi saya, saya merasakan kesepian yang mendalam. Nama saya Martin Razo dan inilah masa kecil saya saat tumbuh dewasa. Di sekolah menengah, semua orang tahu siapa saya, meskipun mereka tidak berada dalam lingkaran yang saya anggap sebagai "orang-orang keren". Saya memiliki beberapa pacar, menggunakan narkoba dan menjalani hidup seperti ini adalah sesuatu yang normal karena hampir semua orang melakukannya. Jumat dan Sabtu malam saya mabuk dengan teman-teman saya dan pergi ke klub untuk menjemput para gadis. Ayah saya selalu berada di belakang saya untuk mengawasi apa yang saya lakukan dan di mana.

Teman keluarga, saudari Elizabeth, membagikan kesaksiannya kepada saya. Sebenarnya tidak membosankan; sebenarnya sangat menarik apa yang dia katakan. Dulu saya berpikir bahwa dia benar-benar percaya dengan apa yang dia katakan. Lalu tiba-tiba semuanya menjadi tidak beres di rumah. Sepertinya Tuhan memperingatkan saya dan memanggil saya melalui rasa takut. Saya memiliki tiga pengalaman yang sangat menakutkan yang membuat saya percaya akan hal ini. Pertama, saya tertangkap karena narkoba dan melarikan diri dari rumah tetapi tidak lama. Bibi saya menyuruh saya menelepon ibu saya dan setelah mendengar bahwa ibu saya menderita diabetes, saya kembali ke rumah. Kedua, saya pulang dari klub malam pada pukul 2:00 dini hari dan mengalami kecelakaan mobil di mana mobil meledak dan melayang ke udara. Saat itu saya sedang mengikuti pendalaman Alkitab bersama Saudari Das. Ketiga, saya meminta tumpangan kepada seorang teman dan ketika kami mulai berbicara, dia mengatakan kepada saya bahwa dia telah menjual jiwanya kepada iblis dan bagaimana dia memiliki kekuatan untuk menyalakan dan mematikan lampu. Dengan menggunakan lampu jalan, dia mendemonstrasikannya kepada saya dengan mengedipkan matanya untuk menyalakan dan mematikannya. Saya melihat wajahnya seolah-olah berubah menjadi setan. Saya melompat keluar dari mobil dan berlari pulang secepat mungkin. Beberapa jam kemudian saya mulai memikirkan apa yang dikatakan oleh Suster Elizabeth dan berpikir bahwa hal itu pasti nyata. Suster Das memberiku pelajaran Alkitab melalui telepon tentang baptisan dalam Nama Yesus seperti yang dikatakan dalam Kisah Para Rasul dan gereja mula-mula. Dia tidak tahu tentang kecenderungan saya untuk bunuh diri pada saat itu, tetapi sesuatu memberitahunya bahwa saya harus segera mendengarnya karena dia mungkin tidak akan bertemu dengan saya lagi. Saya dibaptis ketika saya menghadiri sebuah gereja yang percaya bahwa Tuhan adalah trinitas suci dari tiga pribadi. Saya melakukan transisi dari gereja itu ke doktrin para rasul. Allah itu Esa! Allah adalah Roh, Yesus adalah Allah yang datang dalam daging untuk tinggal di antara manusia dan Roh Kudus adalah Allah di dalam kita. Ini adalah doktrin para Rasul. Saya hanya menerima apa yang diajarkan kepada saya sebagai sebuah kebenaran. Saya tidak tahu asal mula kapan dan dari mana kepercayaan ini berasal.

Seminggu kemudian, Saudari Elizabeth meminta saya untuk pergi ke rumah paman saya untuk belajar Alkitab. Saudara James Min yang memiliki karunia penyembuhan dan pembebasan datang bersamanya. Terjadi banyak mukjizat pada malam itu dan setelah pendalaman Alkitab, mereka bertanya kepada kami apakah kami ingin menerima Roh Kudus. Sebagian besar dari kami menjawab ya. Saya masih berpikir ini gila dan tidak mungkin, tetapi saya tetap melangkah maju.

Ketika Frater James dan Suster Elizabeth mendoakan saya, sebuah kuasa datang kepada saya. Saya tidak tahu bagaimana merespons perasaan sukacita yang kuat ini. Pertama-tama saya menekan perasaan kuasa ini. Kemudian untuk kedua kalinya, kuasa itu datang lebih kuat dari yang pertama, semakin kuat ketika saya mencoba untuk menekannya lagi.

Ketiga kalinya saya tidak dapat menahan Roh Kudus dan saya mulai berbicara dalam bahasa lain yang tidak saya kenal. Saya berpikir bahwa berbicara dalam bahasa roh adalah sebuah kebohongan, jadi ketika sukacita Roh Kudus pertama kali datang kepada saya; saya mencoba untuk berbicara, tetapi mencoba untuk menghentikannya, karena saya takut. Yesus menyembuhkan saya dari semua depresi dan pikiran untuk bunuh diri pada hari itu.

Sekarang saya berusia 28 tahun dan Tuhan benar-benar telah mengubah hidup saya menjadi lebih baik. Saya telah menyelesaikan Sekolah Alkitab dan Tuhan memberkati saya dengan seorang istri yang cantik. Kami memiliki sebuah pelayanan pemuda di gereja kami dan saya juga mengejar pelayanan sebagai Hamba Tuhan. Saudari Das tidak pernah menyerah pada Keluarga Razo atau saya. Karena banyak doa dan kesaksiannya tentang kuasa Tuhan, kebaikan telah datang kepada seluruh Keluarga Razo. Banyak kerabat dan tetangga kami juga telah berpaling kepada Tuhan Yesus Kristus. Sekarang saya memiliki sebuah kesaksian. Izinkan saya mengatakan bahwa Anda tidak boleh pernah berhenti berdoa untuk orang-orang yang Anda kasihi dan orang-orang pada umumnya. Anda mungkin tidak akan pernah tahu apa yang Tuhan lakukan dan bagaimana strategi-Nya untuk menyelesaikannya dengan cara-Nya!!!

Tammy Alford
Mount. Herman, Louisiana, Amerika Serikat

Pada dasarnya saya telah berada di gereja sepanjang hidup saya. Beban saya adalah untuk orang-orang yang terluka dan ingin menjangkau mereka dengan Firman Kebenaran agar mereka tahu bahwa Yesus adalah Harapan mereka. Ketika Tuhan memberikan beban ini kepada saya, saya menulis "Orang-orang" di atas kain doa dan membagikannya kepada gereja saya. Kami mulai berdoa dan bersyafaat, dan sebagai hasilnya, setiap orang menerima sebuah kain doa untuk dibawa pulang untuk didoakan.

 Melalui mantan pendeta kami dan keluarganya (yang sekarang telah dipanggil ke India sebagai Misionaris), saya pertama kali bertemu dengan Sis. Elizabeth Das. Gereja Negara kami di Franklinton, Louisiana, menyambutnya ketika ia membagikan kesaksiannya yang kuat. Semua orang diberkati. Beberapa bulan kemudian, Suster Elizabeth dan saya menjadi Mitra Doa. Seorang Wanita Berseri yang tidak hanya suka berdoa tetapi juga menghidupinya! Sungguh luar biasa dia hidup, "Dalam Musim dan di Luar Musim." Waktu doa kami adalah di pagi hari melalui telepon, Texas yang terhubung dengan Louisiana. Kami mendapat berkat dari Tuhan. Dia memberikan pertambahan dan segera kami memiliki kelompok doa dari berbagai negara bagian.

Melalui saluran bersama konferensi, kami mulai berdoa dan berpuasa dan kemudian laporan pujian mulai berdatangan. Tuhan kita sangat luar biasa! Suster Elizabeth adalah Wanita Bercahaya yang memiliki hasrat yang membara untuk melihat jiwa-jiwa diselamatkan. Nyala apinya yang menyala-nyala telah memercikkan dan menyulut banyak orang lain untuk Berdoa dan memiliki Visi. Tidak ada penyakit, rasa sakit, atau setan di neraka yang dapat menghentikannya. Selama bertahun-tahun dia telah menjangkau dan berdoa bagi mereka yang terhilang dan sekarat; hanya kekekalan yang akan menjawabnya. Saya bersyukur kepada

Tuhan atas tekadnya yang besar dan cintanya kepada "Umat". Saya telah melihat Tuhan melakukan pekerjaan-pekerjaan yang luar biasa, mukjizat-mukjizat dan menjawab doa-doa melalui dia. Teman-teman saya di sini dan orang-orang yang saya kenal semuanya dapat bersaksi bahwa ketika kami memanggil Sis. Elizabeth, doa iman dipanjatkan. Banyak hal terjadi! Sebagai contoh, seorang wanita yang menghadiri gereja kami dari waktu ke waktu akan menjalani operasi besar. Meskipun ia tinggal di luar kota, saya mengatakan kepadanya bahwa saya akan menelepon Suster Elizabeth dan kami akan mendoakan penyakitnya melalui telepon. Kami berdoa dan rasa sakitnya hilang. Suster Elizabeth mengatakan kepadanya, "Tidak perlu dioperasi, kamu sudah sembuh." Dia tetap dijadwalkan untuk dioperasi sampai pihak rumah sakit menelepon untuk membatalkan operasinya dan dia pergi dan menjadwalkan ulang. Rumah sakit tidak melakukan tes pra-operasi lagi dan langsung melakukan operasi. Setelah operasi, ia diberitahu bahwa mereka tidak menemukan sesuatu yang salah pada dirinya, bahkan tidak ada tanda-tanda penyakit yang serius.

Keajaiban lainnya adalah mengenai teman saya yang memiliki seorang anak laki-laki. Dia sakit demam dan tertidur. Kami menelepon Sis. Elizabeth dan berdoa melalui speaker telepon. Anak laki-laki itu tiba-tiba terbangun, bangun dan berlari-lari dengan normal dan disembuhkan. Banyak kali kami telah mendoakan rumah-rumah yang dirasuki roh-roh jahat dan kami benar-benar dapat merasakan bahwa sesuatu telah terjadi. Kami akan bersukacita atas laporan mereka yang mengatakan bahwa mereka merasakan kedamaian yang tiba-tiba atau mereka dapat tidur nyenyak tanpa tersiksa.

Saya tahu bahwa iman saya telah meningkat sejak menjadi bagian dari kelompok doa ini. Suster Elizabeth telah menjadi guru bagi saya dalam banyak hal. Dia telah memberi saya bimbingan rohani melalui Firman Tuhan. Hidupnya adalah contoh yang indah, menampilkan metafora dalam Alkitab yang berbicara tentang "cahaya di atas bukit yang tidak

Elizabeth Das

dapat disembunyikan" dan juga 'Pohon yang ditanam di tepi sungai air."
Akarnya berakar kuat di dalam Yesus dan ia mampu memberikan
kekuatan dan kebijaksanaan yang dibutuhkan orang lain. Melalui cobaan
berat yang telah saya lalui, saya tahu Kak. Elizabeth telah mendoakan
saya dan saya bersyukur atas pelayanannya. Dia benar-benar permata
yang mempesona yang dipilih di dalam Kristus yang digunakan dengan
penuh kuasa untuk Kerajaan-Nya. Setiap pagi ia membawa bejana-
bejana kosong ke hadapan Yesus dan Dia mengisinya sampai penuh.
Terima kasih kepada Suster Elizabeth yang dengan tulus dan murni
memberikan dirinya kepada Yesus dan Kerajaan-Nya. Bagi Tuhanlah
Kemuliaan!

Rhonda Callahan
Fort Worth, Texas
20 Mei 2011

Suatu hari di tahun 2007, saya sedang berkendara melewati kota Dallas
di sepanjang jalan layang, saya melihat beberapa pria tunawisma yang
sedang tidur di bawah jembatan. Saya tergerak oleh belas kasihan dan
berkata kepada Tuhan, "Tuhan, jika Engkau berada di bumi ini hari ini,
Engkau akan menyentuh mereka dan menyembuhkan pikiran mereka
dan membuat mereka menjadi utuh! Mereka akan menjadi orang-orang
yang produktif dan hidup normal di masyarakat".... Seketika itu juga
Yesus berbicara ke dalam hati saya dan berkata, "Kamu adalah tangan-
Ku dan kamu adalah kaki-Ku." Pada saat itu saya tahu apa yang Tuhan
katakan kepada saya. Saya mulai menangis dan memuji Dia. Saya
memiliki kuasa untuk menyentuh orang-orang itu dan membuat mereka
sembuh. Bukan dengan kekuatan saya sendiri, tetapi dengan kekuatan-
Nya.

*Menurut Kisah Para Rasul 1:8 "Tetapi kamu akan menerima kuasa,
kalau Roh Kudus turun ke atas kamu, dan kamu akan menjadi saksi-Ku*

214

di Yerusalem dan di seluruh Yudea dan Samaria dan sampai ke ujung bumi.

Lebih jauh lagi, Efesus 1:13-14 mengatakan kepada kita;

"Di dalam Dia kamu juga percaya, setelah kamu mendengar firman kebenaran, yaitu Injil keselamatanmu; di dalam Dia kamu juga percaya, setelah kamu dimeteraikan dengan Roh kudus yang dijanjikan, yang adalah bagian yang layak dari milik pusaka kita, sampai kita memperolehnya, untuk memuji kemuliaan-Nya."

Saya telah menerima kuasa dan dimeteraikan pada tahun 1986 ketika Tuhan dengan penuh kemuliaan membaptis saya dengan Roh Kudus. Seringkali kita memiliki pola pikir bahwa jika Tuhan ada di sini hari ini, mukjizat akan terjadi di antara kita. Kita harus memahami bahwa ketika Dia memenuhi Anda dengan Roh Kudus-Nya. Dia telah memberi Anda kuasa untuk melakukan mukjizat. Kita menjadi tangan dan kaki-Nya, kita dipanggil untuk memberitakan pesan yang luar biasa ini kepada semua orang yang membutuhkan.

Lukas 4:18

"Roh Tuhan ada pada-Ku, oleh karena Ia telah mengurapi Aku, untuk menyampaikan kabar baik kepada orang-orang miskin; Ia telah mengutus Aku untuk menyembuhkan orang-orang yang remuk hatinya, untuk memberitakan pembebasan kepada orang-orang tawanan, dan penglihatan bagi orang-orang buta, untuk membebaskan orang-orang yang tertindas, untuk memberitakan tahun kesukaan Tuhan."

Meskipun saya telah dipenuhi dengan Roh Kudus sejak tahun 1986, saya telah mengalami beberapa pukulan keras selama beberapa tahun terakhir. Saya menghadiri gereja dengan setia; saya adalah seorang guru sekolah minggu dan baru saja menyelesaikan 4 tahun Sekolah Alkitab. Secara sukarela melakukan apa pun yang diminta dari saya di gereja.

Namun, saya menjadi sangat tertekan. Saya masih percaya bahwa Tuhan mampu melakukan semua yang telah Dia janjikan, tetapi saya adalah bejana yang pecah. Pernah suatu kali saya bekerja keras di hadapan Tuhan dalam doa dan syafaat, membaca Alkitab setiap hari, menyaksikan setiap kesempatan yang saya dapat, tetapi sekarang saya mendapati diri saya tidak banyak berdoa. Putus asa dan tertekan, saya diliputi oleh siksaan mental yang terus-menerus. Anak perempuan saya baru saja meninggalkan suaminya dan mengajukan gugatan cerai. Cucu laki-laki saya berusia 4 tahun pada saat itu, dan saya melihat penderitaan yang dia alami karena rumah tangga yang berantakan. Saya semakin tersiksa oleh pemikiran tentang kehidupan yang akan dia jalani karena dibesarkan dalam keluarga yang berantakan. Saya khawatir tentang kemungkinan disiksa oleh orang tua tiri, yang tidak memiliki kasih sayang untuknya, atau kemungkinan tumbuh besar tanpa merasa dicintai oleh ayah atau ibunya karena perceraian ini. Pikiran saya dipenuhi dengan pikiran-pikiran buruk dan saya menangis setiap hari. Saya mengungkapkan pikiran-pikiran ini kepada beberapa teman dekat. Mereka selalu menjawab dengan cara yang sama... Percayalah kepada Tuhan! Saya tahu Tuhan sanggup, tetapi saya kehilangan kepercayaan pada diri saya sendiri. Ketika saya berdoa, saya mendapati diri saya memohon, menangis, dan berharap agar Tuhan menjaganya. Saya tahu Dia mampu, tetapi apakah Dia akan melakukannya untuk saya?

Saya berjuang untuk makan, dan terus menerus ingin membuat diri saya kenyang. Kedagingan saya telah menjadi penguasa dalam hidup saya. Saya tidak lagi berjalan dalam roh, tetapi lebih banyak berjalan dalam daging dan memenuhi keinginan daging secara terus menerus, atau setidaknya itulah yang saya rasakan.

Pada tanggal 27 Maret 2011, kami mengadakan acara makan siang bersama para ibu-ibu setelah gereja. Saya diminta untuk berbicara. Saya ingat saat itu saya masih bekerja di gereja seperti biasa, tetapi saya hancur dan hanya sedikit orang yang mengerti kedalaman kehancuran saya. Setelah makan siang, Saudari Elizabeth Das menghampiri saya dengan senyuman manis dan memberikan nomor teleponnya. Dia berkata, "Hubungi saya jika kamu membutuhkan tempat untuk pergi setelah gereja, kamu bisa tinggal di rumah saya." Alasan dia mengatakan kepada saya bahwa saya dapat tinggal bersamanya adalah karena saya harus menempuh perjalanan sejauh 65 mil ke gereja sekali jalan dan sangat sulit untuk pulang ke rumah dan kembali lagi untuk kebaktian malam, jadi saya mencoba untuk bertahan hingga kebaktian malam daripada mengemudi pulang ke rumah di sela-sela kebaktian.

Sekitar dua minggu telah berlalu dan saya merasa semakin tertekan. Suatu pagi dalam perjalanan ke tempat kerja, saya mencari-cari di dalam tas saya dan menemukan nomor telepon Suster Elizabeth. Saya meneleponnya dan memintanya untuk mendoakan saya.

Saya berharap dia akan mengatakan "ok" dan mengakhiri panggilan telepon. Namun yang mengejutkan saya, dia berkata bahwa saya akan mendoakan Anda sekarang. Saya menepikan mobil saya ke pinggir jalan dan dia berdoa untuk saya.

Minggu berikutnya setelah gereja, saya pulang ke rumah bersamanya. Setelah berbincang-bincang sebentar, ia meminta untuk mendoakan saya. Ia menumpangkan tangannya di atas kepala saya dan mulai berdoa. Dengan kuasa dan otoritas dalam suaranya, dia berdoa agar Tuhan membebaskan saya. Dia menegur kegelapan yang mengelilingi saya; makan berlebihan, siksaan mental, depresi dan penindasan.

Saya tahu hari itu Tuhan menggunakan tangan-tangan itu untuk membebaskan saya dari penindasan mengerikan yang saya derita. Saat Suster Elizabeth menyerah kepada Tuhan, Dia membebaskan saya!

Markus 16:17-18 mengatakan, "Tanda-tanda ini akan mengikuti orang-orang yang percaya: Dalam nama-Ku mereka akan mengusir setan-setan, mereka akan berbicara dalam bahasa-bahasa lain, mereka akan memegang ular, dan sekalipun mereka meminum sesuatu yang mematikan, mereka tidak akan mendapat celaka; mereka akan meletakkan tangannya atas orang sakit dan orang itu akan sembuh."

Yesaya 61:1 "Roh Tuhan ALLAH ada padaku, oleh karena TUHAN telah mengurapi aku, untuk menyampaikan kabar baik kepada orang-orang yang lemah lembut, untuk membebaskan orang-orang yang remuk redam, untuk memberitakan pembebasan kepada orang-orang tawanan, dan kelepasan kepada orang-orang yang terbelenggu."

Yesus membutuhkan kita untuk menjadi tangan dan kaki-Nya. Kak. Elisabet adalah seorang hamba Tuhan yang sejati. Dipenuhi dengan kuasa-Nya dan taat kepada suara-Nya. Saya sangat bersyukur bahwa ada wanita seperti Sis. Elisabet yang berjalan di antara kita, yang masih percaya pada kuasa pembebasan dari darah Yesus yang berharga, yang telah diurapi oleh Roh Kudus dan memenuhi panggilan indah yang telah Dia panggil. Hari itu Tuhan mengubah rasa sakit saya menjadi keindahan dan menghilangkan roh beban dan menggantinya dengan minyak sukacita.

Yesaya 61:3 "Untuk memberikan kepada orang-orang yang berkabung di Sion, untuk memberikan kepada mereka keindahan sebagai ganti abu, minyak sukacita sebagai ganti dukacita, dan pakaian puji-pujian sebagai ganti roh yang berat, supaya mereka disebut pohon-pohon kebenaran, yaitu pohon-pohon yang ditanami oleh TUHAN, supaya Ia dimuliakan".

Saya menantang Anda hari ini; carilah Tuhan dengan segenap hati Anda sehingga Anda dapat berjalan dalam kepenuhan kuasa-Nya. Dia membutuhkan Anda untuk membagikan Yesus kepada orang lain dan menjadi tangan dan kaki-Nya. Amin!

Vicky Franzen Josephine
Texas

Nama saya Vicki Franzen, saya menghadiri Gereja Katolik hampir sepanjang masa dewasa saya; namun, saya selalu merasa ada sesuatu yang hilang. Beberapa tahun yang lalu, saya mulai mendengarkan sebuah program Radio yang mengajarkan tentang Akhir Zaman. Banyak pertanyaan yang saya miliki sepanjang hidup saya terjawab. Hal ini membawa saya ke sebuah gereja apostolik untuk melanjutkan pencarian saya akan kebenaran. Di sana, saya dibaptis dalam nama Yesus dan menerima baptisan Roh Kudus, dengan bukti berbahasa roh, seperti yang dijelaskan dalam kitab Kisah Para Rasul.

Empat tahun berikutnya, sepertinya kemampuan berbahasa roh tidak lagi tersedia bagi saya; meskipun saya menghadiri gereja secara teratur, berdoa, belajar, dan terlibat dalam berbagai pelayanan. Saya merasa sangat "kering" dan tidak memiliki Roh Kudus. Seorang anggota gereja saya yang lain mengatakan kepada saya ketika Saudari Liz menumpangkan tangan ke atas dirinya dan berdoa, "sesuatu" keluar dari dirinya; membuatnya merasa benar-benar bebas dari penindasan, depresi, dan lain-lain.

Beberapa wanita dari gereja kami sedang mengadakan pertemuan untuk makan siang, yang memberi saya kesempatan untuk bertemu dengan Suster Elizabeth. Percakapan pun dimulai tentang setan dan dunia roh. Saya selalu sangat ingin tahu tentang topik ini, tetapi belum pernah mendengar pengajaran tentang hal itu. Kami bertukar nomor telepon dan memulai sebuah pelajaran Alkitab di rumahnya. Saya mempertanyakan bagaimana mungkin seseorang yang telah dibaptis dalam nama Yesus dan dibaptis dengan Roh Kudus dapat memiliki roh jahat. Dia mengatakan kepada saya bahwa Anda harus menjalani kehidupan kudus yang benar dengan berdoa, berpuasa, membaca firman Tuhan, dan tetap penuh dengan Roh Kudus dengan berbahasa roh setiap hari. Pada saat itu, saya menceritakan pengalaman saya yang merasa kering dan tidak bisa berbahasa roh. Dia menumpangkan tangan ke atas saya dan berdoa. Saya merasa baik, tetapi sangat lelah. Liz menjelaskan bahwa ketika roh jahat keluar dari tubuh, itu membuat Anda merasa lelah dan kehabisan tenaga. Dia terus mendoakan saya dan saya mulai berbicara dalam bahasa roh. Saya sangat bersemangat dan penuh sukacita. Mampu berbicara dalam bahasa roh, membuat saya tahu bahwa saya masih memiliki Roh Kudus.

Liz dan saya menjadi teman baik, berdoa bersama. Suster Elizabeth memiliki roh yang manis dan lembut, tetapi ketika ia berdoa, Tuhan mengurapinya dengan keberanian ilahi untuk menyembuhkan orang sakit dan mengusir setan. Dia berdoa dengan penuh kuasa dan hampir selalu melihat jawabannya dengan segera. Tuhan telah memberinya talenta untuk mengajarkan kitab suci yang membuat maknanya menjadi sangat jelas bagi saya.

Saya bercerita kepada Liz tentang anak perempuan teman saya, Valerie, yang bernama Mary. Dia didiagnosis dengan ADD dan PPOK. Dia juga mengalami diskus yang pecah dan mereka mencoba mengobatinya tanpa operasi. Dia terus-menerus berada di rumah sakit dengan berbagai masalah fisik. Dia menjalani banyak pengobatan yang berbeda tanpa hasil yang baik. Mary sangat cacat sehingga dia tidak bisa bekerja; dan memiliki empat anak yang harus dirawat tanpa dukungan dari mantan suaminya.

Suster Liz mulai mengatakan kepada saya bahwa beberapa hal tersebut adalah setan dan dapat diusir dalam nama Yesus. Saya sempat ragu akan hal itu karena saya belum pernah mendengar bahwa penyakit tertentu disebut disebabkan oleh setan. Ketika teman saya, ibu mertuanya, dan saya duduk untuk minum kopi baru-baru ini, mereka mulai menceritakan kepada saya betapa kerasnya Maria berbicara kepada mereka. Dia berteriak, berteriak, dan mengutuk mereka. Mereka tahu bahwa ia telah mengalami banyak rasa sakit dengan masalah punggung dan sakit kepala parah yang tampaknya tidak dapat disembuhkan dengan obat-obatan; namun, ini berbeda. Mereka berbicara tentang betapa bencinya matanya pada waktu-waktu tertentu dan betapa hal itu membuat mereka takut.

Beberapa hari kemudian, teman saya menelepon dan mengatakan bahwa dia tidak tahan lagi! Deskripsi tentang bagaimana putrinya bertingkah laku mulai mengkonfirmasi hal-hal yang Sis. Liz ceritakan kepada saya tentang Iblis. Semua yang dia ceritakan kepada saya, Tuhan mengkonfirmasikannya melalui orang lain. Kondisi Mary semakin memburuk dan dia mulai berbicara tentang mengakhiri hidupnya. Kami mulai berdoa bersama untuk mengusir roh-roh jahat di dalam diri Mary dan rumahnya. Tuhan membangunkan Suster Liz dua malam berturut-turut untuk berdoa syafaat bagi Maria. Liz secara khusus meminta Tuhan untuk menunjukkan kepada Maria apa yang sedang terjadi di sana.

Ketika Maria sedang berdoa di malam hari, ia mendapatkan sebuah penglihatan bahwa suaminya (yang telah meninggalkannya dan tinggal bersama wanita lain) berada di rumahnya. Dia berpikir bahwa penglihatan itu adalah jawaban Tuhan atas doanya bahwa suaminya akan pulang ke rumah mereka untuk merayakan Natal. Suster Liz mengatakan kepada saya bahwa ia menduga ilmu sihir digunakan untuk melawan Maria. Mungkin oleh mantan suaminya atau wanita yang tinggal bersamanya. Saya benar-benar tidak mengerti bagaimana dia bisa tahu itu. Saya tidak menceritakan apa pun yang dikatakan Liz kepada siapa pun. Dalam beberapa hari, Valerie mengatakan kepada saya bahwa putrinya, Mary menerima pesan-pesan teks yang aneh dan jelek dari wanita yang tinggal bersama mantan suaminya. Mary tahu bahwa bahasa itu pasti digunakan untuk ilmu sihir. Ini adalah konfirmasi dari apa yang dikatakan Suster Liz kepada saya.

Selama beberapa bulan terakhir setelah mengetahui kondisi Mary, kami telah mencoba untuk pergi dan berdoa untuknya. Namun tidak pernah berhasil. Suster Liz berkata, "meskipun kami tidak dapat pergi ke rumahnya, Tuhan akan pergi dan mengurus situasinya."

Ketika Yesus masuk ke Kapernaum, datanglah seorang perwira kepada-Nya dan memohon kepada-Nya: "Tuan, hambaku terbaring di rumah karena sakit lumpuh dan sangat menderita. Kata Yesus kepadanya: "Aku akan datang dan menyembuhkan dia. Jawab perwira itu: "Tuan, aku tidak layak menerima-Mu di rumahku, tetapi katakanlah sepatah kata saja, maka hambaku ini akan sembuh. Sebab aku adalah seorang yang berkuasa dan mempunyai prajurit-prajurit di bawahku, dan apabila aku berkata kepada orang ini: Pergilah, maka pergilah ia, dan kepada orang lain: Datanglah, maka datanglah ia, dan kepada hambaku: Perbuatlah ini, maka perbuatlah ia. Ketika Yesus mendengarnya, Ia takjub dan berkata kepada mereka yang mengikuti-Nya: "Aku berkata kepadamu: Sesungguhnya Aku tidak pernah mendapati iman yang sebesar ini, tidak, tidak di antara orang Israel. (Matius 8: 5-10)

Dalam waktu dua hari setelah kami berdoa untuk mengusir setan dari Maria dan rumahnya, dia melaporkan kepada ibunya, bahwa dia tidur lebih nyenyak dan tidak bermimpi lagi. Ini adalah salah satu dari sekian banyak hal, Sis. Liz mengatakan kepada saya, bahwa ketika Anda memiliki banyak mimpi dan kuda-kuda malam, itu bisa menjadi indikasi adanya roh-roh jahat di rumah Anda. Keesokan harinya, seorang rekan kerja Valerie bercerita tentang mimpi yang ia alami pada malam sebelumnya. Seekor ular hitam pipih merayap menjauhi rumah Mary. Hari itu Mary menelepon ibunya dan mengatakan bahwa ia merasa sangat bahagia dan gembira. Ia sedang berbelanja dengan anak kembarnya yang berusia 15 bulan; sesuatu yang sudah lama tidak ia lakukan. Ini adalah konfirmasi lain bahwa ADD, ADHD, Bipolar, dan Skizofrenia adalah serangan musuh. Kita mempunyai kuasa atas kalajengking dan ular (Ini semua adalah roh-roh jahat yang disebutkan di dalam Alkitab) yang dapat kita usir hanya dalam nama Yesus.

Lihatlah, Aku memberikan kepadamu kuasa untuk menginjak ular dan kalajengking dan kuasa atas segala kuasa musuh, dan tidak ada satu pun yang dapat melukai kamu. Lukas 10:19

Suster Liz juga mengatakan kepada saya bahwa kita harus mengurapi keluarga kita, rumah kita, dan diri kita sendiri dengan minyak zaitun yang diberkati setiap hari dari serangan musuh. Kita juga harus membiarkan firman Allah meresap ke dalam rumah kita.

Pengalaman ini telah membantu saya untuk melihat beberapa situasi yang benar-benar dikendalikan oleh setan seperti yang dikatakan dalam Alkitab.

Karena perjuangan kita bukanlah melawan darah dan daging, tetapi melawan pemerintah-pemerintah, melawan penguasa-penguasa, melawan penghulu-penghulu dunia yang gelap ini, melawan roh-roh jahat di udara. (Efesus 6:12)

Saya hanya dapat berbicara untuk diri saya sendiri. Saya dibesarkan dengan keyakinan bahwa mukjizat, berbahasa roh, menyembuhkan orang sakit, dan mengusir setan hanya ada di zaman Alkitab, ketika Yesus dan para Rasul-Nya ada di bumi. Saya tidak pernah berpikir banyak tentang kerasukan setan di zaman sekarang. Sekarang saya tahu dan mengerti; kita masih berada di zaman Alkitab! Firman-Nya selalu untuk masa kini. "Sekarang" adalah kemarin, "sekarang" adalah sekarang, dan "sekarang" adalah untuk hari esok!

Yesus Kristus tetap sama, baik kemarin maupun hari ini dan sampai selama-lamanya. (Ibrani 13:8)

Setan telah berhasil menipu dan menjauhkan kita dari kuasa yang Allah berikan kepada Gereja-Nya. Gereja Allah adalah mereka yang bertobat, dibaptis dalam nama Yesus, dan menerima karunia Roh Kudus, dengan bukti berbahasa roh. Mereka kemudian akan menerima kuasa dari tempat tinggi.

Tetapi kamu akan menerima kuasa, kalau Roh Kudus turun ke atas kamu, dan kamu akan menjadi saksi-Ku di Yerusalem dan di seluruh Yudea dan Samaria dan sampai ke ujung bumi.
(Kisah Para Rasul 1:8)

Dan perkataanku dan pemberitaanku bukanlah dengan kata-kata hikmat manusia yang memikat, tetapi dengan demonstrasi Roh dan kuasa (1 Korintus 2:4)

Sebab Injil kami datang kepadamu bukan hanya dengan perkataan saja, tetapi juga dengan kuasa dan Roh Kudus dan dengan jaminan yang besar, seperti yang kamu ketahui, bahwa kami telah ada di tengah-tengah kamu oleh karena kamu. (1 Tesalonika 1:5)

Firman Tuhan untuk kita SEKARANG!

Bagian II

Itidak pernah berpikir untuk memasukkan bagian kedua ini ke dalam buku saya. Namun, saya meluangkan waktu dan menambahkan bagian ini karena begitu banyak orang yang meminta informasinya. Sejak saya mulai memberikan pelajaran Alkitab kepada berbagai bangsa, kami menemukan perubahan-perubahan dalam Alkitab modern. Saya mulai menggali lebih dalam ke dalam sejarah dan menemukan beberapa informasi yang sangat mengejutkan. Dengan memiliki informasi ini, saya percaya bahwa adalah tanggung jawab saya untuk memberi tahu saudara-saudari seiman tentang kebenaran ini dan untuk menghentikan langkah musuh agar ia tidak lagi menyesatkan orang.

A.
Bahasa-bahasa yang Digunakan Tuhan

Oelama berabad-abad, Alkitab telah diterjemahkan ke dalam berbagai macam bahasa. Sepanjang sejarah, kita melihat ada empat bahasa utama yang telah diterjemahkan ke dalam Alkitab: pertama, bahasa Ibrani, kemudian bahasa Yunani, diikuti dengan bahasa Latin, dan akhirnya bahasa Inggris. Paragraf-paragraf berikutnya secara singkat menunjukkan tahapan-tahapan yang berbeda ini.

Dari sekitar tahun 2000 SM, masa Abraham hingga sekitar tahun 70 M, masa penghancuran bait suci kedua di Yerusalem, Tuhan memilih untuk berbicara kepada umat-Nya melalui bahasa Semit, sebagian besar bahasa Ibrani. Melalui bahasa inilah umat pilihan-Nya ditunjukkan jalan, dan juga bahwa mereka memang membutuhkan Juruselamat untuk mengoreksi mereka ketika mereka berdosa.

Seiring dengan perkembangan dunia, muncullah sebuah kekuatan super; komunikasi utama kekuatan ini adalah melalui bahasa Yunani. Bahasa Yunani adalah bahasa yang menonjol selama tiga abad, dan merupakan pilihan logis dari Allah. Melalui bahasa Yunani, Allah memilih untuk

227

mengkomunikasikan Perjanjian Baru; dan sebagaimana yang dibuktikan oleh sejarah, Perjanjian Baru menyebar dengan cepat. Menyadari ancaman besar yang akan muncul dari sebuah teks yang ditulis dalam bahasa orang banyak, Iblis berusaha menghancurkan kredibilitas Alkitab. Alkitab "palsu" ini ditulis dalam bahasa Yunani tetapi berasal dari Alexandria Mesir; Perjanjian Lama disebut sebagai "Septuaginta" dan Perjanjian Baru disebut sebagai "Teks Aleksandria". Informasi tersebut telah diselewengkan oleh ide-ide manusia dan menghapus banyak firman Tuhan. Hal ini juga terlihat jelas bahwa saat ini Apokrifa (bahasa Yunani yang berarti 'Tersembunyi', yang tidak pernah dianggap sebagai firman Allah) telah merembes ke dalam Alkitab modern kita.

Pada tahun 120 Masehi, bahasa Latin telah menjadi bahasa yang umum digunakan, dan Alkitab diterjemahkan lagi pada tahun 1500-an. Karena bahasa Latin merupakan bahasa yang digunakan secara luas pada saat itu, Alkitab dapat dengan mudah dibaca di seluruh Eropa. Bahasa Latin, pada saat itu dianggap sebagai bahasa "internasional". Hal ini memungkinkan Alkitab untuk melakukan perjalanan ke berbagai negara dan diterjemahkan lebih lanjut ke dalam dialek-dialek regional. Versi awal ini disebut Vulgata, yang berarti "Alkitab umum". Iblis menanggapi ancaman ini dengan menciptakan sebuah buku kembaran di Roma. Orang Romawi mengklaim bahwa Alkitab mereka, yang dipenuhi dengan "kitab-kitab yang dibuang" dari kitab-kitab Apokrifa dan teks-teks yang dimaksudkan untuk menyerupai Alkitab yang asli, sebenarnya adalah Alkitab yang benar. Pada titik ini kita memiliki dua Alkitab yang sangat berbeda satu sama lain; untuk melindungi Alkitab palsunya, Iblis harus membuat dan menghancurkan teks-teks yang benar. Katolik Roma mengirim tentara bayaran untuk memusnahkan dan menjadikan martir orang-orang yang memiliki Alkitab Latin Vulgata yang benar. Tentara bayaran itu berhasil untuk sebagian besar, tetapi pada akhirnya tidak dapat sepenuhnya memusnahkannya, dan firman Allah tetap terpelihara.

Antara tahun 600-700 Masehi, sebuah bahasa dunia baru berkembang, yaitu bahasa Inggris. Tuhan mulai meletakkan dasar yang kemudian memicu gerakan misionaris besar-besaran. Pertama, William Tyndale pada tahun 1500-an, mulai menerjemahkan teks-teks asli bahasa Ibrani dan Yunani ke dalam bahasa yang baru. Banyak orang setelahnya yang berusaha melakukan hal yang sama, mencoba yang terbaik untuk mencocokkan teks-teks Ibrani dan Yunani sebelumnya. Di antara mereka adalah Raja James VI yang pada tahun 1604 menugaskan sebuah dewan untuk menghasilkan versi bahasa Inggris yang paling akurat dari teks-teks tersebut. Pada tahun 1611, sebuah versi resmi telah beredar, yang umumnya dikenal sebagai King James Bible. Para misionaris mulai menerjemahkan Alkitab ini ke seluruh dunia.

Serangan Iblis yang terus menerus terhadap Firman Tuhan:

Sekarang kita sedang menghadapi serangan iblis yang lain. Alkitab yang diterbitkan pada tahun 2011 yang mengklaim bahwa Alkitab tersebut adalah KJV tahun 1611, menyisipkan kitab Apokrifa, yang tidak pernah dianggap sebagai Firman Tuhan. Kitab Apokrifa telah dihapus dari KJV oleh para ahli yang berwenang karena mengetahui bahwa kitab tersebut bukanlah firman Allah.

Setan tidak pernah menyerah!

B.

Bagaimana Allah Memelihara Firman-Nya?

Allah sangat mementingkan firman-Nya yang tertulis, yang sangat jelas.

Firman TUHAN adalah firman yang murni, seperti perak yang teruji dalam dapur tanah, yang dimurnikan sampai tujuh kali. Engkau akan memeliharanya, ya TUHAN, Engkau akan memeliharanya dari generasi ke generasi sampai selama-lamanya (Mazmur 12:6-7)

Firman Tuhan di atas segala nama:

*"Aku mau menyembah ke arah bait-Mu yang kudus dan memuji-muji nama-Mu karena kasih setia-Mu dan kebenaran-Mu, **sebab Engkau telar meninggikan firman-Mu di atas segala nama-Mu.**"*
(Mazmur 138:2)

Tuhan juga memperingatkan kita tentang pandangan-Nya terhadap firman-Nya. Dia memberikan peringatan serius kepada mereka yang akan merusak Kitab Suci. Tuhan memperingatkan agar tidak menambah-nambahi firman-Nya:

Setiap firman Allah itu murni, Ia adalah perisai bagi mereka yang menaruh percaya kepada-Nya. Janganlah engkau menambahi firman-Nya, supaya jangan Ia menegur engkau dan engkau didapati sebagai pendusta. (Amsal 30:5-6)

Allah telah memelihara Firman-Nya kepada semua generasi, tanpa gagal!

Banyak orang saleh yang dengan gagah berani berusaha menahan arus kemurtadan dan ketidakpercayaan; sebagian disebabkan oleh melemahnya otoritas Firman Allah. Selama Abad Kegelapan, Gereja Katolik mengendalikan orang-orang dengan membuat Alkitab hanya ditulis dalam bahasa Latin. Orang-orang biasa tidak dapat membaca atau berbicara dalam bahasa Latin.

Pada tahun 400 Masehi, Alkitab telah diterjemahkan ke dalam 500 bahasa dari manuskrip asli yang benar. Untuk mengontrol orang-orang, Gereja Katolik membuat hukum yang keras bahwa Alkitab hanya boleh ditulis dan dibaca dalam bahasa Latin. Versi bahasa Latin ini tidak diterjemahkan dari naskah aslinya.

John Wycliffe:

John Wycliffe dikenal sebagai seorang pendeta, cendekiawan, profesor Oxford, dan teolog. Pada tahun 1371, J.W. mulai menulis naskah Alkitab ke dalam bahasa Inggris, dengan bantuan banyak juru tulis dan pengikutnya yang setia. Naskah Alkitab berbahasa Inggris pertama yang ditulis tangan oleh Wycliffe diterjemahkan dari Vulgata Latin. Hal ini akan membantu menghentikan ajaran-ajaran palsu Gereja Katolik Roma. Diperlukan waktu 10 bulan dan biaya empat puluh poundsterling untuk menulis dan mendistribusikan satu salinan Alkitab. Tangan Tuhan ada di atas Wycliffe. Gereja Katolik Roma sangat marah terhadap Wycliffe. Banyak sahabat-sahabatnya yang sangat penting menolongnya agar tidak disakiti. Meskipun Gereja Katolik melakukan segala cara untuk mengumpulkan dan membakar semua salinan Alkitab, hal itu tidak menghentikan Wycliffe. Dia tidak pernah menyerah karena dia tahu bahwa pekerjaannya tidak sia-sia. Gereja Katolik tidak berhasil mendapatkan semua salinannya. Yang tersisa hanya sekitar 170 eksemplar. Bagi Tuhanlah Kemuliaan!

Gereja Katolik Roma melanjutkan kemarahan mereka. Empat puluh empat tahun setelah kematian John Wycliffe, Paus memerintahkan agar tulang-tulangnya digali, dihancurkan, dan dibuang ke sungai. Sekitar seratus tahun setelah kematian J. Wycliffe, Eropa mulai belajar bahasa Yunani.

John Hus:

Salah satu pengikut John Wycliffe, John Hus, melanjutkan pekerjaan yang telah dimulai oleh Wycliffe; dia juga menentang ajaran-ajaran palsu. Gereja Katolik bertekad untuk menghentikan setiap perubahan selain yang mereka lakukan, dengan mengancam hukuman mati bagi siapa saja yang membaca Alkitab non-Latin. Gagasan Wycliffe, bahwa Alkitab harus diterjemahkan ke dalam bahasa sendiri akan berhasil. John Hus dibakar di tiang pancang pada tahun 1415 bersama dengan manuskrip Wycliffe yang digunakan untuk menyulut api. Kata-kata terakhirnya adalah, "Dalam 100 tahun, Tuhan akan membangkitkan seorang pria yang seruannya untuk reformasi tidak dapat dibendung!". Pada tahun 1517, ramalannya menjadi kenyataan, ketika Martin Luther mempublikasikan Tesisnya yang terkenal tentang Pertentangan terhadap Gereja Katolik di Wittenberg. Pada tahun yang sama, buku Fox's Martyrs, mencatat bahwa Gereja Katolik Roma membakar 7 orang di tiang pancang atas kejahatan "mengajarkan anak-anak mereka untuk berdoa, Doa Bapa Kami dalam bahasa Inggris, bukan bahasa Latin."

Johannes Guttenberg:

Buku pertama yang dicetak di percetakan adalah Alkitab berbahasa Latin dan ditemukan oleh Johannes Guttenberg pada tahun 1440.

Penemuan ini memungkinkan sejumlah besar buku dicetak dalam waktu yang sangat singkat. Hal ini terbukti menjadi instrumen penting dalam mendorong Reformasi Protestan ke depan.

Dr. Thomas Linacre:

Thomas Linacre, seorang profesor dari Oxford, memutuskan untuk belajar bahasa Yunani pada tahun 1490-an. Dia membaca dan menyelesaikan Alkitab dalam bahasa Yunani asli. Setelah menyelesaikan studinya, ia menyatakan "Entah ini bukan Injil atau kita bukan orang Kristen".

Versi Vulgata Latin Katolik Roma telah menjadi begitu rusak sehingga kebenarannya disembunyikan. Gereja Katolik terus berusaha menegakkan hukum keras mereka yang menuntut agar orang-orang membaca Alkitab hanya dalam bahasa Latin.

John Colet:

Pada tahun 1496, John Colet, seorang profesor Oxford lainnya, mulai menerjemahkan Alkitab dari bahasa Yunani ke bahasa Inggris untuk para mahasiswanya dan kemudian untuk umum di Katedral Santo Paulus di London. Dalam waktu enam bulan, kebangunan rohani terjadi dan lebih dari 40.000 orang menghadiri kebaktiannya. Dia mendorong orang-orang untuk berjuang bagi Kristus dan tidak terlibat dalam perang agama. Karena memiliki banyak teman di tempat yang tinggi, ia lolos dari eksekusi.

Desiderius Erasmus, 1466-1536:

Desiderius Erasmus, seorang cendekiawan besar mengamati peristiwa yang dilakukan oleh Tuan Colet dan Tuan Linacre. Dia terkesan untuk mengubah Vulgata Latin kembali ke kebenaran. Hal ini dicapai dengan bantuan Tuan J. Froben, yang mencetak dan menerbitkan naskah tersebut pada tahun 1516.

Erasmus ingin agar semua orang tahu betapa rusaknya Vulgata Latin. Ia mendorong mereka untuk mengalihkan fokus pada kebenaran. Ia menekankan fakta bahwa dengan menggunakan naskah asli, yang berbahasa Yunani dan Ibrani, akan membuat seseorang tetap berada di jalan yang benar untuk terus berada dalam kesetiaan dan kebebasan.

Salah satu kutipan yang paling terkenal dan lucu dari cendekiawan dan penerjemah terkenal Erasmus adalah,

"Ketika saya mendapatkan sedikit uang, saya membeli buku, dan jika masih ada yang tersisa, saya membeli makanan dan pakaian".

Gereja Katolik terus menyerang siapa pun yang ditemukan berpartisipasi dalam terjemahan Alkitab selain bahasa Latin.

William Tyndale (1494-1536):

William Tyndale lahir pada tahun 1494 dan meninggal pada usia 42 tahun. Tyndale bukan hanya kapten pasukan pembaharu, dia juga dikenal sebagai pemimpin spiritual mereka. Dia adalah orang yang memiliki integritas dan rasa hormat yang tinggi. Tyndale kuliah di Universitas Oxford di mana ia belajar dan dibesarkan. Setelah menerima gelar master pada usia dua puluh satu tahun, ia berangkat ke London.

Dia berbakat dalam berbicara dalam banyak bahasa: Ibrani, Yunani, Spanyol, Jerman, Latin, Prancis, Italia, dan Inggris. Salah satu rekan kerja Tyndale mengatakan bahwa ketika seseorang mendengarnya berbicara dalam salah satu bahasa tersebut, mereka akan mengira dia berbicara dalam bahasa ibunya. Dia menggunakan bahasa-bahasa ini untuk memberkati orang lain. Dia menerjemahkan Perjanjian Baru dalam bahasa Yunani ke dalam bahasa Inggris. Hebatnya, dia adalah orang pertama yang mencetak Alkitab dalam bahasa Inggris. Tidak diragukan lagi, karunia ini membuat pelariannya berhasil dari pihak berwenang, selama tahun-tahun pengasingannya di Inggris. Akhirnya Tyndale ditangkap dan ditahan atas tuduhan bidah dan pengkhianatan. Pada bulan Oktober 1536, setelah pengadilan yang tidak adil dan lima ratus hari di penjara dengan kondisi yang menyedihkan, Tyndale dibakar di tiang pancang. Tercatat bahwa Tyndale House Publishers adalah perusahaan modern yang dinamai sesuai dengan nama pahlawan yang luar biasa ini.

Martin Luther:

Gereja Katolik Roma telah berkuasa terlalu lama dan Martin Luther tidak memiliki toleransi terhadap korupsi di dalam gereja. Dia muak dengan ajaran-ajaran palsu yang dipaksakan kepada orang-orang. Pada hari Halloween tahun 1517, dia tidak berpikir dua kali, ketika dia memposting 95 Tesis Pertentangannya di gereja Wittenberg. Dewan Diet Cacing yang dibentuk oleh gereja, berencana untuk membuat Martin Luther menjadi martir. Gereja Katolik takut akan kehilangan kekuasaan dan pendapatan. Mereka tidak lagi dapat menjual indulgensi untuk dosa-dosa atau pembebasan orang yang dicintai dari "api penyucian", yang merupakan doktrin yang dibuat oleh Gereja Katolik.

Martin Luther lebih dulu mendahului Tyndale dan pada bulan September 1522, ia menerbitkan terjemahan pertama Perjanjian Baru Yunani-Latin karya Erasmus ke dalam bahasa Jerman. Tyndale ingin menggunakan teks asli yang sama. Dia memulai prosesnya dan diteror oleh pihak berwenang. Ia meninggalkan Inggris pada tahun 1525 menuju Jerman di mana ia bekerja di sisi Martin Luther. Pada akhir tahun itu, Perjanjian Baru telah diterjemahkan ke dalam bahasa Inggris. Pada tahun 1526, Perjanjian Baru karya Tyndale menjadi edisi pertama kitab suci yang dicetak dalam bahasa Inggris. Ini bagus sekali! Jika orang-orang dapat memiliki akses untuk membaca Alkitab dalam bahasa mereka sendiri, Gereja Katolik tidak akan lagi menguasai mereka. Kegelapan ketakutan yang menguasai umat tidak lagi menjadi ancaman. Masyarakat dapat menantang otoritas gereja atas kebohongan yang diungkapkan.

Kebebasan akhirnya datang; Keselamatan adalah gratis bagi semua orang melalui iman dan bukan perbuatan. Firman Tuhanlah yang selalu benar, bukan manusia. Firman Tuhan adalah benar dan Kebenaran akan memerdekakan Anda.

Raja James VI:

Pada tahun 1603 ketika James VI menjadi raja, ada rancangan terjemahan Alkitab yang tertunda. Alasan untuk terjemahan baru ini adalah karena Alkitab Agung, Alkitab Matius, Alkitab Uskup, Alkitab Jenewa, dan Alkitab Coverdale, yang sedang digunakan, telah rusak. Pada Konferensi Hampton Court, King James disetujui untuk menerjemahkan Alkitab. Empat puluh tujuh ahli Alkitab, teolog, dan ahli bahasa dipilih dengan cermat untuk pekerjaan penerjemahan yang luar biasa ini. Para penerjemah dibagi menjadi enam kelompok dan bekerja di Universitas Westminster, Cambridge, dan Oxford. Kitab-kitab yang berbeda dalam Alkitab ditugaskan kepada para ahli bahasa Ibrani, Yunani, Latin, dan Inggris ini. Ada beberapa pedoman yang harus diikuti agar penerjemahan ini dapat dilakukan. Penerjemahan Alkitab dari bahasa-bahasa asli selesai pada tahun 1611 dan disebarkan ke seluruh dunia.

Rencana 1: Pertama-tama, di Aleksandria Mesir, Setan menyerang Firman Tuhan

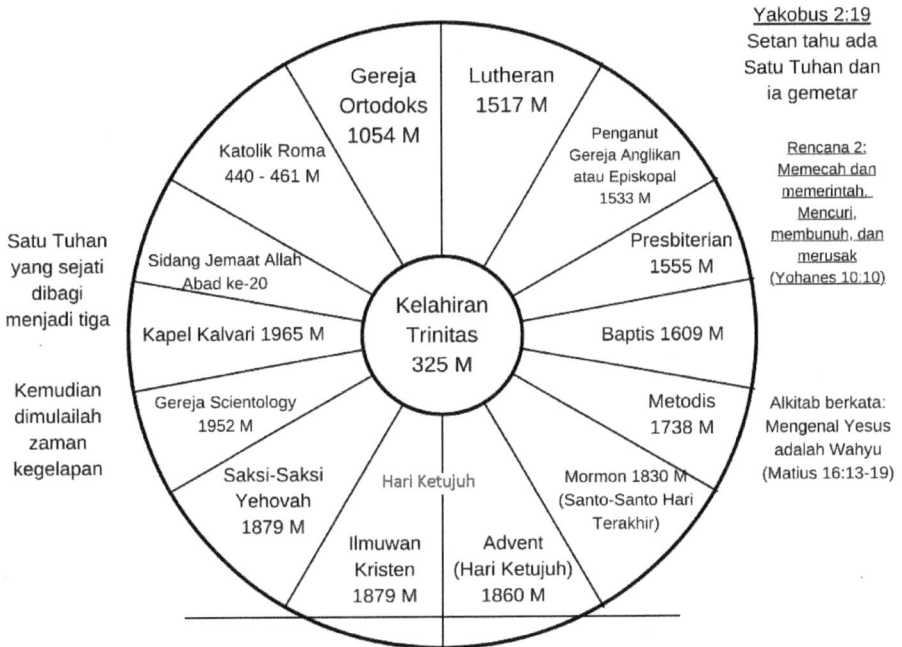

Yakobus 2:19
Setan tahu ada
Satu Tuhan dan
ia gemetar

Satu Tuhan
yang sejati
dibagi
menjadi tiga

Kemudian
dimulailah
zaman
kegelapan

Rencana 2:
Memecah dan
memerintah.
Mencuri,
membunuh, dan
merusak
(Yohanes 10:10)

Alkitab berkata:
Mengenal Yesus
adalah Wahyu
(Matius 16:13-19)

Wheel diagram:

Center: Kelahiran Trinitas 325 M

- Gereja Ortodoks 1054 M
- Lutheran 1517 M
- Katolik Roma 440 - 461 M
- Penganut Gereja Anglikan atau Episkopal 1533 M
- Sidang Jemaat Allah Abad ke-20
- Presbiterian 1555 M
- Kapel Kalvari 1965 M
- Baptis 1609 M
- Gereja Scientology 1952 M
- Metodis 1738 M
- Saksi-Saksi Yehovah 1879 M
- Hari Ketujuh
- Mormon 1830 M (Santo-Santo Hari Terakhir)
- Ilmuwan Kristen 1879 M
- Advent (Hari Ketujuh) 1860 M

Sebagai hasilnya, kita memiliki banyak denominasi

237

C.

Terjemahan Alkitab Pada Zaman Kita:

TKebenaran tentang berbagai versi Alkitab: Firman Allah adalah Otoritas Final bagi kehidupan kita.

Pada saat ini, ada banyak terjemahan Alkitab yang berbeda selain King James Version (KJV). Pengikut Kristus yang sejati ingin mengetahui apakah semua versi Alkitab itu benar atau tidak. Marilah kita mencari kebenaran dalam semua versi Alkitab yang berbeda ini. Kita memiliki NIV, NKJV, Alkitab Katolik, Alkitab Latin, American Standard Version, Revised Standard Version, English Standard Version, New American Standard Version, International Standard Version, Alkitab bahasa Yunani dan Ibrani, dan Alkitab Terjemahan Dunia Baru (Saksi-Saksi Yehuwa), dan lain-lain. Selain itu, masih ada banyak Alkitab lain yang diterjemahkan pada waktu dan era yang berbeda oleh para ahli yang berbeda. Bagaimana kita tahu bahwa semua versi yang berbeda ini benar atau telah dikorupsi? Jika dikorupsi, lalu bagaimana dan kapan hal itu terjadi?

Mari kita mulai perjalanan kita melalui banyak variasi ini untuk menemukan kebenaran:

Yang perlu kita ketahui adalah, untuk dapat menentukan mana yang merupakan versi yang benar:

Penemuan Naskah Asli Alexandria baru-baru ini memiliki garis, garis, atau tanda hubung di atas kata-kata dan kitab suci. Hal ini dimaksudkan untuk menghilangkan kata-kata dan ayat-ayat tertentu dari terjemahannya. Mereka menemukan garis-garis ini di atas kata-kata seperti: Kudus, Kristus, dan Roh, serta banyak kata dan ayat lainnya. Ahli-ahli Taurat yang bertugas mengedit naskah-naskah ini tidak percaya kepada Tuhan Yesus Kristus sebagai Mesias (Juruselamat). Siapapun yang mengeditnya telah menghapus dan mengubah banyak kata dan ayat. Naskah ini baru-baru ini ditemukan di Alexandria, Mesir.

Ini adalah bukti yang luar biasa bahwa Alkitab telah diubah dan dikorupsi di Aleksandria oleh para pemimpin agama dan politik yang korup.

Alkitab Versi King James mengatakan:

Segala tulisan yang diilhamkan Allah memang bermanfaat untuk mengajar, untuk menyatakan kesalahan, untuk memperbaiki kelakuan dan untuk mendidik orang dalam kebenaran:
(2 Tim 3:16 KJV)

Pertama-tama ketahuilah, bahwa tidak ada nubuat dalam Kitab Suci yang berasal dari penafsiran pribadi. Sebab nubuat itu tidak terjadi pada zaman dahulu atas kehendak manusia, tetapi orang-orang kudus dari Allah telah berbicara sebagaimana mereka digerakkan oleh Roh Kudus. (2 Petrus 1: 20-21)

239

Firman Tuhan yang benar ini ditulis oleh satu-satunya Tuhan.

Firman Allah itu kekal:

Karena Aku berkata kepadamu: Sesungguhnya selama belum lenyap langit dan bumi ini, satu iota atau satu titik pun tidak akan ditiadakan dari hukum Taurat, sebelum semuanya terjadi. (Matius 5:18)

Dan lebih mudah langit dan bumi akan lenyap dari pada satu titik dari hukum Taurat. (Lukas 16:17)

Jangan menambah atau mengurangi Firman Tuhan:

Firman Tuhan tidak dapat dikurangi, ditambah, atau disalahartikan:

Sebab aku bersaksi kepada setiap orang yang mendengar perkataan-perkataan nubuat dari kitab ini: "Barangsiapa menambahi perkataan-perkataan ini, maka Elohim akan menambahkan kepadanya malapetaka-malapetaka yang tertulis di dalam kitab ini: Dan jikalau seorang mengurangkan sesuatu dari perkataan-perkataan dari kitab nubuat ini, maka Allah akan mengurangkan bagiannya dari kitab kehidupan dan dari kota kudus dan dari segala sesuatu yang tertulis di dalam kitab ini. (Wahyu 22:18-19)

Janganlah engkau menambahi perkataan yang kuperintahkan kepadamu dan janganlah engkau menguranginya, supaya engkau tetap berpegang pada perintah TUHAN, Allahmu, yang kusampaikan kepadamu. (Ulangan 4:2)

Firman Allah itu hidup dan lebih tajam daripada pedang bermata dua:

Setiap Firman Tuhan itu murni: Ia adalah perisai bagi mereka yang menaruh kepercayaan kepada-Nya. (Amsal 30:5)

Mazmur 119 mengatakan bahwa Firman Tuhan menolong kita untuk tetap murni dan bertumbuh dalam iman. Firman Tuhan adalah satu-satunya panduan untuk menjalani kehidupan yang murni.

*Firman-Mu itu **pelita** bagi kakiku dan **terang bagi** jalanku.*
(Mazmur 119:105)

*Dilahirkan kembali, bukan dari benih yang fana, tetapi dari benih yang tidak fana, oleh **firman Allah,** yang hidup dan yang kekal.*
(1 Petrus 1:23)

Dari sekian banyak Versi Bahasa Inggris yang tersedia saat ini, hanya King James Version (1611) yang mengikuti teks Ibrani Masoret Tradisional yang unggul. Metode yang sangat teliti ini digunakan oleh orang Masoret dalam membuat salinan Perjanjian Lama. Bukti yang dapat dipercaya akan janji Allah untuk memelihara Firman-Nya, tidak pernah gagal.

Allah akan memelihara Firman-Nya:

*Firman TUHAN adalah firman yang **murni,** seperti perak yang teruji dalam dapur tanah, yang dimurnikan tujuh kali. Engkau akan memeliharanya, ya TUHAN, **Engkau akan memeliharanya dari generasi** ke **generasi untuk selama-lamanya.** (Mazmur 12:6, 7)*

Teknologi masa kini telah membuktikan betapa akurat dan benarnya Alkitab Versi King James.

Journal of Royal Statistical Society and Statistical Science adalah lembaga penelitian baru:

Para ahli bahasa Ibrani, dua ahli matematika Harvard dan dua ahli matematika Yale, menggunakan dua teknik ilmiah statistik ini dan kagum dengan keakuratan Alkitab KJV. Mereka melakukan studi informasi komputer dengan menggunakan urutan huruf yang sama. Mereka memasukkan sebuah nama dari lima Kitab (Taurat) pertama dalam Alkitab KJV dan ketika memasukkan nama tersebut, tes pengurutan huruf yang sama jaraknya dapat secara otomatis mengisi tanggal lahir, kematian, dan kota tempat mereka lahir dan meninggal. Mereka menemukan bahwa ini adalah laporan yang paling akurat. Tes ini mencatat orang-orang yang hidup pada awal abad ke-19 dengan mudah dan hasil yang tepat. Ini adalah tes yang sederhana, tetapi temuannya mengalir dengan sangat akurat.

Teknik yang sama gagal ketika mereka mencantumkan nama-nama yang digunakan dalam NIV, New American Standard Version, The Living Bible dan bahasa-bahasa lain serta terjemahan dari versi-versi ini. Metode ini membuktikan ketidakakuratan salinan Alkitab yang rusak.

Mereka mencoba analisis matematis yang sama untuk Pentateukh Samaria, serta Versi Aleksandria dan tidak berhasil.

Kitab Wahyu memberitahu kita tentang hal itu:

Dan jikalau seorang mengurangkan sesuatu dari perkataan-perkataan dari kitab nubuat ini, maka Allah akan mengurangkan bagiannya dari kitab kehidupan dan dari kota kudus dan dari segala sesuatu yang tertulis di dalam kitab ini. (Wahyu 22:19)

Dengan penelitian ini, mereka sampai pada kesimpulan bahwa Alkitab KJV adalah Alkitab yang paling benar yang kita miliki saat ini.

Teks Yunani yang didasarkan pada Teks Masoretik dan Textus Receptus: (secara sederhana berarti teks yang diterima oleh semua orang) yang pada awalnya ditulis berdasarkan Alkitab KJV. Lebih dari lima ribu manuskrip setuju 99% dengan Alkitab KJV.

Alkitab KJV adalah domain publik dan tidak memerlukan izin untuk digunakan dalam penerjemahan.

Versi Alkitab Modern tidak menggunakan Teks Masoret Ibrani. Mereka menggunakan Naskah Leningrad, yang disunting oleh Septuaginta, sebuah versi Yunani yang korup dari Perjanjian Lama. Kedua teks Ibrani Biblia Hebraica palsu ini menawarkan dalam catatan kaki mereka sendiri perubahan-perubahan yang disarankan. Teks Ibrani palsu, BHK atau BHS, digunakan untuk Perjanjian Lama dalam semua versi terjemahan modern.

Teks Ibrani Masoret Tradisional yang mendasari KJV sama persis dengan naskah aslinya. Saat ini, para arkeolog telah menemukan semua kitab-kitab dalam Alkitab yang membuktikan bahwa Alkitab KJV adalah terjemahan yang tepat dari Kitab aslinya.

Firman Allah telah berubah:

Alkitab mengatakan bahwa firman Tuhan adalah pedang kita dan digunakan sebagai satu-satunya senjata untuk menyerang musuh; namun, dalam terjemahan modern, firman Tuhan tidak dapat digunakan sebagai senjata untuk menyerang atau pedang untuk melawan musuh. Ada begitu banyak perubahan dalam Firman Tuhan sehingga ketika kita melihat orang yang menggunakan terjemahan modern, mereka menjadi tidak stabil, tertekan, cemas dan memiliki masalah emosional.

Inilah sebabnya mengapa Psikologi dan kedokteran telah memasuki gereja; terjemahan baru bertanggung jawab atas penyebabnya.

Mari kita lihat beberapa perubahan dan alasan di baliknya:

Kita akan melihat perubahan-perubahan dalam beberapa versi Alkitab berikut ini. Saya hanya menyebutkan beberapa versi saja, tetapi masih banyak versi dan terjemahan lain dari Alkitab ini yang dapat Anda pelajari sendiri. New Living Translation, English Standard Version, New American Standard Bible, International Standard Version, American Standard Version, Alkitab Saksi-Saksi Yehuwa dan Alkitab NIV dan terjemahan lainnya.

*KJV Lukas 4:18 Roh Tuhan ada pada-Ku, oleh karena Ia telah mengurapi Aku, oleh karena Ia telah mengutus Aku untuk memberitakan Injil kepada orang-orang miskin; Ia telah **mengutus** Aku untuk membebaskan orang-orang yang **tertindas**, untuk memberitakan pembebasan kepada orang-orang tawanan, dan penglihatan bagi orang-orang buta, untuk membebaskan orang-orang yang terbelenggu, untuk melepaskan orang-orang yang tertindas,*

Ayat ini mengatakan bahwa Dia menyembuhkan orang yang patah hati.

Dalam Alkitab versi NIV, Lukas 4:18 "Roh Tuhan ada pada-Ku, oleh karena Ia telah mengurapi Aku, untuk menyampaikan kabar baik kepada orang-orang miskin. Ia telah mengutus Aku untuk memberitakan pembebasan kepada orang-orang tawanan dan pemulihan penglihatan bagi orang-orang buta, untuk membebaskan orang-orang yang tertindas;

(Heal the brokenhearted dihilangkan dari NIV dan versi lain juga. Terjemahan modern tidak dapat menyembuhkan hati yang patah).

*KJV Markus 3:15: Dan mempunyai **kuasa untuk menyembuhkan penyakit dan mengusir** setan:*

NIV: Markus 3:15: Dan supaya mereka mempunyai kuasa untuk mengusir setan.

(**"Dan memiliki kuasa untuk menyembuhkan penyakit"** dihilangkan dari NIV dan terjemahan lainnya. Kamu tidak berdaya untuk menyembuhkan orang sakit).

*KJV Kisah Para Rasul 3:11 Ketika **orang lumpuh yang telah disembuhkan itu** memegangi Petrus dan Yohanes, berlarianlah semua orang yang ada di serambi yang disebut serambi Salomo, dengan penuh keheranan.*

NIV: Kisah Para Rasul 3:11: Ketika pengemis itu berpegang pada Petrus dan Yohanes, tercenganglah semua orang dan berlarian menghampiri mereka di tempat yang disebut Barisan Salomo.

Alkitab NIV telah dihapus: **"Orang lumpuh yang telah disembuhkan"** yang merupakan ayat kuncinya.

Selain itu, NIV telah menghilangkan kata "Kursi Belas Kasihan" sebanyak 53 kali. Belas Kasihan Allah dihilangkan. Kata Darah telah dihilangkan sebanyak empat puluh satu kali.

Efesus 6:4 berbicara tentang mengasuh jemaat... Kata mengasuh berasal dari kata perawat. Seperti menggendong dan merawat bayi, Allah memelihara dan merendahkan kita, tetapi beberapa versi modern mengatakan, "mendisiplin" dan "menghajar".

*Alkitab KJV Daniel 3:25b mengatakan: dan rupa yang keempat adalah seperti **Anak Allah.***

*NIV Daniel 3:25b: telah mengubah perkataannya, dan yang keempat kelihatannya seperti **anak dewa.**"*

Anak Allah bukan anak dewa... ini akan mendukung politeisme.

Dengan mengubah "The" menjadi "A" akan mendukung agama-agama lain. Contoh: Injil, anak, juruselamat.... YESUS BUKAN SATU-SATUNYA JURU SELAMAT?!?!?

Alkitab berkata:

Kata Yesus kepadanya: "Akulah jalan dan kebenaran dan hidup; tidak ada seorangpun yang datang kepada Bapa, kalau tidak melalui Aku.
(KJV Yohanes 14:6)

*KJV Matius 25:31: Apabila Anak Manusia datang dalam kemuliaan-Nya dan semua **malaikat kudus** bersama-sama dengan Dia, maka Ia akan duduk di atas takhta kemuliaan-Nya.*

*AYT Matius 25:31: Apabila Anak Manusia datang dalam kemuliaan-Nya dan semua **malaikat** bersama-sama dengan Dia, maka Ia akan duduk di atas takhta-Nya di dalam kemuliaan surgawi.*

(NIV telah menghapus kata "Kudus". Kita tahu bahwa Alkitab juga berbicara tentang Malaikat yang jahat dan tidak kudus)

Tuhan itu Kudus:

NIV juga telah menghilangkan kata Roh Kudus atau Roh Kudus dari beberapa tempat. Ini hanyalah beberapa contoh dari sekian banyak perubahan yang terjadi pada NIV, NKJV, Alkitab Katolik, Alkitab Latin, American Standard Version, Revised Standard Version, Alkitab Yunani dan Ibrani, dan juga versi-versi Alkitab lainnya, yang diterjemahkan dari Naskah Alexandria dan NIV yang sudah rusak.

Berikut Ini Membuktikan Bahwa Alkitab NIV Adalah Anti Kristus:

Banyak kata-kata seperti Yesus Kristus atau Kristus, Mesias, Tuhan, dll. telah dihapus dari NIV dan terjemahan Alkitab lainnya. Alkitab mengatakan siapa Antikristus itu.

Antikristus:

Siapakah pendusta selain dari pada orang yang menyangkal bahwa Yesus adalah Mesias? Dialah antikristus, yaitu dia yang menyangkal Bapa dan Anak. (KJV 1 Yohanes 2:22)

*Kasih karunia Tuhan kita **Yesus Kristus** menyertai Anda semua. Amin. (KJV: Wahyu 22:21)*

*Kasih karunia Tuhan Yesus menyertai umat-Nya. Amin. (NIV: Wahyu 22:21 telah menyingkirkan **Kristus**).*

KJV Yohanes 4:29: Marilah, lihatlah Dia, yang telah memberitahukan kepada-Ku segala sesuatu yang telah Kuperbuat; bukankah Ia ini Mesias?

NIV mengatakan Yohanes 4:29 "Marilah, lihatlah orang yang mengatakan kepada-Ku segala sesuatu yang telah Kuperbuat. Mungkinkah Dia ini Mesias?"

(Keilahian Kristus dipertanyakan) Dengan menghilangkan kata-kata, artinya berubah.

Antikristus menyangkal Bapa dan Anak...

*KJV: Yohanes 9:35 "Engkau percaya kepada **Anak Allah**".*

247

*NIV: Diubah menjadi "Percayakah kamu kepada **Anak Manusia**".*

KJV Kisah Para Rasul 8:37 "Filipus berkata: "Jika engkau percaya dengan segenap hatimu, engkau boleh percaya. Jawabnya: "Aku percaya, bahwa Yesus Kristus adalah Anak Allah."

Kisah Para Rasul 8:37; seluruh ayat dihapus dari NIV

*KJV Galatia 4:7 Karena itu engkau bukan lagi seorang hamba, melainkan seorang anak, dan jika seorang anak, maka engkau adalah ahli waris **Allah oleh karena Kristus.***

NIV: Galatia 4:7 Jadi kamu bukan lagi seorang hamba, melainkan seorang anak, dan karena kamu adalah anak, maka Allah menjadikan kamu juga ahli waris.

NIV menghilangkan pewaris Allah melalui Kristus.

*KJV Efesus 3:9 Dan supaya semua orang dapat melihat apa yang tersembunyi dalam rahasia itu, yang sejak permulaan dunia tersembunyi di dalam Allah, yang menciptakan segala sesuatu **oleh Yesus Kristus:***

AYT Efesus 3:9 dan untuk menyatakan kepada semua orang rahasia ini, yang sejak dahulu kala tersembunyi di dalam Allah, yang menciptakan segala sesuatu.

NIV telah menghapus **"Oleh Yesus Kristus".** Yesus adalah Pencipta segala sesuatu.

Yesus Kristus datang dalam daging:

*1 Yohanes 4:3 KJV ... Dan setiap roh yang tidak mengaku, bahwa **Yesus Kristus telah datang sebagai manusia,** tidak berasal dari Allah.*

NIV mengatakan: Tetapi setiap roh yang tidak mengakui Yesus, tidak berasal dari Allah.

("Yesus Kristus telah datang sebagai manusia" telah dihapus)

Kisah Para Rasul 3:13, 26 KJV mengatakan bahwa Ia adalah Anak Allah. NKJV menghapus kata Anak Allah dan mengatakan hamba Allah.

Versi Alkitab yang baru tidak menginginkan Yesus sebagai "Anak Allah". Anak Allah berarti Allah yang menjadi manusia.

*Yohanes 5:17-18 LAI TB, tetapi Yesus menjawab mereka: "**Bapa-Ku yang** bekerja dari sekarang, Aku pun bekerja. Karena itu orang-orang Yahudi semakin berusaha untuk membunuh Dia, karena Ia bukan saja melanggar hari Sabat, tetapi juga mengatakan bahwa **Allah adalah Bapa-Nya dan menyamakan** diri-Nya **dengan Allah.***

Alkitab KJV mendefinisikan Yesus atau Yesus Kristus atau Tuhan Yesus. Tetapi terjemahan modern yang baru mengatakan "dia atau dia" sebagai gantinya.

*KJV: Dan mereka menyanyikan nyanyian Musa, hamba Allah, dan nyanyian Anak Domba, katanya: Besar dan ajaib perbuatan-perbuatan-Mu, ya TUHAN, Allah Yang Mahakuasa, adil dan benar jalan-jalan-Mu, ya **Raja** segala **orang kudus.** (Wahyu 15:3)*

*AYT: dan menyanyikan nyanyian Musa, hamba Allah, dan nyanyian Anak Domba: "Besar dan ajaib perbuatan-perbuatan-Mu, ya TUHAN, Allah Yang Mahakuasa. Adil dan benar jalan-jalan-Mu, ya **Raja segala zaman.** (Wahyu 15:3)*

(Dia adalah Raja orang-orang kudus, yang telah dilahirkan kembali. Yang dibaptis dalam nama Yesus dan menerima Roh-Nya).

*KJV: Dan **Allah** akan menghapus segala air mata dari mata mereka;*
(Wahyu 21:4)

*NIV: **Ia akan** menghapus setiap air mata dari mata mereka.*
(Wahyu 21:4)

"**Tuhan**" diubah menjadi "Dia". Siapakah "Dia" itu? (Ini akan mendukung agama-agama lain.)

*KJV: Dan aku melihat, dan lihatlah, seekor Anak Domba berdiri di atas gunung Sion, dan bersama-sama dengan Dia ada seratus empat puluh empat ribu orang dan di dahi mereka tertulis **nama Bapa-Nya.***
(Wahyu 14:1)

*NIV: Dan aku melihat, dan di hadapan-Ku ada Anak Domba itu, berdiri di atas Gunung Sion, dan bersama-sama dengan Dia 144.000 orang, yang di dahi mereka tertulis **nama-Nya dan nama Bapa-Nya.***
(Wahyu14: 1)

NIV telah menambahkan "nama-Nya" dengan "nama Bapa-Nya" menjadi dua nama.

Yohanes 5:43b: Aku datang dalam nama Bapa-Ku.

Jadi nama Bapa adalah Yesus. Yesus dalam bahasa Ibrani berarti Juruselamat Yehuwa

*Zakharia 14:9 Dan TUHAN akan menjadi raja atas seluruh bumi; pada waktu itu hanya ada satu TUHAN, dan **nama-Nya satu***

*KJV Yesaya 44:5 Yang seorang akan berkata: "Akulah milik TUHAN," dan yang lain akan menamakan dirinya Yakub, dan yang lain lagi akan menyerahkan dirinya kepada TUHAN dan **menamai** dirinya Israel.*

*AYT Yesaya 44:5 Yang seorang akan berkata: "Aku milik TUHAN",
dan yang lain akan menyebut dirinya Yakub, dan yang lain lagi akan
menulis di tangannya: "Milik TUHAN", dan akan memakai nama
Israel.*

(NIV Menghapus kata **Nama Keluarga**)

Sekarang kita mendengar bahwa kitab "Gembala Hermas" akan
dimasukkan ke dalam Alkitab versi modern. Kitab Hermas mengatakan,
"Ambillah nama itu, serahkanlah diri kepada binatang itu, bentuklah satu
pemerintahan dunia, dan bunuhlah mereka yang tidak menerima Nama
itu. (Yesus bukanlah nama yang mereka maksudkan di sini)

*KJV Wahyu 13:17: Dan supaya jangan ada seorangpun yang membeli
atau menjual, selain dari pada dia yang memiliki tanda itu, yaitu nama
binatang itu, atau angka bilangannya.*

Dan jangan heran jika Kitab Wahyu menghilang dari Alkitab. Nah, Kitab
Wahyu adalah tempat di mana masa lalu, masa kini, dan hal-hal yang
akan datang dicatat. Gembala Hermas ada di dalam Naskah Sinaiticus,
yang mendasari Alkitab NIV.

Simbol:

Apa arti simbol dan siapa yang menggunakan simbol ini:
Simbol adalah sesuatu seperti tanda tertentu yang mewakili suatu
informasi, misalnya; segi delapan merah dapat menjadi simbol untuk
"BERHENTI". Pada peta, gambar tenda mungkin mewakili lokasi
perkemahan.

666 =

Kitab Nubuat mengatakan:

Inilah hikmat. Biarlah orang yang mempunyai pengertian menghitung bilangan binatang itu, karena bilangannya sama dengan bilangan seorang manusia, dan bilangannya ialah enam ratus tiga puluh enam.
(Wahyu 13:18)

Simbol atau Logo 666 yang terjalin (simbol trinitas kuno) ini digunakan oleh orang-orang yang percaya pada doktrin Trinitas.

Allah bukanlah trinitas atau tiga pribadi yang berbeda. Allah yang Esa, Yehuwa, telah datang sebagai manusia dan sekarang Roh-Nya bekerja di dalam Gereja. Allah itu Esa, dan akan selalu Esa.

Tetapi Kisah Para Rasul 17:29 mengatakan: Jadi, karena kita adalah keturunan Allah, maka janganlah kita menyangka, bahwa keallahan itu sama dengan emas, perak atau batu, yang dibuat dengan tangan manusia.

(Membuat simbol untuk mewakili Ketuhanan adalah bertentangan dengan Firman Tuhan) Penganut New Agers mengakui bahwa tiga angka enam yang terjalin atau "666" adalah tanda Binatang Buas.

Alkitab memperingatkan kita bahwa Setan itu Palsu:

"Dan bukan hal yang mengherankan, sebab Iblis sendiri telah berubah menjadi malaikat terang. Karena itu tidak mengherankan, jika para

pelayannya juga diubah menjadi pelayan-pelayan kebenaran."
(2 Korintus 11:14-15)

Setan pada akhirnya adalah palsu:

Aku akan naik ke tempat yang setinggi awan, Aku akan menjadi seperti Yang Mahatinggi. (Yesaya 14:14)

Aku akan menjadi seperti Allah Yang Mahatinggi. Jelaslah bahwa Setan telah mencoba mengambil identitas Yesus Kristus dengan mengubah Firman Allah. Ingatlah bahwa Setan itu halus dan serangannya adalah terhadap "Firman Allah".

Versi King James Baru:

Mari kita lihat versi Alkitab yang disebut NKJV. New King James Version **bukanlah** King James Version. Alkitab Versi King James diterjemahkan oleh 54 Sarjana Teologia Ibrani, Yunani dan Latin, pada tahun 1611.

Versi King James Baru pertama kali diterbitkan pada tahun 1979. Dengan mempelajari New KJV kita akan mengetahui bahwa versi ini bukan hanya yang paling mematikan tetapi juga sangat menipu tubuh Kristus.

Mengapa??????

Penerbit NKJV mengatakan:

.... Bahwa itu adalah Alkitab King James adalah tidak benar. KJV tidak memiliki hak cipta; Anda dapat menerjemahkannya ke dalam bahasa apa pun tanpa mendapatkan izin. NKJV memiliki hak cipta yang dimiliki oleh Penerbit Thomas Nelson.

.... Bahwa itu didasarkan pada Textus Receptus, yang hanya merupakan kebenaran parsial. Ini adalah serangan halus lainnya. Berhati-hatilah dengan KJV Baru ini. Anda akan segera mengetahui alasannya.

The New King James Bible mengklaim dirinya sebagai King James Bible, hanya saja lebih baik. "NKJV", telah menghilangkan dan mengubah banyak ayat.

Dua puluh dua kali "Neraka" diubah menjadi "Hades" dan "Sheol". Gerakan setan zaman baru mengatakan bahwa "Hades" adalah kondisi pemurnian di tengah jalan!

Orang Yunani percaya bahwa "Hades" dan "Sheol" adalah tempat tinggal orang mati di bawah tanah.

Ada banyak penghapusan kata-kata berikut ini: bertobat, Allah, Tuhan, surga, dan darah. Kata-kata Jehovah, setan, dan kutukan, dan Perjanjian Baru dihapus dari NKJV.

Kesalahpahaman Tentang Keselamatan:

KJV	NKJV
1 Korintus 1:18	
"Diselamatkan"	Diselamatkan.
Ibrani 10:14	
"Disucikan"	Sedang disucikan.
II Korintus 10:5	
"Melepaskan imajinasi"	Melontarkan argumen.
Matius 7:14	
"Jalan sempit" II	Cara yang sulit
Korintus 2:15	
"Sudah Tersimpan"	Diselamatkan

"Orang Sodom" diubah menjadi "orang-orang yang sesat". NKJV adalah versi antikristus yang disalahartikan

Serangan terbesar Iblis adalah terhadap Yesus sebagai Tuhan.

AYT: Yesaya 14:12 merupakan serangan halus terhadap Tuhan Yesus yang dikenal sebagai **Bintang Kejora.**

Betapa engkau telah jatuh dari langit, hai bintang timur, putra fajar! Engkau telah dicampakkan ke bumi, hai engkau yang pernah merendahkan bangsa-bangsa!

(NIV memiliki Catatan Kaki untuk ayat ini *2 Petrus 1:19 "Dan firman yang disampaikan oleh para nabi makin hari makin teguh dan kamu harus memperhatikannya, sama seperti terang yang bercahaya di tempat yang gelap sampai fajar menyingsing dan bintang timur terbit di dalam hatimu."*

Dengan menambahkan ***Bintang Kejora*** dan memberikan referensi lain dalam Wahyu 2:28 menyesatkan pembaca, bahwa Yesus adalah Bintang Kejora yang telah jatuh).

Namun, Yesaya 14:12 berbunyi, "Betapa engkau telah jatuh dari langit, hai Lusifer, anak pagi! [Bagaimana engkau ditebas ke tanah, yang melemahkan bangsa-bangsa!"

(Alkitab NIV telah menghapus nama Lucifer dan mengganti "putra pagi" dengan "**Bintang Kejora**". Dalam kitab Wahyu, Yesus disebut sebagai "Bintang Kejora".

Aku Yesus telah mengutus malaikat-Ku untuk bersaksi tentang semuanya itu kepada jemaat-jemaat. Akulah akar dan keturunan Daud, dan bintang timur yang cemerlang (KJV 22:16).

Dengan demikian, versi NIV dari Yesaya 14:12 salah mengartikan makna Alkitab dengan menyatakan bahwa Yesus telah jatuh dari surga

255

dan merendahkan bangsa-bangsa). Alkitab KJV mengatakan bahwa Yesus adalah Bintang Terang dan Bintang Kejora.

*"Aku Yesus telah mengutus malaikat-Ku untuk bersaksi tentang semuanya itu kepadamu di dalam Jemaat-jemaat. Akulah akar dan keturunan Daud, dan **bintang timur yang cemerlang.**"*
(Wahyu 22:16 KJV)

KJV:

Kami juga mempunyai firman nubuat yang lebih pasti, yaitu: "Hendaklah kamu memperhatikannya, sama seperti kepada suatu terang yang bercahaya di tempat yang gelap, sampai fajar menyingsing dan bintang timur terbit di dalam hatimu."
(KJV, 2 Petrus 1:19)

*Ia akan memerintah mereka dengan gada besi, seperti tembikar tukang periuk, mereka akan dipecahkannya sampai hancur, seperti yang telah Kuterima dari Bapa-Ku. Dan Aku akan memberikan kepadanya **bintang timur.** (KJV Wahyu 2:27-28)*

Terjemahan-terjemahan modern mengakomodasi semua agama dengan menggunakan kata 'dia' atau 'dia' sebagai pengganti Yesus, Kristus atau Mesias, dan dengan menghilangkan banyak kata dan ayat tentang Yesus. Terjemahan-terjemahan ini membuktikan bahwa Tuhan Yesus bukanlah Sang Pencipta, Juruselamat, atau Allah yang menjadi manusia; mereka menjadikan-Nya hanya sebuah mitos belaka.

Orang-orang yang murtad ini membuat naskah Alkitab yang lebih sesuai dengan keinginan mereka. Mereka menyerang keilahian Yesus Kristus dan doktrin-doktrin lain dalam Alkitab. Jalan pun terbuka bagi sebuah Alkitab Zaman Baru untuk melahirkan satu agama dunia. Bergabungnya semua gereja dan semua agama, akan menghasilkan "Satu Agama Dunia".

Sekarang Anda mengerti rencana licik dan halus yang telah dirancang oleh Iblis. Dia bahkan berani mengubah Firman Allah. Setan mengembangkan rencana yang menipu untuk membingungkan manusia!

<u>Ingatlah apa yang dikatakan Setan:</u>

Aku akan naik ke tempat yang setinggi awan, Aku akan menjadi seperti Yang Mahatinggi. (Yesaya 14:14)

D.

Alkitab KJV Vs Alkitab Modern: Perubahan Yang Telah Ditambahkan Atau Dihilangkan.

TERJEMAHAN NIV:

Tasil terjemahan bahasa Yunani dari Westcott & Hort berasal dari naskah Sinaiticus dan Vaticanus. Gereja mula-mula menganggapnya sebagai serangan halus terhadap Firman Allah dengan menghilangkan dan mengubah kebenaran Alkitab. Sinaiticus (Aleph) dan Vaticanus (Codex-B) keduanya telah ditolak oleh gereja mula-mula dan dikagumi oleh para guru palsu. Sumber Alkitab NIV didasarkan pada versi korup dari Westcott & Hort yang dapat Anda temukan dalam catatan kaki NIV. Kita tidak memiliki cara untuk mengetahui bagaimana dan dari mana teks Yunani dari Westcott & Hort ini berasal, tanpa penelitian yang mendalam. Ketika kita melihat referensi yang diberikan dari Westcott & Hort, kita biasanya langsung mempercayainya, hanya karena referensi tersebut dicetak dalam Alkitab.

Alkitab NIV dikagumi karena orang percaya bahwa Alkitab ini lebih mudah dipahami karena bahasa Inggris kuno telah diubah menjadi kata-kata modern. Faktanya, Alkitab KJV memiliki bahasa yang paling mudah dipahami oleh segala usia. Kosakata KJV lebih sederhana daripada kosakata NIV. Hanya dengan mengubah kata-kata seperti engkau, engkau, engkau, dan engkau, orang akan merasa lebih mudah membacanya. Seperti yang Anda ketahui, Firman Allah hanya dijelaskan oleh Roh Kudus, yang ditulis oleh Allah. Roh Allah ada di dalam Alkitab KJV yang membantu kita untuk memahami pengertian-Nya. Perubahan tidak diperlukan dalam Firman Tuhan; namun Firman yang benar perlu mengubah pemikiran kita.

Begitu banyak gereja yang sekarang menerima versi NIV sebagai pengganti KJV. Membuat perubahan kecil dari waktu ke waktu mengkondisikan pemikiran kita dan itu menjadi cara yang halus untuk mencuci otak. Perubahan-perubahan yang dilakukan oleh Alkitab NIV pada versi mereka, secara halus melemahkan Injil. Perubahan-perubahan ini sebagian besar bertentangan dengan Ketuhanan Tuhan Yesus Kristus. Setelah hal ini dilakukan, banyak agama merasa lebih mudah untuk menerima Alkitab NIV karena Alkitab ini mendukung doktrin mereka. Hal ini pada gilirannya menjadi "interfaithism", tujuan dari satu agama dunia yang dibicarakan dalam kitab Wahyu.

KJV didasarkan pada kelompok manuskrip Bizantium yang biasa disebut manuskrip Textus Receptus. NKJV (New King James Version) adalah terjemahan terburuk. Terjemahan ini berbeda dari KJV sebanyak 1200 kali. Versi New King James jelas tidak sama dengan King James Version. MKJV juga bukan KJV. Mayoritas terjemahan Alkitab bukanlah versi lain melainkan penyimpangan, dan menyimpang dari kebenaran.

Ayat-ayat berikut ini tidak ada dalam **NIV** dan **terjemahan modern lainnya.** Berikut ini adalah daftar "penghilangan" dalam NIV.

Yesaya 14:12

*KJV Yes.14:12: Betapa engkau telah jatuh dari langit, **hai Lusifer**, **anak pagi**! Betapa engkau telah ditebas ke tanah, yang telah melemahkan bangsa-bangsa!*

*NIV Yes.14:12 Betapa engkau telah jatuh dari langit, hai **bintang timur,** putra fajar! Engkau telah dicampakkan ke bumi, hai engkau yang pernah merendahkan bangsa-bangsa!*

(Alkitab NIV telah menghapus Lucifer dan menggantikan "putra bintang timur" dengan "bintang pagi". Hal ini menyesatkan Anda untuk percaya bahwa "YESUS" yang adalah "BINTANG PAGI"; telah jatuh dari surga.

*Aku Yesus telah mengutus malaikat-Ku untuk bersaksi kepadamu tentang semuanya ini di dalam jemaat-jemaat. Akulah akar dan keturunan Daud, dan yang terang dan **bintang kejora.***
(KJV Wahyu 22: 16)

(Yesus adalah bintang pagi)

Yesaya 14:12 (NIV), adalah ayat yang sangat membingungkan. Orang-orang mengira Yesus telah jatuh dari surga dan ditebang.

NIV membuat Lucifer (Setan) setara dengan Yesus Kristus; ini adalah penghujatan tingkat tinggi. Inilah sebabnya mengapa beberapa orang tidak percaya kepada Yesus Kristus karena mereka melihat Dia setara dengan Setan.

Daniel 3:25

*KJV Dan.3:25 Jawabnya: "Sesungguhnya, aku melihat empat orang **yang** bebas, berjalan di tengah-tengah api, dan mereka tidak terluka, dan rupa orang yang keempat itu seperti **Anak Allah.***

*NIV: Dan. 3:25 Katanya: "Lihatlah, aku melihat empat orang berjalan-jalan di dalam api, tidak terikat dan tidak terluka, dan yang keempat kelihatannya seperti **anak dewa.**"*

(Mengubah Anak Allah menjadi **Anak para dewa** akan mengakomodasi kepercayaan politeisme, dan ini akan mendukung agama-agama lain).

Matius 5:22

*KJV Mat.5:22 Tetapi Aku berkata kepadamu: Setiap orang yang **marah kepada saudaranya tanpa alasan, ia berada dalam** bahaya penghakiman dan setiap orang yang berkata kepada saudaranya: Raca, ia berada dalam bahaya Mahkamah Agama, dan setiap orang yang berkata: Hai orang tolol, ia berada dalam bahaya api neraka.*

*NIV Mat.5:22 Tetapi Aku berkata kepadamu: Setiap orang yang **marah kepada** saudaranya harus dihukum. Sekali lagi, setiap orang yang berkata kepada saudaranya: Raca, harus **bertanggung jawab** kepada Mahkamah Agama. Tetapi barangsiapa berkata: Engkau bodoh!", ia berada dalam bahaya api neraka.*

(Alkitab KJV mengatakan, **marah tanpa sebab, sedangkan Alkitab** NIV mengatakan hanya marah. Kebenaran Firman Tuhan adalah, kita boleh **marah** jika ada penyebabnya, tetapi tidak akan membiarkan matahari terbenam di atasnya).

Matius 5:44

*KJV Mat.5:44 Tetapi Aku berkata kepadamu: Kasihilah musuhmu, **berkatilah mereka yang mengutuk kamu**, berbuatlah baik kepada orang yang membenci kamu dan berdoalah bagi **mereka yang** menganiaya kamu;*

261

NIV Mat.5:44 Tetapi Aku berkata kepadamu: Kasihilah musuhmu dan berdoalah bagi mereka yang menganiaya kamu,

(Huruf yang disorot dalam KJV telah dihapus dari Alkitab NIV)

Matius 6:13

LAI TB, Mat 6:13 Dan janganlah membawa kami ke dalam pencobaan, tetapi lepaskanlah kami dari pada yang jahat: ***Karena Engkaulah yang empunya kerajaan dan kuasa dan kemuliaan sampai selama-lamanya. Amin.***

*NIV Mat 6:13 Dan janganlah membawa kami ke dalam pencobaan, tetapi lepaskanlah kami dari pada si **jahat.***

(Bukan yang jahat, bukan yang jahat. ***Karena Engkaulah yang empunya kerajaan, dan kuasa, dan kemuliaan, sampai selama-lamanya. Amin***: dihapus dari NIV)

Matius 6:33

*KJV Mat 6:33 Tetapi carilah dahulu **Kerajaan Allah dan** kebenarannya, maka semuanya itu akan ditambahkan kepadamu.*

NIV Mat 6:33 Tetapi carilah dahulu Kerajaan Allah dan kebenarannya, maka semuanya itu akan ditambahkan kepadamu.

(**kerajaan Allah** diganti dengan kerajaan "milik-Nya"... NIV mengganti Allah dengan milik-Nya. Siapakah yang dimaksud dengan "milik-Nya"?)

Matius 8:29

KJV Mat.8:29 Dan mereka berteriak: "Apa urusan-Mu dengan kami, hai __Yesus__, Anak Allah, Engkau datang ke sini untuk menyiksa kami sebelum waktunya? (Spesifik)

NIV Mat.8:29 "Apa yang Engkau kehendaki dari kami, __Anak Allah__?" teriak mereka.

"Apakah Anda datang ke sini untuk menyiksa kami sebelum waktu yang ditentukan?"

(**Yesus tidak ada dalam** Alkitab NIV dan mereka hanya menggunakan Anak Allah... *Yesus* adalah Anak Allah. Anak Allah berarti Allah yang Mahakuasa yang menjadi manusia).

Matius 9:13b

*KJV Mat.9:13b Sebab Aku datang bukan untuk memanggil orang benar, melainkan orang berdosa supaya mereka **bertobat**.*

NIV Mat.9:13b Sebab Aku datang bukan untuk memanggil orang benar, melainkan orang berdosa.

(**Untuk bertobat** adalah keluar. Pertobatan adalah langkah pertama; Anda berbalik dari dosa dan gaya hidup yang berdosa dengan menyadari dan mengakui bahwa Anda salah).

Matius 9:18

*KJV Mat 9:18 Ketika Yesus sedang berbicara dengan mereka, datanglah seorang kepala daerah dan **menyembah Dia serta** berkata: "Anakku sudah mati, tetapi datanglah kemari dan letakkanlah tangan-Mu ke atasnya, maka ia akan hidup kembali. (Menyembah Yesus)*

NIV Mat 9:18 Ketika Yesus sedang berkata demikian, datanglah seorang kepala daerah dan berlutut di __hadapan-Nya serta__ berkata: "Anakku perempuan baru saja meninggal. Tetapi datanglah dan letakkanlah tangan-Mu ke atasnya, maka ia akan hidup kembali."

(Penyembahan **diubah menjadi berlutut**. Penyembahan menjadikan Yesus sebagai Tuhan).

Matius 13:51

LAI TB, Mat 13:51 Kata Yesus kepada mereka: "Sudahkah kamu mengerti semuanya itu? Jawab mereka: "__Ya, Tuhan.__

NIV Mat 13:51 "Sudahkah kamu mengerti semuanya itu?" Yesus bertanya.

(YESUS ADALAH TUHAN. NIV menghilangkan **Yea Lord**; Meninggalkan Ketuhanan Yesus Kristus)

Matius 16:20

KJV Mat 16:20 Lalu Ia berpesan kepada murid-murid-Nya supaya mereka jangan memberitahukan kepada siapa pun juga bahwa Ia adalah Mesias.

(Nama "YESUS" telah dihilangkan dari beberapa ayat dalam Alkitab NIV).

NIV Mat 16:20 Lalu Ia memperingatkan murid-murid-Nya supaya jangan memberitahukan kepada siapa pun bahwa Ia adalah Mesias.

(Siapakah "dia" itu? Mengapa bukan Yesus, sang Kristus? "Kristus" berarti Mesias, Juruselamat dunia ini: Yohanes 4:42.)

Matius 17:21

KJV Mat 17:21: Tetapi yang demikian itu tidak mungkin timbul,
kecuali dengan berdoa dan berpuasa.

(Doa dan puasa akan meruntuhkan cengkeraman Iblis yang kuat. Puasa akan membunuh daging kita).

NIV menghapus **kitab suci tersebut sepenuhnya.** Kitab ini juga dihapus dari "Alkitab" Saksi-Saksi Yehuwa. Saat ini puasa diubah menjadi diet Daniels. Ini adalah kebohongan lainnya. (Puasa adalah tidak makan dan tidak minum. Makan bukanlah puasa dan puasa bukanlah makan atau minum)

Beberapa Contoh Puasa Alkitabiah dalam Alkitab KJV

Ester 4:16 KJV:

Pergilah, kumpulkanlah semua orang Yahudi yang ada di Susan, dan
berpuasalah bagi-Ku, janganlah makan dan janganlah minum
selama tiga hari, baik siang maupun malam: Aku dan gadis-gadisku
akan berpuasa juga, dan demikianlah aku akan pergi menghadap raja,
yang tidak sesuai dengan hukum Taurat, dan jika aku binasa, aku akan
binasa.

Yunus 3:5, 7 KJV Lalu penduduk Niniwe percaya kepada Allah, lalu
mereka berpuasa dan mengenakan kain kabung, mulai dari orang
yang paling besar sampai yang paling kecil. Lalu disiarkanlah hal itu
ke seluruh Niniwe dengan titah raja dan para pembesarnya, demikian:
"Janganlah manusia dan binatang, kawanan ternak dan kawanan
kambing domba, mencicipi apa pun juga, janganlah mereka makan
dan janganlah mereka minum air.

265

Matius 18:11

KJV Mat 18:11: **<u>Karena Anak Manusia datang untuk</u>** *menyelamatkan* **<u>yang hilang.</u>**

(Ayat ini telah dihapus dari NIV dan banyak versi Alkitab lainnya. Yesus bukanlah satu-satunya Juruselamat. Mason mengajarkan bahwa kita dapat menyelamatkan diri kita sendiri dan Anda tidak membutuhkan Yesus).

Matius 19:9

KJV Mat 19:9 Aku berkata kepadamu: Setiap orang yang menceraikan isterinya kecuali karena zinah, lalu kawin dengan perempuan lain, ia berbuat zinah dan **<u>siapa yang kawin dengan perempuan yang diceraikannya, ia berbuat zinah.</u>**

NIV: Mat 19:9 Aku berkata kepadamu: Setiap orang yang menceraikan isterinya kecuali karena zinah, lalu kawin dengan perempuan lain, ia berbuat zinah."

("Barangsiapa yang menikahi perempuan yang diceraikan, ia berzina" dihilangkan)

Matius 19:16,17

*KJV Mat 19:16 Lalu datanglah seorang dan berkata kepada-Nya: "***<u>Guru yang baik,</u>*** perbuatan baik apakah yang harus kuperbuat untuk memperoleh hidup yang kekal?*

17 Jawab Yesus kepadanya: "Mengapa engkau menyebut Aku baik? Tidak ada yang baik selain dari pada yang satu, yaitu Allah, tetapi jikalau engkau ingin masuk ke dalam hidup, taatilah segala perintah-Nya.

NIV Mat 19:16 Pada suatu kali datanglah seorang kepada Yesus dan bertanya: "Guru, perbuatan baik apakah yang harus kuperbuat untuk memperoleh hidup yang kekal?

17 "Mengapa kamu bertanya kepada-Ku tentang apa yang baik?" Yesus menjawab. "Hanya ada satu yang baik. Jika kamu ingin masuk ke dalam hidup, taatilah perintah-perintah-Nya.

(Yesus berkata, "Mengapa kamu menyebut Aku baik?" Hanya Allah yang baik dan jika Yesus baik, maka Dia pasti Allah. Guru yang baik diubah menjadi "Guru" dalam NIV dan maknanya hilang. Juga beberapa agama mendukung kepercayaan untuk menyelamatkan diri sendiri).

Matius 20:16

*KJV Mat 20:16: Demikianlah yang terakhir akan menjadi yang terdahulu dan yang terdahulu akan menjadi yang terakhir, **karena banyak orang dipanggil, tetapi sedikit orang** yang **dipilih.***

(Sangat penting apa yang kita pilih. Anda bisa tersesat jika tidak memilih dengan benar)

NIV DAN RSV

NIV Mat. 20:16: "Jadi yang terakhir akan menjadi yang terdahulu dan yang terdahulu akan menjadi yang terakhir."

(tidak peduli untuk memilih)

Matius 20:20

*LAI TB, Mat 20:20: Kemudian datanglah kepada-Nya ibu Zebedeus dengan anak-anaknya, yang **menyembah Dia dan** mengharapkan sesuatu dari pada-Nya.*

267

*NIV Mat 20:20: Kemudian datanglah ibu dari anak-anak Zebedeus kepada Yesus dengan anak-anaknya, lalu **berlutut dan** meminta sesuatu kepada-Nya.*

(Menyembah **atau berlutut**...? Meninggalkan Ketuhanan Yesus Kristus, orang Yahudi hanya menyembah Satu Tuhan)

Matius 20:22, 23

*KJV Mat 20:22, 23: Tetapi jawab Yesus: "Kamu tidak tahu, apa yang kamu minta. Dapatkah kamu minum cawan yang akan Kuminum dan **dibaptis dengan baptisan yang sama dengan baptisan-Ku**? Mereka berkata kepada-Nya, kita mampu. Kata-Nya kepada mereka: "Kamu akan minum cawan-Ku dan dibaptis dengan baptisan yang sama seperti **Aku dibaptis,** tetapi untuk duduk di sebelah kanan-Ku atau di sebelah kiri-Ku, bukanlah hak-Ku, tetapi akan diberikan kepada mereka yang telah ditentukan oleh Bapa-Ku.*

(Bisakah Anda melalui penderitaan yang saya alami?)

NIV Mat. 20:22, 23: "Kamu tidak tahu apa yang kamu minta," kata Yesus kepada mereka. "Dapatkah kamu meminum cawan yang akan Kuminum?" "Tentu saja," jawab mereka. Yesus berkata kepada mereka, "Kamu memang akan minum dari cawan-Ku, tetapi untuk duduk di sebelah kanan atau kiri-Ku, Aku tidak akan memberikannya. Tempat-tempat itu adalah milik mereka yang telah disediakan oleh Bapa-Ku."

(Semua frasa yang disorot dan digarisbawahi dalam KJV telah dihapus dari NIV)

Matius 21:44

*KJV Mat 21:44: Dan barangsiapa yang jatuh ke atas batu ini, ia akan remuk, dan barangsiapa yang tertimpa batu itu, ia akan hancur **lumat.***

*NIV Mat 21:44: "Barangsiapa jatuh ke atas batu ini, ia akan hancur **berkeping-keping** dan barangsiapa ditimpa batu itu, ia akan remuk."*

(Menggilingnya hingga menjadi bubuk telah dihilangkan)

Matius 23:10

*KJV Mat 23:10: Janganlah kamu disebut **tuan-tuan,** karena hanya satu yang menjadi **tuanmu,** yaitu **Kristus.***

NIV Mat 23:10: Dan janganlah kamu menyebut dirimu guru, karena kamu hanya mempunyai satu Guru, yaitu Kristus.

(Anda harus menurunkan Allah ke tingkat mistik sehingga Yesus menjadi mistik yang lain. Kebenarannya adalah Kristus memuaskan semua orang).

Matius 23:14

KJV Mat 23:14: Celakalah kamu, ahli-ahli Taurat dan orang-orang Farisi, hai kamu orang-orang munafik! Karena kamu memakan rumah janda-janda dan dengan pura-pura berdoa panjang-panjang, maka kamu akan menerima hukuman yang lebih besar.

(NIV, New L T, English Standard Version, New American Standard Bible, dan terjemahan dunia baru telah menghapus ayat ini. Silakan periksa sendiri dalam Alkitab Anda).

Matius 24:36

KJV Mat 24:36: Tetapi tentang hari dan saat itu tidak seorangpun yang tahu, malaikat-malaikat di sorga tidak, hanya Bapa-Ku saja.

*AYT Mat 24:36: "Tentang hari dan saat itu tidak seorangpun yang tahu, malaikat-malaikat di sorga tidak, dan **Anakpun tidak,** hanya Bapa sendiri.*

(Kata "maupun anak" ditambahkan dalam Alkitab NIV. Yohanes 10:30 **Aku dan Bapa-Ku** adalah **satu.** Jadi, Yesus mengetahui waktu kedatangan-Nya. Ini menyiratkan bahwa Yesus tidak berada dalam ke-Allahan. Tetapi pada waktu itu, sesudah masa kesengsaraan itu, matahari akan menjadi gelap dan bulan tidak bercahaya, Markus 13:24. Akan sulit untuk mengetahui waktunya).

Matius 25:13

*KJV Mat 25:13 Karena itu berjaga-jagalah, sebab kamu tidak tahu hari dan saat **kedatangan Anak Manusia.***

NIV: Mat 25:13 "Sebab itu berjaga-jagalah, karena kamu tidak tahu akan hari dan saatnya."

(Yohanes 14:24) "Di **mana Anak Manusia datang.**" Meninggalkan siapa yang akan datang kembali? Jam berapa?)

Matius 25:31

*KJV Mat 25:31 Apabila Anak Manusia datang dalam kemuliaan-Nya dan semua **malaikat kudus** bersama-sama dengan Dia, maka Ia akan duduk di atas takhta kemuliaan-Nya*

*NIV: Mat 25:31 "Apabila Anak Manusia datang dalam kemuliaan-Nya dan semua **malaikat** bersama-sama dengan Dia, maka Ia akan duduk di atas takhta-Nya di dalam kemuliaan surgawi."*

(KJV mengatakan semua malaikat "kudus". NIV mengatakan hanya "para malaikat". Ini menyiratkan bahwa malaikat-malaikat yang jatuh atau yang tidak kudus akan datang bersama Yesus. Bukankah begitu? Ada ajaran sesat yang beredar bahwa tidak peduli apa yang Anda lakukan baik atau buruk, Anda tetap masuk surga. Roh-roh orang yang kita cintai yang telah meninggal yang tidak pernah percaya kepada Yesus, seharusnya kembali untuk memberi tahu orang-orang yang mereka cintai bahwa mereka baik-baik saja di surga, dan Anda tidak perlu melakukan apa pun untuk masuk surga. Ini adalah doktrin dari iblis).

Matius 27:35

*KJV MT 27:35: Lalu mereka menyalibkan Dia dan mengoyakkan jubah-Nya dengan membuang undi, **supaya genaplah apa yang telah dikatakan oleh nabi: Mereka mengoyakkan jubah-Ku di tengah-tengah mereka, dan atas jubah-Ku mereka membuang undi.***

NIV MT 27:35: Sesudah menyalibkan Dia, mereka membagi-bagi pakaian-Nya dengan membuang undi.

("Supaya genaplah yang dikatakan oleh nabi itu, maka mereka membagi-bagi jubahku di antara mereka, dan atas jubahku mereka membuang undi." Sepenuhnya diambil dari Alkitab NIV)

Markus 1:14

*KJV MARKUS 1:14: Sesudah Yohanes dimasukkan ke dalam penjara, Yesus datang ke Galilea dan **memberitakan Injil Kerajaan Allah***

*NIV MARKUS 1:14: Sesudah **Yohanes** dimasukkan ke dalam penjara, Yesus pergi ke Galilea untuk **memberitakan Injil Allah.***

(Injil Kerajaan Allah tidak ada dalam NIV)

Markus 2:17

*KJV Markus 2:17: Ketika Yesus mendengar hal itu, Ia berkata kepada mereka: "Orang yang sehat tidak memerlukan tabib, tetapi orang yang sakit: Aku datang bukan untuk memanggil orang benar, melainkan orang berdosa untuk **bertobat.***

NIV Markus 2:17: Mendengar hal itu Yesus berkata kepada mereka: "Bukan orang sehat yang memerlukan tabib, melainkan orang sakit. Aku datang bukan untuk memanggil orang benar, melainkan orang berdosa."

(Selama Anda percaya bahwa hal tersebut tidak apa-apa, Anda dapat melakukan apa saja, dan tidak apa-apa. Dengan sedikit mengubah kitab suci, Dosa pun diterima).

Markus 5:6

*KJV Markus 5:6: Tetapi ketika ia melihat Yesus dari jauh, ia berlari dan menyembah **Dia,***

(Dia mengakui bahwa Yesus adalah Tuhan Allah).

*NIV Markus 5:6: Ketika ia melihat Yesus dari kejauhan, ia berlari dan **berlutut di depan-Nya.***

(Dia menunjukkan rasa hormat sebagai seorang manusia tetapi tidak mengakuinya sebagai Tuhan Allah).

Markus 6:11

KJV Markus 6:11 "Dan barangsiapa tidak menerima kamu dan tidak mendengarkan kamu, apabila kamu meninggalkan kota itu, kebaskanlah debu di bawah kakimu sebagai suatu kesaksian terhadap mereka. <u>Aku berkata kepadamu: Sesungguhnya pada hari penghakiman akan lebih ringan hukuman bagi Sodom dan Gomora dari pada</u> hukuman <u>bagi kota itu.</u>

NIV Markus 6:11 "Dan jika suatu tempat tidak mau menerima kamu dan tidak mau mendengarkan kamu, kebaskanlah debu dari kakimu ketika kamu pergi, sebagai suatu kesaksian terhadap mereka."

(NIV) telah menghapus, "Aku berkata kepadamu: Sesungguhnya pada hari penghakiman akan lebih ringan siksaan yang akan menimpa Sodom dan Gomora dari pada kota itu." Penghakiman telah dihapus karena mereka tidak percaya dan tidak peduli pilihan apa yang Anda buat. Semua perkataan dan perbuatan yang salah akan dikoreksi di api penyucian atau reinkarnasi).

Markus 7:16

KJV Markus 7:16 Barangsiapa bertelinga, hendaklah ia mendengar

(NIV, Alkitab Saksi-Saksi Yehuwa dan terjemahan-terjemahan modern telah menghapus ayat-ayat ini. WOW!)

Markus 9:24

*KJV Markus 9:24 Dan seketika itu juga berserulah ayah anak itu sambil menangis: **Tuhan,** aku percaya, tolonglah aku yang tidak percaya.*

NIV Markus 9:24 Seketika itu juga ayah anak itu berseru: "Aku percaya, tolonglah aku mengatasi ketidakpercayaanku!"

(Tuhan tidak ada dalam NIV. Ketuhanan Yesus Kristus dihilangkan)

Markus 9:29

KJV Markus 9:29 Lalu Ia berkata kepada mereka: "Hal semacam itu tidak dapat timbul dengan sendirinya, melainkan dengan berdoa dan **_berpuasa._**

NIV Markus 9:29 Jawab Yesus: "Yang demikian itu hanya dapat keluar dengan doa."

(**Puasa akan** menghilangkannya. Dengan berpuasa kita meruntuhkan cengkeraman Setan yang kuat. Mencari wajah Allah dengan puasa dan doa yang alkitabiah akan mendatangkan pengurapan dan kuasa yang istimewa).

Markus 9:44

KJV Markus 9:44 Di mana ulat-ulatnya tidak mati, dan apinya tidak padam.

(Ayat-ayat ini dihapus dari NIV, transisi modern dan Alkitab Saksi-Saksi Yehuwa. Mereka tidak percaya akan adanya hukuman di neraka).

Markus 9:46

KJV Markus 9:46 Di mana ulat-ulatnya tidak mati, dan apinya tidak padam.

(Kitab Suci dihapus dari NIV, terjemahan modern dan Alkitab Saksi-Saksi Yehuwa. Sekali lagi, mereka tidak percaya pada penghakiman).

Markus 10:21

*LAI TB, Markus 10:21 Ketika Yesus melihat dia, Ia mengasihi dia dan berkata kepadanya: "Hanya satu hal lagi yang kurang padamu: pergilah, juallah apa yang kaumiliki dan berikanlah itu kepada orang-orang miskin, maka engkau akan beroleh harta di sorga, kemudian marilah kita memikul **salib kita dan** mengikut Aku.*

(Orang Kristen memiliki salib yang harus dipikul. Ada perubahan dalam hidup Anda).

NIV Markus 10:21 Yesus memandang dia dan mengasihinya. "Satu hal yang kurang padamu," kata-Nya. "Pergilah, juallah segala sesuatu yang kaumiliki dan berikanlah itu kepada orang-orang miskin, maka engkau akan beroleh harta di sorga. Kemudian datanglah ke mari, ikutlah Aku."

(NIV telah menghapus kata "memikul salib", tidak perlu menderita demi kebenaran. Hiduplah dengan cara yang Anda inginkan. Salib sangat penting bagi perjalanan hidup orang Kristen).

Markus 10:24

*KJV Markus 10:24 Dan murid-murid-Nya tercengang-cengang mendengar perkataan-Nya. Tapi Jawab Yesus lagi: "Hai anak-anak, alangkah sukarnya bagi orang yang **mengandalkan kekayaan** untuk masuk ke dalam Kerajaan Allah!*

NIV Markus 10:24 Murid-murid-Nya takjub mendengar perkataan-Nya itu. Tetapi Yesus berkata lagi, "Anak-anak, betapa sukarnya masuk ke dalam Kerajaan Allah!

(**"kepercayaan akan kekayaan"** telah dihilangkan; tidak perlu ada kata-kata ini dalam Alkitab NIV karena mereka menginginkan sedekah. Hal

275

Elizabeth Das

ini juga membuat Anda merasa sulit untuk masuk ke dalam Kerajaan Allah dan membuat Anda patah semangat).

Markus 11:10

*KJV Markus 11:10 Diberkatilah Kerajaan Daud, bapa leluhur kita, **yang datang dalam nama Tuhan,** Hosana di tempat yang mahatinggi.*

*NIV Markus 11:10:"Diberkatilah **kerajaan yang akan datang dari** bapa kita Daud!" "Hosana di tempat yang mahatinggi!"*

(NIV: "yang datang dalam nama Tuhan" dihilangkan)

Markus 11:26

KJV Markus 11:26 Tetapi jikalau kamu tidak mengampuni, Bapamu yang di sorga juga tidak akan mengampuni kesalahanmu.

(Kitab Suci ini sepenuhnya dihapus dari NIV, Alkitab Saksi-Saksi Yehuwa, (yang disebut terjemahan Dunia Baru) dan banyak terjemahan modern lainnya. Pengampunan sangat penting, jika Anda ingin diampuni).

Markus 13:14

*KJV Markus 13:14 Tetapi apabila kamu melihat kekejian yang keji itu, yang dikatakan oleh **nabi Daniel,** berdiri di tempat yang tidak semestinya, (hendaklah orang yang membacanya mengerti), maka hendaklah semua orang yang ada di Yudea melarikan diri ke pegunungan:*

NIV Markus 13:14: "Apabila kamu melihat 'kekejian yang mendatangkan kebinasaan' berdiri di tempat yang tidak semestinya -

biarlah pembaca mengerti - maka hendaklah orang-orang yang ada di Yudea melarikan diri ke gunung-gunung.

(Informasi tentang Kitab Daniel dihapus dari NIV. Kita mempelajari akhir zaman dalam Kitab Daniel dan Wahyu. DIBERKATILAH MEREKA YANG MEMBACA PERKATAAN-PERKATAAN DARI KITAB INI. Berbahagialah orang yang membacanya, dan mereka yang mendengar perkataan-perkataan **nubuat** ini, dan yang menuruti segala sesuatu yang tertulis di dalamnya, sebab waktunya sudah dekat. (Wahyu 1:3) Dengan menghilangkan nama Daniel, maka akan membuat Anda bingung)

Markus 15:28

KJV Markus 15:28 Dan genaplah nas Kitab Suci yang mengatakan: "Ia terhitung di antara orang-orang durhaka.

(Dihapus dari NIV, Alkitab Saksi-Saksi Yehuwa, dan terjemahan modern)

Lukas 2:14

*KJV Lukas 2:14 Kemuliaan bagi Allah di tempat yang mahatinggi dan damai sejahtera di bumi, **kehendak baik terhadap manusia.***

NIV Lukas 2:14 Kemuliaan bagi Allah di tempat yang mahatinggi dan damai sejahtera di bumi di antara manusia yang berkenan kepada-Nya."

(Perubahan yang halus. alih-alih "niat baik kepada manusia;" Alkitab NIV mengatakan perdamaian hanya untuk orang-orang tertentu yang disukai Tuhan. Hal ini juga bertentangan dengan prinsip Allah).

Lukas 2:33

*KJV Lukas 2:33 Dan **Yusuf** dan ibunya*

NIV Lukas 2:33 Ayah dan ibu anak itu.

(**Joseph telah** dihapus)

Lukas 4:4

*LAI TB, Lukas 4:4 Jawab Yesus kepadanya: "Ada tertulis: Manusia hidup bukan dari roti saja, **tetapi dari segala firman Allah.***

NIV Lukas 4:4 Jawab Yesus: "Ada tertulis: 'Manusia tidak akan hidup dari roti saja.

Serangan Setan terhadap **FIRMAN ALLAH** Dalam Kejadian 3: Setan menyerang FIRMAN ALLAH. Dia memiliki serangan halus "**Tetapi oleh setiap firman Allah**" telah dihapus dari NIV

NIV dan terjemahan Alkitab modern yang dibuat oleh para penguasa tidak peduli dengan Firman Tuhan. Mereka mengubah kata-katanya agar sesuai dengan doktrin mereka, sesuai dengan apa yang mereka pikir seharusnya dikatakan. Firman Allah itu hidup dan membawa keyakinan pada diri seseorang. Ketika Allah menginsafkan Anda akan dosa, maka hal itu akan membawa pertobatan. Jika firman Allah telah diubah, firman itu tidak dapat membawa keyakinan yang benar; oleh karena itu, tidak ada pertobatan yang akan terjadi. Dengan melakukan hal ini, NIV mengindikasikan bahwa semua agama adalah baik, yang kita tahu tidak benar.

Lukas 4:8

*LAI TB, Lukas 4:8 Jawab Yesus kepadanya: **"Enyahlah dari hadapan-Ku, hai Iblis,** sebab ada tertulis: Engkau harus menyembah Tuhan, Allahmu, dan hanya kepada Dia sajalah engkau berbakti.*

(Yesus menegur Iblis. Anda dan saya dapat menegur Iblis dalam nama Yesus).

NIV Lukas 4:8 Jawab Yesus: "Ada tertulis: 'Sembahlah Tuhan, Allahmu, dan hanya kepada-Nya sajalah kamu berbakti.

("Enyahlah dari **hadapanku, Iblis**" diambil dari NIV).

Lukas 4:18

*LAI TB, Lukas 4:18 Roh Tuhan ada pada-Ku, oleh sebab Ia telah mengurapi Aku, untuk menyampaikan kabar **baik** kepada orang-orang miskin, dan mengutus Aku untuk membebaskan orang-orang yang **tertindas**, untuk memberitakan pembebasan kepada orang-orang tawanan, dan penglihatan bagi orang-orang buta, untuk membebaskan orang-orang yang tertindas, untuk membebaskan orang-orang yang terbelenggu,*

NIV Lukas 4:18 "Roh Tuhan ada pada-Ku, oleh sebab Ia telah mengurapi Aku, untuk menyampaikan kabar baik kepada orang-orang miskin. Ia telah mengutus Aku untuk memberitakan pembebasan kepada orang-orang tawanan dan pemulihan penglihatan bagi orang-orang buta, untuk membebaskan orang-orang yang tertindas."

(Kata **"untuk menyembuhkan orang yang patah hati"** telah dihapus dari NIV: Orang-orang yang menggunakan versi yang telah diubah ini umumnya adalah orang-orang yang cemas, tidak stabil secara emosional, dan depresi. Mengubah Firman Tuhan menghilangkan kuasa Firman tersebut. Kebenaran akan memerdekakan Anda, jadi mereka menghapus kebenaran dari Alkitab modern).

Lukas 4:41

*LAI TB, Lukas 4:41: Dan setan-setan pun keluar dari banyak orang dan berteriak-teriak, katanya: "**Engkaulah Mesias, Anak Allah.** Tetapi Yesus menghardik mereka dan melarang mereka berkata-kata, sebab mereka tahu, bahwa Ia adalah Kristus.*

(Apakah manusia mengakui "Engkau adalah Kristus Anak Allah?" Tidak, kecuali jika hal itu dinyatakan oleh Roh-Nya).

*NIV Lukas 4:41 Lalu keluarlah setan-setan dari banyak orang dan berteriak: "**Engkaulah Anak Allah**!" Tetapi Ia menghardik mereka dan tidak mengizinkan mereka berbicara, karena mereka tahu, bahwa Ia adalah Mesias.*

(Dengan menghilangkan kata "**Kristus**", iblis tidak mengakui Kristus sebagai Anak Allah. Iblis tidak ingin orang menerima Yesus sebagai Juruselamat Yahweh, jadi mereka mengubah Firman Tuhan dengan maksud yang lebih dalam. Iblis tahu bahwa Yesus adalah Tuhan dalam rupa manusia).

Lukas 8:48

LAI TB, Lukas 8:48 Lalu Ia berkata kepadanya: "Hai anakku, kuatkanlah hatimu, imanmu telah menyelamatkan engkau; pergilah dengan tenang.

NIV Lukas 8:48 Lalu kata Yesus kepadanya: "Anak-Ku, imanmu telah menyembuhkan engkau. Pergilah dengan tenang."

("Beroleh penghiburan yang baik," dihilangkan dari NIV. Jadi penghiburan telah hilang, Anda tidak dapat terhibur dengan membaca Alkitab NIV)

Lukas 9:55

*LAI TB, Lukas 9:55 Tetapi Ia berpaling dan menegur mereka, kata-Nya: "**Kamu tidak tahu, roh apakah yang** ada **padamu.***

NIV Lukas 9:55 Tetapi Yesus berpaling dan menegur mereka.

(NIV telah menghapus kata-kata ini: "**Kamu tidak tahu roh apa yang ada padamu.**")

Lukas 9:56

*KJV Lukas 9:56 Sebab **Anak Manusia datang bukan untuk membinasakan orang, melainkan** untuk **menyelamatkannya.** Lalu pergilah mereka ke desa lain.*

NIV Lukas 9:56 Lalu mereka pergi ke desa lain.

(AYT) NIV DIHAPUS: **Anak manusia datang bukan untuk menghancurkan kehidupan manusia, tetapi** untuk **menyelamatkan mereka.** Alasan Yesus untuk datang telah dihancurkan dengan menghapus bagian ini dari Kitab Suci).

Lukas 11:2-4

*LAI TB Lukas 11:2-4 Dan Ia berkata kepada mereka: "**Apabila kamu berdoa, katakanlah: Bapa kami yang di sorga**, Dikuduskanlah nama-Mu. Datanglah kerajaan-Mu. Jadilah **kehendak-Mu, seperti di surga, demikian juga di bumi.** Berikanlah kami makanan kami yang secukupnya pada hari ini. Dan ampunilah kami akan dosa-dosa kami,* *seperti kami pun mengampuni orang yang bersalah kepada kami. Dan janganlah membawa kami ke dalam pencobaan, **tetapi lepaskanlah kami** dari **pada yang jahat.***

NIV Lukas 11:2-4 Kata-Nya kepada mereka: "Apabila kamu berdoa, katakanlah: "Bapa, dikuduskanlah nama-Mu, datanglah kerajaan-Mu. Berikanlah kami makanan kami yang secukupnya setiap hari. Ampunilah kami akan dosa-dosa kami, seperti kami juga mengampuni setiap orang yang berbuat dosa kepada kami. Dan janganlah membawa kami ke dalam pencobaan."

(NIV tidak spesifik, semua yang disorot dari KJV tidak ada dalam NIV dan versi Alkitab modern lainnya)

Lukas 17:36

LAI TB, Lukas 17:36 Ada dua orang di ladang, yang seorang akan dibawa dan yang lain ditinggalkan.

(NIV, versi Modern, dan Alkitab Saksi Yehuwa telah menghapus kitab suci yang lengkap)

Lukas 23:17

Lukas 23:17 (Karena pada waktu itu ia harus melepaskan seorang kepada mereka pada hari raya).

(NIV, Alkitab Saksi-Saksi Yehuwa, dan banyak versi Alkitab modern telah menghapus seluruh bagian Alkitab).

Lukas 23:38

KJV Lukas 23:38 Dan di atas-Nya juga dituliskan sebuah prasasti __*dalam huruf-huruf Yunani, Latin dan Ibrani: INILAH*__ *RAJA ORANG YAHUDI.*

NIV Lukas 23:38 Di atas kepala-Nya ada tulisan yang berbunyi: INILAH RAJA ORANG YAHUDI.

(NIV dan terjemahan modern lainnya telah menghapus: **"dalam huruf Yunani, dan Latin, dan Ibrani,"** Menghilangkan bukti bahasa yang digunakan pada waktu itu).

Lukas 23:42

KJV Lukas 23:42 Lalu ia berkata kepada Yesus: "__Tuhan__, ingatlah akan aku, apabila Engkau masuk ke dalam Kerajaan-Mu.

(Pencuri menyadari bahwa Yesus adalah Tuhan)

NIV Lukas 23:42 Lalu ia berkata: "Yesus, ingatlah akan aku, apabila Engkau masuk ke dalam kerajaan-Mu"

(Tidak mau mengakui Ketuhanan Yesus)

Lukas 24:42

KJV Lukas 24:42 Lalu mereka memberikan sepotong ikan panggang dan sepotong __sarang__ lebah kepada-Nya.

NIV Lukas 24:42 Mereka memberikan sepotong ikan panggang kepada-Nya.

(Alkitab masa kini hanya memberikan separuh informasi. "Sarang lebah" tidak ada dalam NIV dan versi Alkitab lainnya)

Yohanes 5:3

KJV Yohanes 5:3 Di dalamnya ada sejumlah besar orang yang tidak berdaya, yang buta, yang berhenti, yang layu, yang menanti-nantikan ***air yang bergerak.***

NIV Yohanes 5:3 Di sini banyak sekali orang cacat, ada yang buta, ada yang timpang, ada yang lumpuh.

(Mereka menghapus informasi bahwa sebuah keajaiban sedang terjadi di tempat itu "menunggu pergerakan air.")

Yohanes 5:4

KJV Yohanes 5:4 Sebab pada suatu kali turunlah seorang malaikat ke dalam kolam itu dan mengaduk-aduk airnya; barangsiapa yang pertama-tama masuk ke dalam air yang diaduk-aduk itu, ia menjadi sembuh dari segala penyakit yang dideritanya.

(NIV dan terjemahan modern serta Alkitab Saksi-Saksi Yehuwa telah menghapus seluruh bagian Alkitab).

Yohanes 6:47

KJV Yohanes 6:47 Aku berkata kepadamu: Sesungguhnya barangsiapa ***percaya kepada-Ku, ia*** *mempunyai hidup yang kekal.*

NIV: Yohanes 6:47 Aku berkata kepadamu, sesungguhnya barangsiapa percaya, ia mempunyai hidup yang kekal.

(**Percaya kepada-Ku** telah diubah menjadi Percaya. Percaya pada siapa? Kata Believeth memiliki "eth" di akhir kata yang berarti kata itu berkelanjutan. Kata apa pun yang memiliki "eth" di akhir kata, berarti kata tersebut berkelanjutan, bukan hanya satu kali).

Yohanes 8:9a

KJV Yohanes 8:9a Dan mereka yang mendengarnya, karena ***diyakinkan oleh hati nurani mereka sendiri,*** *keluar.*

NIV Yohanes 8:9a Mereka yang mendengarnya mulai pergi

(NIV telah menghapus kata "**diyakinkan oleh hati nurani mereka sendiri**" karena mereka tidak percaya bahwa mereka memiliki hati nurani).

Yohanes 9:4a

*KJV Yohanes 9:4a **Aku** harus melakukan pekerjaan-pekerjaan Dia yang mengutus Aku.*

*NIV Yohanes 9:4a **Kita** harus melakukan pekerjaan Dia yang mengutus Aku.*

(Yesus berkata "**Aku**" NIV dan beberapa versi lain, mengubah kata "**Aku**" menjadi "**KITA**")

Yohanes 10:30

KJV: Yohanes 10:30 Aku dan Bapa-Ku adalah satu.

NIV: Yohanes 10:30 Aku dan Bapa adalah satu."

(Aku dan bapaku adalah **satu,** bukan dua. "Bapa-Ku" menjadikan Yesus sebagai Anak Allah. Itu berarti Allah dalam daging. NIV telah menghilangkan kata "saya" dan mengubah arti lengkap dari Alkitab).

Yohanes 16:16

*KJV Yohanes 16:16 Tinggal sesaat saja dan kamu tidak akan melihat Aku, dan tinggal sesaat saja dan kamu akan melihat Aku, **sebab Aku pergi kepada Bapa.***

NIV: Yohanes 16:16 "Sesaat lagi kamu tidak akan melihat Aku lagi, tetapi sesaat kemudian kamu akan melihat Aku."

(NIV menghapus kalimat "karena Aku pergi kepada Bapa. Banyak agama percaya bahwa Yesus pergi ke Himalaya atau tempat lain dan tidak mati).

Kisah Para Rasul 2:30

*KJV Kisah Para Rasul 2:30 Sebab itu, karena ia adalah seorang nabi, dan karena ia tahu, bahwa Allah telah bersumpah dengan sumpah kepadanya, bahwa dari buah pinggangnya, menurut daging, **ia akan membangkitkan Kristus untuk duduk di atas takhta-Nya***

AYT Kisah Para Rasul 2:30 Tetapi ia adalah seorang nabi dan ia tahu, bahwa Allah telah berjanji dengan sumpah kepadanya, bahwa Ia akan menempatkan seorang dari keturunannya di atas takhtanya.

(**NIV telah menghapus "ia akan membangkitkan Kristus untuk duduk di atas takhtanya"** nubuat tentang Yesus yang datang sebagai manusia telah dihapuskan).

Kisah Para Rasul 3:11

*KJV Kis 3:11 Ketika **orang lumpuh yang telah disembuhkan itu** memegangi Petrus dan Yohanes, berlarianlah semua orang banyak itu kepada mereka di serambi yang disebut serambi Salomo, dan mereka sangat heran.*

NIV: Kis 3:11 Ketika pengemis itu berpegang pada Petrus dan Yohanes, tercenganglah semua orang dan berlarian menghampiri mereka di tempat yang disebut Barisan Salomo.

("**orang lumpuh yang disembuhkan**" adalah bagian penting dari ayat ini, NIV telah menghapusnya)

Kisah Para Rasul 4:24

*KJV Kisah Para Rasul 4:24 Ketika mereka mendengar hal itu, berserulah mereka dengan suara nyaring kepada Allah dengan serentak: "Tuhan, Engkaulah **Allah,** yang menjadikan langit dan bumi dan laut dan segala isinya.*

AYT Kisah Para Rasul 4:24 Mendengar hal itu, mereka menaikkan suara mereka bersama-sama dalam doa kepada Allah. "Tuhan yang berdaulat," kata mereka, "Engkaulah yang menjadikan langit dan bumi dan laut dan segala isinya

(NIV dan terjemahan modern menghilangkan kata "Engkaulah Allah". Tidak mengakui satu-satunya Allah yang benar yang melakukan mukjizat).

Kisah Para Rasul 8:37

KJV Kisah Para Rasul 8:37 Filipus berkata: "Jika engkau percaya dengan segenap hatimu, engkau boleh percaya. Jawabnya: "Aku percaya, bahwa Yesus Kristus adalah Anak Allah.

(Alkitab versi NIV dan versi modern telah menghapus seluruh isi Alkitab)

Kata "Guru" dari KJV telah dihapus dalam versi modern Alkitab dan diganti menjadi "guru" yang menempatkan Yesus di kelas yang sama dengan semua guru lain dari berbagai agama. Alasan perubahan ini terutama disebabkan oleh gerakan Ekumenis yang menyatakan bahwa Anda tidak dapat menempatkan Yesus sebagai satu-satunya jalan keselamatan karena hal ini merendahkan semua agama lain yang tidak percaya bahwa Yesus adalah satu-satunya Juruselamat yang sejati. Misalnya agama Hindu dan hampir semua agama timur lainnya.

Kisah Para Rasul 9:5

KJV Kisah Para Rasul 9:5 Lalu ia bertanya: "Siapakah Engkau, Tuhan? Jawab Tuhan: Akulah Yesus yang kamu aniaya itu; **sukar bagimu untuk** *menendang orang yang menikam kamu.*

NIV: Kisah Para Rasul 9:5 Siapakah Engkau, Tuhan?" Saulus bertanya. "Akulah Yesus, yang kamu aniaya," jawab Yesus.

(NIV dan terjemahan modern telah menghapus kalimat "**sulit bagimu untuk menendang melawan tusukan-tusukan itu**". Itu berarti dengan menghapus semua ayat-ayat ini, mereka tidak akan menang).

Kisah Para Rasul 15:34

KJV Kisah Para Rasul 15:34 Meskipun demikian, Silas tetap berkenan tinggal di sana.

(Alkitab NIV dan terjemahan Alkitab modern lainnya menghapus ayat-ayat tersebut).

Kisah Para Rasul 18:7

*KJV Kisah Para Rasul 18:7 Lalu Yesus meninggalkan tempat itu dan masuk ke rumah seorang bernama Yustus, yang beribadah kepada Allah, yang **rumahnya** berdekatan **dengan rumah ibadat.***

NIV: Kisah Para Rasul 18:7 Kemudian Paulus meninggalkan rumah ibadat itu dan pergi ke rumah Titius Yustus, seorang penyembah Allah.

("**yang rumahnya berdekatan dengan rumah ibadat**" dihilangkan)

Kisah Para Rasul 23:9b

KJV... Janganlah kita berperang melawan Allah

(NIV, Alkitab modern dan Alkitab Saksi-Saksi Yehuwa telah menghapus kalimat "**Janganlah kita berperang melawan Allah**" Alasannya jelas, ada orang yang berani berperang melawan Allah).

Kisah Para Rasul 24:7

KJV Kisah Para Rasul 24:7 Tetapi kepala pasukan, Lisias, datang kepada kami dan dengan kekerasan merebut dia dari tangan kami,

(Alkitab versi NIV dan versi modern telah menghapus ayat-ayat ini sepenuhnya).

Kisah Para Rasul 28:29

KJV KIS: 28:29 Dan setelah Ia mengatakan semuanya itu, pergilah orang-orang Yahudi itu, lalu mereka berbantah-bantahan di antara mereka sendiri.

(NIV dan versi Alkitab lainnya telah menghapus ayat-ayat tersebut sepenuhnya. Lihatlah ada konflik di sana. Pertentangannya adalah tentang siapakah Yesus? Jadi adalah suatu keharusan untuk menghapus kitab suci ini).

Roma 1:16

*KJV Roma1:16 Sebab aku tidak malu dengan Injil **Kristus,** karena Injil adalah kekuatan Allah yang menyelamatkan setiap orang yang percaya, baik orang Yahudi, maupun orang Yunani.*

NIV: Roma1:16 Aku tidak malu dengan Injil, karena Injil adalah kekuatan Allah yang menyelamatkan setiap orang yang percaya, pertama-tama orang Yahudi, tetapi juga orang bukan Yahudi.

(NIV telah menghapus Injil "Kristus" dan hanya mempertahankan "Injil". Sebagian besar serangan ditujukan kepada Yesus sebagai Kristus. Injil adalah kematian, penguburan, dan kebangkitan Yesus Kristus. Tidak perlu ada kitab suci ini).

Roma 8:1

*KJV Roma 8:1 Demikianlah sekarang tidak ada penghukuman bagi mereka yang ada di dalam Kristus Yesus, **yang tidak hidup menurut daging, tetapi menurut Roh.***

NIV: Roma 8:1 Demikianlah sekarang tidak ada penghukuman bagi mereka yang ada di dalam Kristus Yesus

("**yang tidak hidup menurut daging, tetapi menurut Roh**." telah dihapus dari NIV, sehingga Anda dapat hidup seperti yang Anda inginkan).

Roma 11:6

*KJV Roma 11:6 Tetapi jika ia bukan karena kasih karunia, maka ia bukan lagi hasil usaha, jika tidak demikian, maka kasih karunia bukanlah kasih karunia. **Tetapi jika ia berasal dari perbuatan, maka ia bukan lagi kasih karunia, jika tidak demikian, maka perbuatan bukanlah kasih karunia.***

AYT Roma 11:6 Dan jika hal itu terjadi karena kasih karunia, maka hal itu bukan lagi hasil usaha manusia, sebab jika demikian, kasih karunia bukan lagi kasih karunia.

("Tetapi jika itu berasal dari perbuatan, maka itu bukan lagi kasih karunia, jika tidak, maka itu bukan lagi perbuatan." Bagian dari tulisan suci ini dihapus dari NIV dan versi lainnya).

Roma13:9b

*KJV Roma13:9b **Janganlah kamu menjadi saksi dusta.***

(NIV telah menghapus Kata-kata ini dari Alkitab. Alkitab mengatakan, jangan tambahkan, jangan kurangi)

Roma 16:24

KJV Roma 16:24 Kasih karunia Tuhan kita Yesus Kristus menyertai kamu sekalian. Amin.

NIV: Roma 16:24 (NIV dan Alkitab modern lainnya telah menghapus ayat-ayat tersebut sepenuhnya).

1 Korintus 6:20

*KJV:1Korintus 6:20 Karena kamu telah dibeli dengan suatu harga, karena itu muliakanlah Allah dengan tubuhmu **dan dengan rohmu yang adalah milik Allah.***

NIV: 1Korintus 6:20 Kamu telah dibeli dengan suatu harga. Oleh karena itu, hormatilah Allah dengan tubuhmu.

(Alkitab modern dan NIV telah menghapus kalimat "dan di dalam rohmu, yang adalah milik Allah." tubuh dan roh kita adalah milik Tuhan).

1 Korintus 7:5

*LAI TB: 1 Korintus 7:5 Janganlah kamu saling menipu, kecuali dengan persetujuan bersama untuk sementara waktu, supaya kamu dapat memberi dirimu **berpuasa dan berdoa,** dan setelah itu berkumpul kembali, supaya Iblis jangan mencobai kamu karena ketidaksopananmu itu.*

NIV: 1 Korintus 7:5 Janganlah kamu saling menjauhkan diri, kecuali dengan persetujuan bersama dan untuk sementara waktu, supaya kamu dapat beribadah. Kemudian berkumpullah kembali, supaya Iblis jangan mencobai kamu karena kamu tidak dapat menguasai diri.

(Alkitab versi NIV dan versi modern telah menghapus kata "puasa" karena kata ini digunakan untuk meruntuhkan cengkeraman Setan. Puasa juga membunuh daging).

2 Korintus 6:5

*KJV: 2 Korintus 6:5 Dalam sengsara, dalam penjara, dalam kesesakan, dalam kesukaran, dalam kesesakan, dalam berjaga-jaga, dalam **berpuasa;***

*NIV: 2 Korintus 6:5 dalam pemukulan, pemenjaraan dan kerusuhan; dalam kerja keras, malam-malam tanpa tidur dan **kelaparan;***

(**Puasa bukanlah kelaparan**, mengubah Firman Kebenaran. Iblis tidak ingin Anda memiliki hubungan yang lebih dekat, lebih kuat, lebih dalam dengan Tuhan. Ingatlah, Ratu Ester dan orang-orang Yahudi berpuasa, dan Tuhan mengembalikan rencana Iblis kepada musuhnya)

2 Korintus 11:27

*LAI TB: 2Korintus 11:27 Dalam lelah dan sakit, dalam berjaga-jaga, dalam lapar dan dahaga, **dalam berpuasa, dalam** kedinginan dan ketelanjangan.*

NIV:2Korintus 11:27 Aku telah bekerja keras dan berjerih lelah dan sering tidak tidur; aku telah mengenal lapar dan dahaga dan sering tidak makan; aku telah kedinginan dan telanjang.

(Sekali lagi, puasa tidak ada dalam Alkitab versi NIV dan versi modern).

Efesus 3:9

*KJV Efesus 3:9 Dan supaya semua orang dapat melihat persekutuan rahasia itu, yang sejak permulaan dunia tersembunyi di dalam Allah, yang menciptakan **segala sesuatu oleh Yesus Kristus:***

293

NIV Efesus 3:9dan untuk menyatakan kepada semua orang pengelolaan rahasia ini, yang selama berabad-abad lamanya tersembunyi di dalam Allah, yang menciptakan segala sesuatu.

(NIV dan versi Alkitab lainnya telah menghapus **"segala sesuatu oleh Yesus Kristus".** Yesus adalah Tuhan dan Dia adalah Pencipta segala sesuatu)

Efesus 3:14

KJV Efesus 3:14 Untuk itulah aku sujud menyembah kepada Bapa
Tuhan kita Yesus Kristus,

NIV: Efesus 3:14 Karena itulah aku berlutut di hadapan Bapa,

(**dari Tuhan kita Yesus Kristus),** telah dihapus dari NIV dan versi lainnya. Inilah bukti bahwa Yesus adalah Anak Allah. "Anak Allah" adalah Allah yang Mahakuasa yang menjadi manusia yang datang untuk menumpahkan darah bagi Anda dan saya. Ingatlah bahwa Iblis percaya bahwa hanya ada satu Allah dan ia gemetar. Yakobus 2:19)

Efesus 5:30

*LAI TB: Efesus 5:30 Karena kita adalah anggota tubuh-Nya, bagian dari daging dan **tulang-Nya.***

NIV: Efesus 5:30 karena kita adalah anggota tubuh-Nya.

("**Dari daging dan tulang-tulangnya.**" Bagian dari Kitab Suci ini dihapus dari NIV dan banyak versi Alkitab lainnya).

Kolose 1:14

KJV: Kolose 1:14 Di dalam Dia kita beroleh penebusan __oleh darah-__ __*Nya, yaitu*__ *pengampunan dosa:*

NIV: Kolose 1:14 di dalam Dia kita beroleh penebusan, yaitu pengampunan dosa.

(__Melalui darah-Nya,__ Yesus disebut Anak Domba Allah yang datang untuk menghapus dosa-dosa dunia. Penebusan **hanya** melalui darah. Tanpa penumpahan darah, tidak akan ada pengampunan dosa Ibrani 9:22. Itulah sebabnya kita dibaptis dalam nama Yesus, untuk mengoleskan darah-Nya atas dosa-dosa kita).

1 Timotius 3:16b

KJV: 1 Timotius 3:16b: ***Allah telah menyatakan diri-Nya*** *dalam rupa manusia*

NIV: 1 Timotius 3:16b: ***Ia*** *menampakkan diri dalam suatu tubuh.*
(Bukankah kita semua muncul dalam sebuah tubuh? Alkitab NIV dan sebagian besar versi modern mengatakan "dia" muncul dalam sebuah tubuh. Nah, saya juga muncul dalam sebuah tubuh. "Dia" siapa? Dalam ayat di atas, mereka sekali lagi mengubah kata-katanya menjadi "Dia" adalah allah lain. Namun dalam KJV, kita dapat dengan jelas melihat "Dan tanpa pertentangan, besarlah misteri keilahian itu: "**Allah telah menyatakan diri-Nya** dalam rupa manusia." Hanya ada satu Allah. Itulah sebabnya Yesus berkata, jikalau kamu telah melihat Aku, kamu telah melihat Bapa. Bapa adalah roh, Anda tidak dapat melihat roh. Tetapi roh yang menjelma menjadi daging, kamu dapat melihatnya).

Kisah Para Rasul 20:28b mengatakan: Untuk memberi makan jemaat __*Allah,*__ *yang telah dibeli-Nya dengan __darah-Nya sendiri.__*

Allah adalah roh, dan untuk menumpahkan darah, Dia membutuhkan tubuh yang berdaging dan berdarah. **Satu Allah** yang mengenakan daging.

Contoh sederhana: Es, air, dan uap, hal yang sama tetapi dengan manifestasi yang berbeda.

> *KJV 1 Yohanes 5:7 "Karena ada tiga yang memberi kesaksian di surga, yaitu Bapa, Firman dan Roh Kudus, dan **ketiganya adalah satu.**"*

Allah, Yesus (Firman yang menjadi manusia) dan Roh Kudus adalah satu, bukan tiga. (1 Yohanes 5:7 sepenuhnya dihapus dari NIV dan terjemahan-terjemahan lain saat ini).

2 Timotius 3:16

> *LAI TB: 2 Timotius 3:16 **Segala tulisan yang diilhamkan** Allah memang bermanfaat untuk mengajar, untuk menyatakan kesalahan, untuk memperbaiki kelakuan dan untuk mendidik orang dalam kebenaran:*

> *AYT: 2 Timotius 3:16 **Segala** tulisan yang diilhamkan Allah memang bermanfaat untuk mengajar.*

(Di sini mereka akan memutuskan mana yang sesat dan mana yang tidak. Yang sesat akan dihukum mati).

1 Tesalonika 1:1

*KJV 1 Tesalonika 1:1 Dari Paulus, Silwanus dan Timotius, dari jemaat di Tesalonika, yang ada di dalam Allah, Bapa kita, dan di dalam Tuhan Yesus Kristus: Kasih karunia dan damai sejahtera bagi kamu, **dari Allah, Bapa kita, dan Tuhan Yesus Kristus.***

NIV:1 Tesalonika 1:1 Dari Paulus, Silas dan Timotius, kepada jemaat di Tesalonika dalam Allah Bapa dan Tuhan Yesus Kristus: Kasih karunia dan damai sejahtera bagi kamu.

("dari Allah Bapa kita, dan Tuhan Yesus Kristus." dihilangkan dari terjemahan modern dan NIV).

Ibrani 7:21

KJV Ibrani 7:21 (**Sebab imam-imam itu dijadikan tanpa sumpah,** *tetapi dengan sumpah oleh Dia, yang berfirman kepadanya: "Tuhan telah bersumpah, dan Ia tidak akan menyesal, bahwa Engkau adalah imam sampai selama-lamanya, menurut **peraturan Melkisedek."**)*

*AYT Ibrani 7:21 tetapi ia menjadi imam **dengan bersumpah,** ketika Allah berfirman kepadanya: "Tuhan telah bersumpah dan tidak akan berubah pikiran: '*

Engkau adalah seorang imam untuk selamanya."

(NIV telah menghapus "Karena imam-imam itu diangkat tanpa sumpah" dan "menurut perintah Melkisedek").

Yakobus 5:16

*KJV Yakobus 5:16 Karena itu hendaklah kamu saling mengaku **dosamu dan** saling mendoakan, supaya kamu sembuh. Doa yang sungguh-sungguh dari orang benar sangat berguna.*

*AYT Yakobus 5:16 Karena itu hendaklah kamu saling mengaku **dosamu dan saling** mendoakan, supaya kamu sembuh. Doa orang benar sangat besar kuasanya dan efektif.*

(**Kesalahan vs. Dosa**: Dosa yang Anda akui kepada Tuhan karena hanya Dia yang dapat mengampuni. Mengubah kata "kesalahan menjadi dosa" membantu mendukung pandangan Katolik untuk mengakui "dosa" kepada seorang imam).

1 Petrus 1:22

*KJV 1 Petrus 1:22 Karena kamu telah menyucikan jiwamu dalam ketaatan kepada kebenaran oleh **Roh Kudus**, maka hendaklah kamu saling mengasihi dengan tulus ikhlas dan dengan **hati** yang **murni:***

AYT 1 Petrus 1:22 Setelah kamu menyucikan dirimu dengan mentaati kebenaran, sehingga kamu mempunyai kasih yang tulus kepada saudara-saudaramu, maka kasihilah seorang akan yang lain dengan tulus, dengan segenap hatimu.

("**melalui Roh kepada**" dan "dengan **sungguh-sungguh hati yang murni**" dihilangkan dari NIV dan versi modern lainnya).

1 Petrus 4:14

*LAI TB, 1 Petrus 4:14 Jika kamu dicela karena nama Kristus, berbahagialah kamu, karena roh kemuliaan dan Allah ada di atas kamu; **di pihak mereka ia dicela, tetapi di pihak kamu ia dipermuliakan.***

NIV: 1 Petrus 4:14 Jika kamu dihina karena nama Kristus, kamu diberkati, karena roh kemuliaan dan Allah ada padamu.

("**Di pihak mereka dia dibicarakan jahat, tetapi di pihakmu dia dimuliakan.**" dihapus dari NIV dan versi modern lainnya).

1 Yohanes 4:3a

*KJV: 1 Yohanes 4:3a: Dan setiap roh yang tidak mengaku, bahwa Yesus **Kristus telah datang sebagai manusia,** tidak berasal dari Allah.*

NIV: 1 Yohanes 4:3a: Tetapi setiap roh yang tidak mengaku Yesus, tidak berasal dari Allah.

("**Kristus telah datang dalam daging**" Dengan menghapus kata-kata ini, NIV dan versi lain membuktikan bahwa mereka adalah antikristus).

1 Yohanes 5:7-8

*KJV 1 Yohanes 5:7 **Karena ada tiga yang mempunyai catatan di sorga, yaitu Bapa, Firman dan Roh Kudus, dan ketiganya adalah satu.***

(Dihapus dari NIV)

KJV 1 Yohanes 5:8 Dan ada tiga yang memberi kesaksian di dalam dunia ini, yaitu Roh, air dan darah, dan ketiganya bersekutu menjadi satu.

*NIV: 1 Yohanes 5:7, 8 **Karena ada tiga yang memberi kesaksian:** 8 Roh, air dan darah, dan ketiganya bersaksi dengan sehati.*

(Ini adalah salah satu ayat TERBESAR yang bersaksi tentang Ketuhanan. Satu Allah, bukan tiga Allah. **Trinitas** tidak ada dalam Alkitab. Kata **Trinitas tidak ada** dalam Alkitab. Itulah sebabnya NIV, versi modern Alkitab dan Saksi-Saksi Yehuwa menghilangkannya dari ayat ini. Mereka tidak percaya kepada ke-Allahan dan mereka tidak percaya bahwa di dalam Yesus, berdiam seluruh kepenuhan ke-Allahan secara jasmaniah. Tidak ada dasar atau bukti apa pun dalam Alkitab yang mendukung penerimaan **Trinitas.** Mengapa NIV tidak mencantumkannya...? Seluruh buku telah ditulis berdasarkan bukti manuskrip yang mendukung pencantuman ayat ini di dalam Alkitab. Apakah Anda percaya pada Ketuhanan? Jika ya, maka penghapusan ini seharusnya menyinggung perasaan Anda. Trinitas tidak pernah diajarkan oleh Yesus dan tidak pernah disebutkan oleh-Nya. Setan memecah belah satu Tuhan sehingga ia dapat memecah belah manusia dan memerintah).

1 Yohanes 5:13

*KJV:1Yohanes 5:13 Semuanya itu kutuliskan kepada kamu yang percaya kepada nama Anak Allah, supaya kamu tahu, bahwa kamu mempunyai hidup yang kekal dan **bahwa kamu percaya dalam nama Anak Allah.***

NIV:1Yohanes 5:13 Semuanya itu kutuliskan kepada kamu yang percaya dalam nama Anak Allah, supaya kamu tahu, bahwa kamu beroleh hidup yang kekal.

("**dan supaya kamu percaya kepada nama Anak Allah.**" Dihapus dari NIV dan terjemahan modern lainnya)

Wahyu 1:8

*KJV: Wahyu1:8 Akulah Alfa dan Omega, yang **awal dan yang akhir**, demikianlah firman Tuhan, yang sudah ada dan yang sudah ada dan yang akan datang, Yang Mahakuasa.*

NIV: Wahyu1:8 "Akulah Alfa dan Omega," demikianlah firman Tuhan Allah, "yang sudah ada dan yang sudah ada dan yang akan datang, Yang Mahakuasa."

(NIV menghapus bagian **awal dan akhir**)

Wahyu 1:11

KJV:Wahyu 1:11 <u>**Katakanlah: "Akulah Alfa dan Omega, yang terdahulu dan yang terkemudian, dan apa yang engkau lihat, tuliskanlah itu dalam sebuah kitab dan kirimkanlah itu kepada ketujuh jemaat yang di Asia, yaitu**</u> *kepada jemaat di Efesus, kepada jemaat di Smirna dan kepada jemaat di Pergamus, Tiatira, Sardis, Filadelfia dan Laodikia*

NIV: Wahyu 1:11 yang berbunyi: "Tuliskanlah pada sebuah gulungan kitab apa yang kaulihat, lalu kirimkanlah itu kepada ketujuh jemaat: kepada jemaat di Efesus, Smirna, Pergamus, Tiatira, Sardis, Filadelfia dan Laodikia."

(Alfa dan Omega, yang awal dan yang akhir, yang pertama dan yang terakhir; gelar-gelar ini diberikan kepada Allah Yehuwa dalam Perjanjian Lama dan dalam kitab Wahyu, gelar ini juga diberikan kepada Yesus. Tetapi NIV dan versi modern lainnya, telah menghilangkannya dari kitab Wahyu untuk membuktikan bahwa Yesus bukanlah Allah Yehuwa).

Wahyu 5:14

KJV: Wahyu 5:14 Dan <u>**keempat binatang itu**</u> *berkata, "Amin. Dan* <u>**keempat dan kedua puluh**</u> *tua-tua itu tersungkur dan menyembah Dia,* <u>**yang hidup untuk selama-lamanya**</u>*.*

AYT: Wahyu 5:14 Dan keempat makhluk itu berkata: "Amin!" Lalu tersungkurlah tua-tua itu dan menyembah mereka.

(NIV dan versi lainnya hanya memberikan setengah dari informasi. "**empat binatang**", diubah menjadi empat makhluk, "**empat dan dua puluh**", "**yang hidup untuk selama-lamanya**" dihilangkan).

Elizabeth Das

Wahyu 20:9b

*KJV: Wahyu 20:9b Dan turunlah api dari **Allah** dari langit.*

AYT Wahyu 20:9b Dan turunlah api dari langit

(NIV dan versi lain telah menghapus kata "**dari Allah**".)

Wahyu 21:24a

*KJV: Wahyu 21:24a: Dan bangsa-bangsa **yang diselamatkan** akan berjalan di dalam terang itu.*

NIV: Wahyu 21:24a: Bangsa-bangsa akan berjalan di bawah cahayanya.

("**dari mereka yang diselamatkan**" telah dihapus dari Alkitab versi NIV dan versi modern). Semua orang tidak akan masuk surga kecuali mereka yang diselamatkan).

2 Samuel 21:19

*KJV: 2 Samuel 21:19 Dan terjadilah lagi pertempuran di Gob dengan Orang Filistin, di mana Elhanan bin Yareoregim, orang Betlehem, membunuh **saudara Goliat, orang Gat, yang** tombaknya seperti balok tenun.*

*NIV: 2 Samuel 21:19 Dalam pertempuran lain dengan orang Filistin di Gob, Elhanan bin Yaezar-Oregim, orang Betlehem, **membunuh Goliat, orang Gat,** yang memiliki tombak dengan tangkai seperti batang penenun.*

(Saudara laki-laki Goliat dibunuh di sini, bukan Goliat. "Daud membunuh Goliat", NIV salah mengartikan informasi ini).

Hosea 11:12

*KJV Hosea 11:12 Efraim menipu Aku dengan dusta dan kaum Israel dengan tipu daya, <u>**tetapi Yehuda tetap memerintah bersama Allah dan setia di antara orang-orang kudus.**</u>*

*NIV: Hosea 11:12 Efraim telah mengepung Aku dengan dusta, bani Israel dengan tipu daya. Dan Yehuda <u>**tidak**</u> setia kepada Allah, bahkan <u>**kepada**</u> Yang Mahakudus yang setia.*

(NIV salah mengartikan kitab suci ini dengan memutarbalikkan arti kata tersebut.) Kata "Yehuwa" disebutkan empat kali dalam Alkitab KJV. NIV menghapus semuanya. Dengan adanya PERUBAHAN yang sangat halus dalam Alkitab NIV, misi Setan menjadi jelas. Dari ayat-ayat di atas, Anda dapat melihat, bahwa serangannya adalah terhadap Yesus. Gelar Allah, Mesias, Anak Allah, dan Pencipta menjadikan Yesus sebagai Tuhan. Dengan menghilangkan gelar-gelar ini, kebingungan membuat Anda kehilangan minat dan tidak mempercayai Firman Tuhan. (1 Korintus 14:33 Sebab Allah bukanlah sumber kekacauan, tetapi sumber damai sejahtera).

Alkitab Saksi-Saksi Yehuwa (Terjemahan Dunia Baru) memiliki penghapusan yang sama dengan NIV. Satu-satunya perbedaan antara penghapusan NIV dan Terjemahan Dunia Baru adalah Alkitab Saksi-Saksi Yehuwa tidak menyertakan catatan kaki! Metode-metode ini membuat Anda tidak peka terhadap perubahan-perubahan halus yang secara bertahap dan terus-menerus dilakukan terhadap Firman Allah.

Generasi yang sibuk dan malas saat ini telah mempengaruhi banyak orang Kristen yang mengaku Kristen yang telah menganut cara-cara roh pemalas. Meluangkan waktu untuk belajar dan memastikan bahwa informasi yang diberikan kepada kita adalah benar adalah pekerjaan yang sulit. Kita telah menjadi terlalu sibuk dengan kehidupan sehari-hari yang penuh dengan peristiwa dan hal-hal yang tidak penting. Prioritas kita terhadap apa yang benar-benar penting untuk kehidupan kekal telah dilemahkan dan dikacaukan. Kita menerima sebagian besar informasi yang diberikan kepada kita, tanpa mempertanyakannya; apakah itu dari pemerintah, medis, ilmiah, isi makanan kita, dan masih banyak lagi.

Banyak versi Alkitab modern yang ditulis oleh orang-orang yang menyampaikan penafsiran dan doktrin mereka dan bukannya apa yang sebenarnya tertulis di dalam manuskrip. Sebagai contoh, "inklusivitas gender" tidak ada dalam naskah aslinya. Ini adalah konsep feminis modern yang lahir dari pemberontakan. Saya mendorong Anda untuk mendapatkan Alkitab Versi King James. Jika Anda membaca Alkitab modern, luangkanlah waktu untuk membandingkan ayat-ayatnya; berhasratlah untuk mengambil keputusan yang tepat. Kita akan dimintai pertanggungjawaban atas keputusan kita. Perbedaan antara masuk Surga atau Neraka adalah alasan yang cukup untuk memastikan bahwa Anda memilih Firman-Nya! Ingatlah, bahwa New International Version menghapus banyak kata seperti: Ketuhanan, regenerasi, pengampunan, tidak dapat diubah, Yehuwa, Kalvari, kursi kemurahan, Roh Kudus, Penghibur, Mesias, dihidupkan kembali, mahakuasa, tidak dapat salah, dan lain-lain. Sebagian besar Alkitab modern sejajar dengan NIV; bersama dengan Alkitab Terjemahan Dunia Baru (Alkitab Saksi-Saksi Yehuwa).

Ini adalah pekerjaan Antikristus....(Ayat-ayat berikut diambil dari KJV)

*Anak-anakku, sekarang adalah waktu yang terakhir, dan seperti yang telah kamu dengar, bahwa **antikristus** akan datang, demikian juga sekarang telah muncul banyak **antikristus, dan** kita tahu, bahwa ini adalah waktu yang terakhir. (1 Yohanes 2:18)*

*Siapakah pendusta selain dari pada orang yang menyangkal bahwa Yesus adalah Mesias? Ia adalah **antikristus,** yaitu orang yang menyangkal Bapa dan Anak. (1 Yohanes 2:22)*

*Dan setiap roh yang tidak mengaku, bahwa Yesus Kristus telah datang sebagai manusia, tidak berasal dari Allah; dan roh itu adalah roh **antikristus, yang** telah kamu dengar, bahwa ia akan datang, dan sekarang pun ia sudah ada di dalam dunia. (1 Yohanes 4:3)*

Sebab banyak penyesat telah muncul dan pergi ke seluruh dunia, yang tidak mengaku, bahwa Yesus Kristus telah datang sebagai manusia. Mereka adalah penyesat dan antikristus. (2 Yohanes 1:7)

Hal ini mengingatkan kita pada "PERumpamaan tentang benih" yang adalah

"FIRMAN ALLAH" dalam Alkitab

Perumpamaan lain disampaikan Yesus kepada mereka: "Hal Kerajaan Sorga seumpama seorang yang menabur benih yang baik di ladangnya: Ketika orang sedang tidur, datanglah musuhnya dan menabur lalang di antara gandum itu, lalu pergi. Tetapi ketika lalang itu tumbuh dan menghasilkan buah, munculah lalang itu juga. Maka datanglah hamba-hamba tuan tanah itu dan berkata kepadanya: Tuan, bukankah engkau menabur benih yang baik di ladangmu, lalu dari manakah datangnya lalang itu? Jawabnya kepada mereka: Musuhlah yang melakukannya. Kata hamba-hamba itu kepadanya: Maukah engkau, kalau begitu, kami pergi dan mengumpulkannya? Jawabnya: Tidak, supaya sementara kamu mengumpulkan lalang itu, kamu juga mencabut gandumnya. Biarlah keduanya tumbuh bersama-sama sampai masa penuaian, dan pada masa penuaian Aku akan berkata kepada penuai-penuai: Kumpulkanlah lalang-lalang itu terlebih dahulu dan ikatlah menjadi berkas-berkas untuk dibakar, tetapi kumpulkanlah gandum ke dalam lumbung-Ku. Amin! (Matius 13:24-30)

AMIN!

www.ingramcontent.com/pod-product-compliance
Lightning Source LLC
Chambersburg PA
CBHW060004100426
42740CB00010B/1386